21世纪高等教育经管类经典书系

行政单位会计

双系统核算模式

Administrative Unit Accounting

The Dual Accounting Systems and Models

邢俊英 编著

东北财经大学出版社 · 大连
Dongbei University of Finance & Economics Press

图书在版编目（CIP）数据

行政单位会计：双系统核算模式 / 邢俊英编著．—大连：东北财经大学出版社，2019.10
（21世纪高等教育经管类经典书系）
ISBN 978-7-5654-3515-7

Ⅰ.行…　Ⅱ.邢…　Ⅲ.单位预算会计-高等学校-教材　Ⅳ.F810.6

中国版本图书馆CIP数据核字（2019）第085749号

东北财经大学出版社出版
（大连市黑石礁尖山街217号　邮政编码　116025）
网　　址：http://www.dufep.cn
读者信箱：dufep@dufe.edu.cn
大连图腾彩色印刷有限公司印刷　　东北财经大学出版社发行

幅面尺寸：185mm×260mm　字数：372千字　印张：18.25　插页：1
2019年10月第1版　　2019年10月第1次印刷

责任编辑：郭　洁　　责任校对：周　晗　孙冰洁
封面设计：张智波　　版式设计：钟福建

定价：48.00元

教学支持　售后服务　联系电话：（0411）84710309

如有印装质量问题，请联系营销部：（0411）84710711

前　言

2018年8月16日财政部印发了《关于贯彻实施政府会计准则制度的通知》，要求自2019年1月1日起，政府会计准则制度在全国各级各类行政事业单位全面施行。

从行政单位会计的角度，全面施行的政府会计准则制度包括《政府会计准则——基本准则》、《政府会计准则第1号——存货》、《政府会计准则第2号——投资》、《政府会计准则第3号——固定资产》、《政府会计准则第4号——无形资产》、《政府会计准则第5号——公共基础设施》、《政府会计准则第6号——政府储备物资》、《政府会计准则第7号——会计调整》、《政府会计准则第8号——负债》、《政府会计准则第9号——财务报表编制和列报》、《〈政府会计准则第3号——固定资产〉应用指南》和《政府会计制度——行政事业单位会计科目和报表》等。政府会计准则制度在各级各类行政单位的全面实施，将在同一个行政单位会计核算系统下构建起财务会计和预算会计适度分离并相互衔接的会计核算模式，全面反映行政单位的财务信息和预算执行信息。由此，行政单位会计核算必然体现出财务会计和预算会计的“双系统”“双功能”“双基础”“双要素”“双报告”“平行记账”等特点。行政单位新的会计核算模式，其基本理论和核算方法需要总结与归纳，并通过教材的形式呈现出来，以满足对这方面的理论知识和方法有需求的读者的需要。

本书在总结作者教学经验和实践调研积累的基础上，尝试全面系统地介绍行政单位会计的基本理论和实务。它既可作为高等学校从事政府与非营利组织会计课程教学的教师参考用书，也可供行政单位财会人员继续教育和学习、参考使用，还可供参加各类行政单位财会岗位入职考试的应试人员参考使用。

本书主要具有以下显著特点：

1.体现内容的制度性和完整性。本书的内容根基于我国政府会计准则制度体系，全面系统地阐述行政单位会计理论和实务，以体现行政单位会计内容的制度性。其内容不仅包括行政单位所有业务的会计核算，还包括行政单位会计报表分析，内容完整。

2.体现知识结构的系统性。本书根据行政单位资金运动的特点，以财务会计和预算会计“双系统”核算模式安排内容结构，使知识描述更加直观。根据行政单位资金运动表现为在单位开展经济业务活动过程中取得收入和预算收入后形成费用和预算支出以及盈余和预算结余并由此形成资产、负债和净资产的特点，全书内容按照收入和预算收入、费用和预算支出、资产、负债、净资产和预算结余、财务报告和决算报告的顺序排列，并且每类会计要素下的每个会计科目，从核算原理的描述到相关举例，均体现出这种“双系统”核算模式。

3. 体现方法上的务实性。本书分别财务会计的资产、负债、净资产、收入和费用以及预算会计的预算收入、预算支出和预算结余八类会计要素，且基于财务会计和预算会计“双系统”核算模式，阐述和归纳总结每类会计要素下的每个会计科目的主要账务处理，并配有多角度体现“双系统”核算的例题。尤其是净资产和预算结余核算的相关举例以及会计报表的编制，均限定在同一个行政单位会计核算系统下，以突出财务会计和预算会计的适度分离又相互衔接的特点，具有很强的务实性、综合性和可操作性。

在本书的编写过程中，参考了部分学者编写的教材，转引了相关政府部门发布的资料和相关专家的观点，在此一并表示真诚感谢！

由于作者学识有限，书中难免有错漏之处，恳请广大读者斧正。

邢俊英

2019年3月·北京

目　录

第一章　行政单位会计总论/1
第一节　行政单位会计的组成体系和特点/1
第二节　行政单位会计基本前提和会计信息质量要求/4
第三节　行政单位会计对象和会计要素/7
第四节　行政单位会计科目和会计等式/7
第五节　行政单位会计规范/11
第二章　行政单位的收入和预算收入的核算/15
第一节　收入和预算收入概述/15
第二节　财政拨款收入和财政拨款预算收入/17
第三节　非同级财政拨款收入和非同级财政拨款预算收入/22
第四节　其他活动收入和其他预算收入/24
第三章　行政单位费用和预算支出的核算/32
第一节　费用和预算支出概述/32
第二节　业务活动费用和行政支出/34
第三节　其他活动费用和其他支出/42
第四章　行政单位资产的核算/48
第一节　资产概述/48
第二节　流动资产/51
第三节　非流动资产/96
第四节　受托代理资产/173
第五章　行政单位负债的核算/177
第一节　负债概述/177
第二节　流动负债/179
第三节　非流动负债/200
第四节　受托代理负债/203
第六章　行政单位净资产和预算结余的核算/204
第一节　净资产/204
第二节　预算结余/213

第七章　行政单位财务报告和决算报告/236
第一节　财务报告和决算报告概述/236
第二节　资产负债表/238
第三节　收入费用表/247
第四节　净资产变动表/250
第五节　现金流量表/253
第六节　预算收入支出表/260
第七节　预算结转结余变动表/264
第八节　财政拨款预算收入支出表/268
第九节　附注/271
第十节　会计报表的审核、汇总与分析/281

第一章

行政单位会计总论

第一节 行政单位会计的组成体系和特点

一、行政单位的概念和特点

（一）行政单位的概念

行政单位是指以社会的公共利益为目的，行使国家权力，依法管理国家事务的单位。

在我国，行政单位是政府办事机构，是政府职能的具体实施者，一般包括国家权力（立法）机关，即各级人民代表大会及其常务委员会；国家行政机关，即国务院和地方各级人民政府及其工作机构；司法机关，即审判机关和监察机关；政党组织，主要包中国共产党机关、各民主党派机关和政协机关；人民团体，主要包括参加中国人民政治协商会议的人民团体（全国总工会、共青团、科协、工商联、妇联、侨联、台联、青联等等）、由国务院机构编制管理机关核定并经国务院批准免于登记的团体（中国作协、中国文联、新闻工作者协会、对外友协、外交学会、贸促会、残联、宋庆龄基金会、法学会、红十字总会、思想政治工作研究会、欧美同学会、黄埔同学会、中华职教社等）。

（二）行政单位的特点

（1）运行目标是谋取社会的公共利益，对社会和公众负责。

（2）依法履职人员纳入国家行政编制，由国家财政负担工资福利。

（3）所提供的公共产品具有公共性和非排他性。

（4）所需经费来源于财政拨款，严格执行预算。

二、行政单位会计的构成和组成系统

行政单位会计是行政单位核算、反映和监督其发生的各项经济业务和事项，以提供其财务状况、运行情况、预算执行等会计信息的会计。

（一）行政单位会计构成

按照会计功能，行政单位会计由财务会计和预算会计构成。

行政单位财务会计是指以权责发生制为基础对行政单位发生的各项经济业务和事项进行会计核算，反映和监督政府财务状况、运行情况、运行成本和现金流量等信息的会计。

行政单位预算会计是指以收付实现制为基础对行政单位预算执行过程中发生的全部收入和全部支出进行会计核算，主要反映和监督预算收支执行情况的会计。

（二）行政单位会计组织系统

根据机构建制和经费领报关系，行政单位会计组织系统分为主管会计单位、二级会计单位和基层会计单位三级。

1. 主管会计单位，是向同级财政部门领报经费，并发生预算管理关系，下面有所属会计单位的行政单位。

2. 二级会计单位，是向主管会计单位或上级单位领报经费，并发生预算管理关系，下面有所属会计单位的行政单位。

3. 基层会计单位，是向上级单位领报经费，并发生预算管理关系，下面没有所属会计单位的行政单位。向同级财政部门领报经费，并发生预算管理关系，下面没有所属会计单位的，视同基层会计单位。

主管会计单位、二级会计单位和基层会计单位实行独立会计核算，负责组织管理本部门、本单位的全部会计工作。不具备独立核算条件的行政单位，实行单据报账制度，作为“报销单位”管理。因行政单位大多为主管部门，所以，大多数行政单位为一级会计单位。

三、行政单位会计的特点

（一）具备“双系统”和“双功能”

行政单位会计由财务会计和预算会计两个系统构成，由此同一行政单位会计核算应当具备财务会计和预算会计双重功能。财务会计系统进行资产、负债、净资产、收入、费用五个要素的核算；预算会计系统进行预算收入、预算支出和预算结余三个要素的核算。“双功能”能够实现财务会计与预算会计的适度分离[①]和相互衔接[②]，全面、清晰地反映单位财务信息和预算执行信息。

---

① 所谓“适度分离”，是指适度分离行政单位预算会计和财务会计功能、决算报告和财务报告功能，全面反映行政单位的预算执行信息和财务信息。适度分离主要体现在“双功能”、“双基础”和“双报告”等方面。

② 所谓“相互衔接”，是指在同一会计核算系统中行政单位预算会计要素和相关财务会计要素相互协调，决算报告和财务报告相互补充，共同反映行政单位的预算执行信息和财务信息。相互衔接主要体现在“平行记账”以及财务报表与预算会计报表之间存在勾稽关系等方面。

（二）采用“双基础”和“双要素”

行政单位财务会计核算以权责发生制为基础；预算会计核算以收付实现制为基础，国务院另有规定的，依照其规定。

行政单位会计要素包括财务会计要素和预算会计要素。财务会计要素包括资产、负债、净资产、收入和费用五类；预算会计要素包括预算收入、预算支出和预算结余三类。

（三）实行“双报告”和“双目标”

行政单位会计应当编制财务报告和决算报告。

行政单位财务会计主要以权责发生制为基础，以财务会计核算生成的数据为准编制财务报告。财务报告是反映行政单位某一特定日期的财务状况和某一会计期间的运行情况与现金流量等信息的文件，应当包括财务报表（主要包括资产负债表、收入费用表、现金流量表和附注）和其他应当在财务报告中披露的相关信息与资料。

行政单位预算会计主要以收付实现制为基础，以预算会计核算生成的数据为准编制决算报告。决算报告是综合反映行政单位年度预算收支执行结果的文件，应当包括决算报表（主要包括预算收入支出表、预算结转结余变动表和财政拨款预算收入支出表）和其他应当在决算报告中反映的相关信息与资料。

行政单位财务报告和决算报告的目标不同。行政单位财务报告的目标是向财务报告使用者提供与行政单位的财务状况、运行情况（含运行成本）和现金流量等有关的信息，反映行政单位公共受托责任的履行情况，有助于财务报告使用者作出决策或者进行监督与管理。行政单位财务报告使用者包括各级人民代表大会常务委员会、债权人、各级政府及其有关部门、行政单位自身和其他利益相关者。行政单位决算报告的目标是向决算报告使用者提供与行政单位预算执行情况有关的信息，综合反映行政单位预算收支的年度执行结果，有助于决算报告使用者进行监督和管理，并为编制后续年度预算提供参考和依据。行政单位决算报告使用者包括各级人民代表大会及其常务委员会、各级政府及其有关部门、行政单位自身、社会公众和其他利益相关者。

（四）实行“平行记账”

所谓“平行记账”，是指行政单位对纳入部门预算管理的现金收支在进行财务会计核算的同时也进行预算会计核算；而对于其他业务，仅需要进行财务会计核算。此处的“现金”是指现金及现金等价物，包括国库直接支付的财政拨款资金、国库授权支付的零余额账户用款额度、银行存款、库存现金及其他货币资金。

“平行记账”是行政单位财务会计和预算会计功能适度分离又相互衔接的核算模式的典型特征，目的在于满足行政单位会计实现“双功能”的需要。

第二节 行政单位会计基本前提和会计信息质量要求

一、行政单位会计的基本前提

会计基本前提，又称会计基本假设，是进行会计核算的基本条件。会计基本前提是合理限定会计核算的范围，据以确定会计核算对象、选择会计方法、收集加工处理会计数据，从而保证会计工作正常进行和会计信息质量的假设条件。行政单位会计的基本前提包括会计主体、持续经营、会计分期和货币计量。

（一）会计主体

行政单位会计主体是行政单位会计为之服务的特定单位，它限定了行政单位会计核算的空间范围。会计主体是持续经营和会计分期两个前提的基础。只有规定了行政单位会计主体，行政单位会计核算才会有明确的范围，在此基础上会计要素才会有空间的归属，也才能正确反映会计主体的各会计要素的情况和结果，向有关各方面提供正确的会计信息。根据《政府会计准则——基本准则》（以下简称《基本准则》）规定，行政单位会计主体是与本级政府财政部门直接或者间接发生预算拨款关系的行政单位。

（二）持续经营

持续经营是指在正常情况下，行政单位的经济业务活动无限期延续下去，在可以预见的未来不会终止。持续经营规定了行政单位会计核算的时间范围，即会计主体的经济业务活动将无限期继续存在下去。只有在持续经营的前提下，行政单位的经济业务活动才得以进行，会计核算才能使用特有的程序和方法，全面系统地反映会计主体的财务状况和收支状况。即，行政单位会计核算所使用的原则、程序和方法都是建立在持续经营的基础之上，只有在这一前提下，会计人员在日常的会计核算中才能对经济业务作出正确判断，才能对会计处理方法和会计处理程序作出正确选择。根据《基本准则》规定，行政单位会计核算应当以行政单位持续运行为前提。

（三）会计分期

会计分期，又称会计期间，是指将行政单位持续经营的经济业务活动根据信息使用者的需要，人为地划分为一个个连续的、长短相同的期间，以便分期结算账目、编制会计报表，及时向各方面提供有用的会计信息。会计分期是持续经营前提的必要补充。由此，行政单位会计主体应当划分会计期间，分期结算账目和编制财务报表。

会计期间通常为一年，称为会计年度。我国行政单位会计年度采用日历年度。为了及时提供会计信息，在年度内还可以划分若干较短的期间，如季度和月份。根据《基本准则》规定，行政单位会计核算应当划分会计期间，分期结算账目，按规定编制决算报告和财务报告；会计期间至少分为年度和月度。会计年度、月度等会计期间的起讫日期采用公历日期。

（四）货币计量

货币计量是对行政单位会计计量尺度的规定，指行政单位在会计核算过程中以货币作为计量单位，综合反映行政单位会计主体的经济业务活动情况。货币计量是会计的基本特征。只有以货币计量为前提，行政单位会计核算所提供的信息才具有可比性，才能满足信息使用者的需要。以货币计量作为前提，还包含假设币值保持不变，因为只有在币值稳定的前提下，对不同会计期间的会计要素的核算才有意义，才可以前后各期加以比较。根据《基本准则》规定，行政单位会计核算应当以人民币作为记账本位币。发生外币业务时，应当将有关外币金额折算为人民币金额计量，同时登记外币金额。

二、行政单位会计的会计信息质量要求

行政单位会计的会计信息质量要求是对行政单位财务报告和决算报告中所提供会计信息质量的基本要求，是使财务报告和决算报告中所提供的会计信息对其使用者决策有用应具备的基本特征。根据《基本准则》的规定，行政单位会计的会计信息质量要求主要包括真实性、相关性、可比性、及时性、可理解性、全面性和实质重于形式。

（一）真实性

真实性，又称客观性或可靠性，是指行政单位的会计核算应当以实际发生的经济业务为依据，如实反映各项会计要素的情况和结果，保证会计信息的真实可靠。根据《基本准则》规定，行政单位应当以实际发生的经济业务或者事项为依据进行会计核算，如实反映各项会计要素的情况和结果，保证会计信息真实可靠。

真实性要求行政单位会计核算必须以经济业务发生时所取得的合法书面凭证为依据，不得弄虚作假，伪造、篡改凭证，凭证内容要真实、数字要准确、项目要完整、手续要齐备、资料要可靠。只有这样才能保证会计信息与会计反映对象的客观事实相一致，才能满足各信息使用者作出正确决策的需要。

（二）相关性

相关性，又称有用性，是指行政单位会计所提供的信息应与信息使用者的经济决策需要相关。根据《基本准则》规定，行政单位提供的会计信息，应当与反映行政单位公共受托责任履行情况以及报告使用者决策或者监督、管理的需要相关，有助于报告使用者对行政单位会计主体过去、现在或者未来的情况作出评价或者预测。

相关性需要行政单位在确认、计量和报告会计信息的过程中，充分考虑信息使用者的决策模式和信息需要，从而有助于信息使用者作出正确决策。

（三）可比性

可比性，是指行政单位会计提供的会计信息应当具有可比性，包括同一行政单位不同时期以及不同行政单位发生的相同或者相似的经济业务或者事项，应当采用一致的会计政策。根据《基本准则》规定，行政单位提供的会计信息应当具有可比性。同一行政单位不同时期发生的相同或者相似的经济业务或者事项，应当采用一致的会计政策，不得随意变更；确需变更的，应当将变更的内容、理由及其影响在附注中予以说明。不同行政单位发生的相同或者相似的经济业务或者事项，应当采用一致的会计政策，确保行政单位会计信息口径一致、相互可比。

可比性可保证行政单位根据国家的统一规定进行核算，使各行政单位的会计信息建立在相互可比的基础上，以便于会计信息的比较、分析和汇总，从而为信息使用者进行决策和国家进行宏观调控与管理提供必要的依据；同时有利于比较分析同一行政单位不同会计期间的会计信息，从而对预算执行和财务状况作出正确判断，以提高各方面预测和决策的准确性。

（四）及时性

及时性，是指行政单位会计核算应当及时进行。该原则要求行政单位会计信息应当及时处理、及时提供，不得提前或延后。根据《基本准则》规定，行政单位对已经发生的经济业务或者事项，应当及时进行会计核算，不得提前或者延后。

会计信息具有一定的时效性，所以，在会计核算中，行政单位应及时收集会计信息、及时处理会计信息、及时传递报告会计信息，从而帮助信息使用者及时作出经济决策，确保会计信息的价值。

（五）可理解性

可理解性，是指行政单位会计记录和会计报表应当清晰明了，便于理解和运用。根据《基本准则》规定，行政单位提供的会计信息应当清晰明了，便于报告使用者理解和使用。

可理解性要求会计核算各个环节和步骤清晰明了、通俗易懂，以利于会计信息使用者理解会计报表和利用会计信息，同时也有利于审计人员进行审计。

（六）全面性

全面性，是指行政单位会计报表应全面反映经济业务活动情况及结果。根据《基本准则》规定，行政单位应当将发生的各项经济业务或者事项统一纳入会计核算，确保会计信息能够全面反映行政单位预算执行情况和财务状况、运行情况、现金流量等。全面性要求会计报表所反映的信息内容完整、全面。

（七）实质重于形式

实质重于形式，是指行政单位会计核算和会计信息要真实反映行政单位经济业务或事项的实际情况，要按照经济业务或事项的经济实质进行会计核算，而不应当仅仅以它们的法律形式作为会计核算的依据。按实质或经济事实来核算和反映而不看其表现形式，当经济事实与法律形式不一致时，按事实来记录和反映。根据《基本准则》规定，行政单位应当按照经济业务或者事项的经济实质进行会计核算，不限于以经济业务或者事项的法律形式为依据。

第三节　行政单位会计对象和会计要素

一、行政单位会计对象

会计对象，又称会计客体，是指会计所核算、反映和监督的内容，具体是指社会再生产过程中能以货币表现的资金运动。

行政单位会计对象是行政单位会计所核算、反映和监督的内容。行政单位会计以货币计量为前提，因此，行政单位会计的对象是能以货币表现的行政单位的资金运动。

行政单位作为行使国家权力，依法管理国家事务的单位，肩负着行政单位部门预算执行和依法履职的职责。在部门预算执行中，行政单位按照核定的部门预算和分月（季度）用款计划通过财政直接支付和财政授权支付等方式从同级财政部门获取拨款，形成其收入和预算收入；同时，按照预算规定的用途和开支标准，依法履行其职责，形成其费用和预算支出；收入超过费用的部分形成其盈余，预算收入超过预算支出的部分形成其结转结余。行政单位在取得收入和预算收入与发生费用和预算支出的过程中，必然形成单位的资产、负债、净资产和预算结余。因此，行政单位会计的对象是行政单位资金的获取、使用及其结果，表现为行政单位在部门预算执行中所发生的收入和预算收入、费用和预算支出、盈余和结转结余以及由此形成的资产、负债、净资产和预算结余。

二、行政单位会计要素

行政单位的会计要素分为财务会计要素和预算会计要素。

行政单位财务会计要素包括资产、负债、净资产、收入和费用五类。各类财务会计要素的定义、包括内容、确认条件、计量属性参见第二章至第六章的相关内容。

行政单位预算会计要素包括预算收入、预算支出和预算结余三类。各类预算会计要素的定义、包括内容、确认条件、计量属性亦参见第二章至第六章的相关内容。

第四节　行政单位会计科目和会计等式

一、行政单位会计科目

（一）会计科目分类

会计科目是对会计对象按其经济内容或用途所作出的科学分类，是会计要素的具体内容和项目。会计科目是复式记账、填制记账凭证、编制会计报表的基础。设置行政单位会计科目，有利于将会计核算的大量内容相同的业务归为一类，组织会计核算，取得相应的会计信息。

行政单位会计科目按照不同的标准可分为不同的种类。

1.按照功能和会计要素，行政单位会计科目分为财务会计科目和预算会计科目。行政单位财务会计的会计科目分为资产类科目、负债类科目、净资产类科目、收入类科目、费用类科目；预算会计的会计科目分为预算收入类科目、预算支出类科目和预算结余类科目。为了统一核算口径，提高核算质量，资产类科目、负债类科目、净资产类科目、收入类科目、费用类科目、预算收入类科目、预算支出类科目和预算结余类科目均由财政部统一制定会计科目表加以规定。

行政单位会计科目共计64个。其中，财务会计科目共有53个，包括资产类科目28个、负债类科目11个、净资产类科目5个、收入类科目6个、费用类科目3个；预算会计科目共有11个，包括预算收入类科目3个、预算支出类科目2个、预算结余类科目6个。行政单位会计科目如表1–1所示。

表1–1 **行政单位会计科目表**

序号	科目编号	科目名称	序号	科目编号	科目名称
一、财务会计科目（53个）					
（一）资产类			（二）负债类		
1	1001	库存现金	29	2101	应交增值税
2	1002	银行存款	30	2102	其他应交税费
3	1011	零余额账户用款额度	31	2103	应缴财政款
4	1021	其他货币资金	32	2201	应付职工薪酬
5	1201	财政应返还额度	33	2302	应付账款
6	1212	应收账款	34	2304	应付政府补贴款
7	1214	预付账款	35	2307	其他应付款
8	1218	其他应收款	36	2401	预提费用
9	1301	在途物品	37	2502	长期应付款
10	1302	库存物品	38	2601	预计负债
11	1303	加工物品	39	2901	受托代理负债
12	1401	待摊费用	（三）净资产类		
13	1601	固定资产	40	3001	累计盈余
14	1602	固定资产累计折旧	41	3301	本期盈余
15	1611	工程物资	42	3302	本年盈余分配
16	1613	在建工程	43	3401	无偿调拨净资产

续表

序号	科目编号	科目名称	序号	科目编号	科目名称
17	1701	无形资产	44	3501	以前年度盈余调整
18	1702	无形资产累计摊销	（四）收入类		
19	1703	研发支出	45	4001	财政拨款收入
20	1801	公共基础设施	46	4601	非同级财政拨款收入
21	1802	公共基础设施累计折旧（摊销）	47	4603	捐赠收入
22	1811	政府储备物资	48	4604	利息收入
23	1821	文物文化资产	49	4605	租金收入
24	1831	保障性住房	50	4609	其他收入
25	1832	保障性住房累计折旧	（五）费用类		
26	1891	受托代理的资产	51	5001	业务活动费用
27	1901	长期待摊费用	52	5301	资产处置费用
28	1902	待处理财产损溢	53	5901	其他费用
二、预算会计科目（11个）					
（一）预算收入类			（三）预算结余类		
1	6001	财政拨款预算收入	6	8001	资金结存
2	6601	非同级财政拨款预算收入	7	8101	财政拨款结转
3	6609	其他预算收入	8	8102	财政拨款结余
（二）预算支出类			9	8201	非财政拨款结转
4	7101	行政支出	10	8202	非财政拨款结余
5	7901	其他支出	11	8501	其他结余

2.按核算层次，行政单位会计科目可分为总账科目和明细账科目两类。总账科目是对会计对象具体内容进行综合分类的科目。在行政单位会计科目表中的会计科目基本上都是总账科目（一级科目），是在会计要素下直接开设的，反映相应会计要素中有关内容的总括信息。明细账科目是对总账科目核算的具体内容进行详细分类的会计科目，在总账科目下开设，反映总账科目的明细信息，是对总账科目的补充，对总账科目起到说明和分析作用。

（二）会计科目使用要求

行政单位应当按照下列规定运用会计科目：

1.行政单位应当按照《政府会计制度——行政事业单位会计科目和报表》（以下简称《政府会计制度》）的规定设置和使用会计科目。在不影响会计处理和编制报表的前提下，单位可以根据实际情况自行增设或减少某些会计科目。

2.行政单位应当执行《政府会计制度》统一规定的会计科目编号，以便于填制会计凭证、登记账簿、查阅账目，实行会计信息化管理。

3.行政单位在填制会计凭证、登记会计账簿时，应当填列会计科目的名称，或者同时填列会计科目的名称和编号，不得只填列会计科目编号不填列会计科目名称。

4.行政单位设置明细科目或进行明细核算，除应遵循《政府会计制度》规定外，还应当满足权责发生制政府部门财务报告和政府综合财务报告编制的其他需要。

二、行政单位会计等式

会计等式，也称会计平衡公式，是对各会计要素的内在经济关系利用数学公式所做的概括表达，是反映各会计要素数量关系的等式。会计等式贯穿于行政单位会计核算的全过程，是设置账户、进行复式记账、试算平衡和编制会计报表的理论依据。基于政府会计制度，行政单位的资产、负债、净资产、收入和费用五大会计要素分为两组，组成了两个会计等式；预算收入、预算支出和预算结余组成了一个会计等式。

（一）资产、负债和净资产的基本关系

净资产是资产减去负债后的差额，或者表达为资产必然等于负债加净资产。这说明一个行政单位所拥有的资产与负债和净资产实际上是同一资金的两个不同方面，即：有一定数额的资产，就有一定数额的负债和净资产；反之，有一定数额的负债和净资产，就有一定数额的资产。资产与负债和净资产的这种相互依存的关系，决定了在数量上资产总额与负债和净资产的总额必定相等。即：

资产=负债+净资产

此等式表明，行政单位的资产由负债和净资产所组成。其中，负债是资产的一个来源。资产与负债还是同增同减的关系，如果负债不变，则资产与净资产也同增同减。

“资产=负债+净资产”是行政单位财务会计编制资产负债表的平衡公式。

（二）收入和费用的基本关系

行政单位为实现其职能，必然会依法取得一定数额的收入，也必然发生一定数额的费用，收入和费用相抵后的差额为盈余。由此，决定了一个行政单位的收入和费用的差额必然与其盈余数额相等。即：

收入−费用=盈余

此等式表明，收入与费用存在着对应关系。盈余是行政单位净资产的一个组成部分，虽然决定着净资产的变化，但它并不是一个独立的会计要素，不同于企业会计中的利润。

“收入-费用=盈余”是行政单位财务会计编制收入费用表的依据。

（三）预算收入和预算支出的基本关系

行政单位为实现其职能，必然会依法取得一定数额的预算收入，也必然发生一定数额的预算支出，预算收入和预算支出相抵后的差额为预算结余。由此，决定了一个行政单位的预算收入和预算支出的差额必然与其预算结余数额相等。即：

预算收入-预算支出=预算结余

此等式表明，预算收入和预算支出存在着对应关系。预算结余是预算会计的一个独立会计要素，但绝不同于企业会计中的利润。

“预算收入-预算支出=预算结余”是行政单位预算会计编制预算收入支出表的依据。

第五节　行政单位会计规范

行政单位会计规范体系是由若干对行政单位会计核算有影响的相互联系的法律、法规构成的一个整体，主要包括会计法律、会计行政法规和会计规章。

一、会计法律

作为行政单位会计规范构成部分的会计法律，是规范行政单位财务活动和会计关系的法律的总称，由国家最高权力机关——全国人民代表大会及其常务委员会制定，主要包括《中华人民共和国预算法》（以下简称《预算法》）和《中华人民共和国会计法》（以下简称《会计法》）。

《预算法》是规范行政单位财务活动的基本法律。我国现行的《预算法》由第十二届全国人民代表大会常务委员会第十次会议于2014年8月31日修订通过，2015年1月1日起施行。《预算法》作为规范政府收支行为，强化预算约束，加强对预算的管理和监督，建立健全全面规范、公开透明的预算制度的法律，是制定《基本准则》《行政单位财务规则》等的主要依据。

《会计法》是规范各级政府、政府单位会计行为的基本法律。我国现行《会计法》由第十二届全国人民代表大会常务委员会第三十次会议于2017年11月4日修订通过，2017年11月5日起施行。《会计法》是会计法律制度中层次最高的法律规范，是制定其他会计法规的依据，也是指导会计工作的最高准则。《会计法》作为规范会计行为和保证会计资料真实、完整的会计法律，是制定《基本准则》的重要依据。

二、会计行政法规

会计行政法规是指调整某些方面会计关系的法律规范，由国家最高行政机关国务院制定发布，或者由国务院有关部门拟定，经国务院批准发布，主要包括《中华人民共和国预算法实施条例》（以下简称《预算法实施条例》）、国务院批转的财政部《权责发生制政府综合财务报告制度改革方案》（以下简称《改革方案》）等。

《预算法实施条例》是更好地贯彻《预算法》，进一步增强预算管理的规范性和可操作性的主要行政法规。现行的《预算法实施条例》于1995年11月2日经国务院第三十七次常务会议通过，由国务院于1995年11月22日发布实施。由于2015年开始实施新修订的《预算法》，而《预算法实施条例》却难以全面落实《预算法》的精神，于是2015年6月24日，国务院法制办发布《预算法实施条例（修订草案征求意见稿）》，面向社会各界征求意见。《预算法实施条例》作为全面落实《预算法》精神的行政法规，也是制定《基本准则》《行政单位财务规则》等的重要依据。

《改革方案》是推进权责发生制政府综合财务报告制度改革的主要行政法规。2014年12月12日国务院转发《关于批转财政部权责发生制政府综合财务报告制度改革方案的通知》（国发〔2014〕63号），要求各省、自治区、直辖市人民政府，国务院各部委、各直属机构认真执行。《改革方案》确立了政府会计改革的指导思想、总体目标、基本原则、主要任务、具体内容、配套措施、实施步骤和组织保障。《改革方案》提出，权责发生制政府综合财务报告制度改革是基于政府会计规则的重大改革，其前提和基础就是要构建统一、科学、规范的政府会计准则体系。由此，《改革方案》成为制定政府会计基本准则、具体准则及应用指南和健全完善政府会计制度的重要法规依据。

三、会计规章

会计规章是指由主管全国会计工作的行政部门——财政部就会计工作中某些方面的内容所制定的规范性文件，包括除了《会计法》和《预算法》以外的所有行政单位会计法律规范，具体包括《基本准则》、具体准则及其应用指南、《政府会计制度》等。行政单位作为政府会计主体之一，其会计核算必须遵循政府会计准则制度要求。

2018年8月16日财政部印发了《关于贯彻实施政府会计准则制度的通知》（财会〔2018〕21号）。该通知规定，自2019年1月1日起政府会计准则制度在全国各级各类行政事业单位全面施行。就行政单位而言，自2019年1月1日起，应该贯彻实施的政府会计准则制度包括以下内容：

（一）政府会计基本准则

政府会计基本准则是我国政府会计的“概念框架”，主要起统驭政府会计具体准则和政府会计制度的作用，并为政府会计实务问题提供处理原则，为编制政府财务报告提供基础标准。

2015年10月23日财政部印发《政府会计准则——基本准则》（财政部令第78号），自2017年1月1日起施行。《基本准则》根据《会计法》《预算法》和其他有关法律、行政法规，按照《改革方案》的要求而制定，主要对其适用范围、政府会计体系与核算基础、报告目标和使用者、会计基本假设和记账方法，政府会计信息质量要求，政府会计要素的定义、确认标准、计量属性和列示要求，政府决算报告和财务报告的定义、主要内容和构成等内容作出了规范。《基本准则》适用于各级政府、各部门、各单位（统称政府会计主体），其中各部门、各单位是指与本级政府财政部门直接或者间接发生预算拨款关系的国家机关、军队、政党组织、社会团体、事业单位和其他单位。军队、已纳入企业财务管理体系的单位和执行《民间非营利组织会计制度》的社会团体，不适用本准则。

（二）政府会计具体准则

政府会计具体准则，主要规定政府会计发生的经济业务或事项的会计处理原则，具体规定经济业务或事项引起的会计要素变动的确认、计量和报告。

根据《基本准则》，财政部陆续发布了以下具体准则：2016年7月6日，《政府会计准则第1号——存货》、《政府会计准则第2号——投资》、《政府会计准则第3号——固定资产》、《政府会计准则第4号——无形资产》（财会〔2016〕12号），2017年1月1日起施行；2017年4月17日，《政府会计准则第5号——公共基础设施》（财会〔2017〕11号），2018年1月1日起施行；2017年7月28日，《政府会计准则第6号——政府储备物资》（财会〔2017〕23号），2018年1月1日起施行；2018年10月21日，《政府会计准则第7号——会计调整》（财会〔2018〕28号），自2019年1月1日起施行；2018年11月9日，《政府会计准则第8号——负债》（财会〔2018〕31号），自2019年1月1日起施行；2018年12月26日，《政府会计准则第9号——财务报表编制和列报》（财会〔2018〕37号），自2019年1月1日起施行。

上述政府会计具体准则分别对存货、投资、固定资产、无形资产、公共基础设施、政府物资储备、会计调整和负债的确认、计量和相关信息的披露以及财务报表的编制和列报等内容作出了规范。

（三）政府会计具体准则应用指南

政府会计具体准则应用指南，是对具体准则的实际应用作出操作性规定。

2017年2月21日《〈政府会计准则第3号——固定资产〉应用指南》（财会〔2017〕4号）印发，该指南根据《基本准则》和《政府会计准则第3号——固定资产》制定，主要对政府会计的固定资产折旧年限、折旧计提时点等内容作出了规范。

（四）政府会计制度

政府会计制度，主要规范政府会计科目及其使用说明、报表格式及其编制说明等，便于会计人员进行日常核算。

2017年10月24日财政部印发《政府会计制度——行政事业单位会计科目和报表》（财会〔2017〕25号），2019年1月1日起施行。《政府会计制度》依据《会计法》、《预算法》和《基本准则》等法律法规和规章制定，主要对其适用范围、会计核算模式和会计要素、会计科目设置要求、报表编制要求、会计信息化工作要求、会计科目及其使用说明、报表格式及其编制说明等内容作出规范。《政府会计制度》从行政事业单位通用或共性业务会计处理，以及单位财务报告信息和决算报告信息的可比性出发，归并统一了现行行政事业单位和各项行业事业单位会计制度[①]；在严格贯彻《改革方案》要求、着力实现改革目标的前提下，力求与现行行政事业单位财务规则、财务制度、部门预决算制度、行政事业单位国有资产管理规定、基本建设财务规则等要求保持协调。《政府会计制度》适用于各级各类行政事业单位，但已纳入企业财务管理体系执行企业会计准则或小企业会计准则的事业单位除外。

此外，2015年11月16日和12月2日，财政部相继印发了《政府财务报告编制办法（试行）》（财库〔2015〕212号）和《政府部门财务报告编制操作指南（试行）》（财库〔2015〕223号），以规范权责发生制政府综合财务报告制度改革试点期间（2016—2017）的政府财务报告编制工作。2018年3月1日，财政部印发修订的《政府部门财务报告编制操作指南（试行）》（财库〔2018〕29号），以进一步规范改革试点期间政府部门财务报告编制工作。属于政府财务报告编制试点的行政事业单位应遵循这些规范。

截至2018年底，从已经颁布的有关行政单位会计规范来看，我国行政单位会计规范体系如图1-1所示。

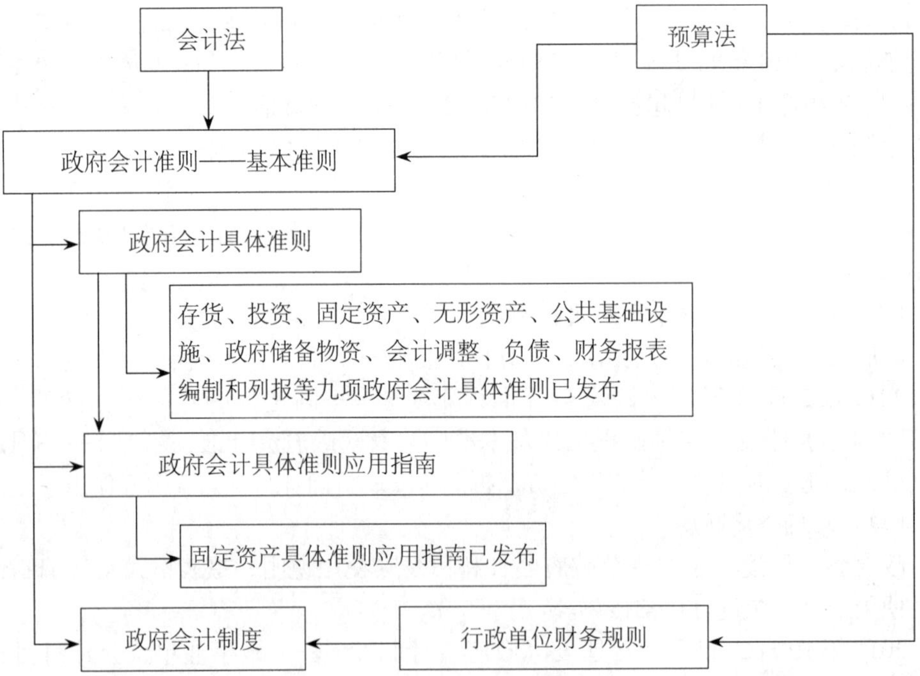

图1-1　行政单位会计规范体系

① 主要包括《行政单位会计制度》《事业单位会计准则》《事业单位会计制度》，以及医院、基层医疗卫生机构、高等学校、中小学校、科学事业单位、彩票机构、测绘事业单位、地质勘查事业单位、国有林场和苗圃等行业事业单位会计制度。

第二章

行政单位的收入和预算收入的核算①

第一节 收入和预算收入概述

一、收入概述

（一）收入的定义、内容和分类

收入，是指报告期内导致行政单位净资产增加的、含有服务潜力或者经济利益的经济资源的流入。收入是行政单位财务会计的一个会计要素。

行政单位收入的内容包括：财政拨款收入、非同级财政拨款收入、捐赠收入、利息收入、租金收入和其他收入。

按照收入来源，行政单位收入分为拨款收入和其他活动收入。

1.拨款收入，是财政部门拨付行政单位的款项，包括同级财政部门拨付行政单位的财政拨款收入和非同级财政部门拨付行政单位的非同级财政拨款收入。

2.其他活动收入，是行政单位在拨款收入以外取得的其他各项收入，包括捐赠收入、利息收入和其他收入。

（二）收入的确认和计量

收入的确认应当同时满足三个条件：

1.与收入相关的含有服务潜力或者经济利益的经济资源很可能流入行政单位。

2.含有服务潜力或者经济利益的经济资源的流入会导致行政单位资产增加或者负债减少。

3.流入金额能够可靠地计量。

---

① 本章各项收入核算的举例均以小规模纳税人行政单位为会计主体，例题中不再说明。一般纳税人行政单位的相关举例参见第五章“应交增值税”科目的核算。

符合收入定义和收入确认条件的项目，应当列入行政单位收入费用表。

收入应当按照应收或实际收到的金额计量。

二、预算收入概述

（一）预算收入的定义、内容和分类

预算收入，是指行政单位在预算年度内依法取得并纳入预算管理的现金流入。预算收入是行政单位预算会计的一个会计要素。

行政单位的预算收入内容包括：财政拨款预算收入、非同级财政拨款预算收入和其他预算收入。

1. 按照预算收入来源，行政单位预算收入分为拨款预算收入和其他预算收入。

（1）拨款预算收入，是行政单位从财政部门取得的财政拨款，包括从同级财政部门取得财政拨款预算收入和从非同级财政部门取得的非同级财政拨款预算收入。

（2）其他预算收入，是行政单位在拨款预算收入以外取得的其他各项预算收入。

2. 按照使用要求，行政单位预算收入分为基本支出拨款和项目支出拨款、专项资金收入和非专项资金收入。

财政拨款预算收入按照使用要求分为基本支出拨款和项目支出拨款。基本支出拨款是行政单位为了保障其正常运转、完成日常工作任务而从同级财政部门取得的拨款，包括人员经费和日常公用经费。项目支出拨款是行政单位为了完成特定工作任务和事业发展目标，在基本支出拨款之外从同级财政部门取得的拨款。行政单位从财政部门取得的项目支出拨款必须专款专用、单独核算、专项结报。

非财政拨款预算收入和其他预算收入按照使用要求分为专项资金收入和非专项资金收入。专项资金收入是行政单位为完成特定工作任务取得的除了财政拨款预算收入之外的预算收入，其使用必须专款专用、单独核算、专项结报。非专项资金收入是行政单位为保障其正常运转、完成日常工作任务取得的除了财政拨款预算收入之外的预算收入，无限定性用途。

（二）预算收入的确认和计量

行政单位的预算收入一般在实际收到时予以确认，以实际收到的金额计量。

符合预算收入定义及其确认条件的项目，应当列入行政单位预算收入支出表。

三、收入类和预算收入类会计科目及其核算内容

行政单位收入会计科目6个、预算收入类会计科目3个。收入类和预算收入类会计科目及其核算内容如表2-1所示。

表2-1　　行政单位收入类和预算收入类会计科目及其核算内容

科目名称	科目核算内容
财务会计——收入类科目	
财政拨款收入	核算行政单位从同级政府财政部门取得的各类财政拨款

续表

科目名称	科目核算内容
非同级财政拨款收入	核算行政单位从非同级政府财政部门取得的经费拨款，包括从同级政府其他部门取得的横向转拨财政款、从上级或下级政府财政部门取得的经费拨款等
捐赠收入	核算行政单位接受其他单位或者个人捐赠取得的收入
利息收入	核算行政单位取得的银行存款利息收入
租金收入	核算行政单位经批准利用国有资产出租取得并按照规定纳入本单位预算管理的租金收入
其他收入	核算行政单位取得的除财政拨款收入、非同级财政拨款收入、捐赠收入、利息收入、租金收入以外的各项收入，包括现金盘盈收入、无法偿付的应付及预收款项、收回已核销的其他应收款、置换换出资产评估增值等
预算会计——预算收入类科目	
财政拨款预算收入	核算行政单位从同级政府财政部门取得的各类财政拨款
非同级财政拨款预算收入	核算行政单位从非同级政府财政部门取得的财政拨款，包括本级横向转拨财政款和非本级财政拨款
其他预算收入	核算行政单位除财政拨款预算收入、非同级财政拨款预算收入之外的纳入部门预算管理的现金流入，包括捐赠预算收入、利息预算收入、租金预算收入、现金盘盈收入等

第二节　财政拨款收入和财政拨款预算收入

一、财政拨款收入和财政拨款预算收入的确认和计量

财政拨款收入和财政拨款预算收入是行政单位从同级财政部门取得的各类财政拨款。行政单位依据年度预算和分月用款计划通过财政直接支付方式、财政授权方式和其他方式取得。

财政拨款收入和财政拨款预算收入采用收付实现制确认，国库集中支付的年终结余采用权责发生制确认。

1.财政直接支付方式下，行政单位应在收到代理银行转来的“财政直接支付入账通知书”时确认财政拨款收入和财政拨款预算收入，并按照“财政直接支付入账通知书”中的直接支付入账金额计量。

2.财政授权支付方式下，行政单位应在收到代理银行转来的“财政授权支付额度

到账通知书”时确认财政拨款收入和财政拨款预算收入，并按照“财政授权支付额度到账通知书”中的授权支付额度计量。

3.其他方式下，行政单位应在收到开户银行转来的收款通知时确认财政拨款收入和财政拨款预算收入，并按照实际收到的金额计量。对于行政单位收到同级政府财政部门预拨的下期预算款和没有纳入预算的暂付款项，以及采用实拨资金方式通过本单位转拨给下属单位的财政拨款，分别等到下一预算期、批准纳入预算以及下属单位收到财政拨款时确认为财政拨款收入和财政拨款预算收入。

4.对于国库集中支付的年终结余形成的财政拨款收入和财政拨款预算收入，行政单位应根据对账确认的本年度财政直接支付预算指标数大于当年财政直接支付实际支出数的差额、本年度财政授权支付预算指标数大于当年零余额账户用款额度下达数的差额予以确认和计量。

二、财政拨款收入和财政拨款预算收入核算的会计科目设置

财务会计系统下，行政单位应设置“财政拨款收入”科目，核算行政单位从同级财政部门取得的各类财政拨款。同级政府财政部门预拨的下期预算款和没有纳入预算的暂付款项，以及采用实拨资金方式通过本单位转拨给下属单位的财政拨款，通过“其他应付款”科目核算，不通过本科目核算。本科目可以按照公共财政预算拨款、政府性基金预算拨款等种类进行明细核算。期末结转后，本科目应无余额。

预算会计系统下，行政单位应设置“财政拨款预算收入”科目，核算行政单位从同级财政部门取得的各类财政拨款。本科目应当设置“基本支出”和“项目支出”两个明细科目，并按照政府收支分类科目中“支出功能分类科目”的项级科目进行明细核算；同时，在“基本支出”明细科目下按照“人员经费”和“日常公用经费”进行明细核算，在“项目支出”明细科目下按照具体项目进行明细核算。有一般公共预算财政拨款、政府性基金预算财政拨款等两种或两种以上财政拨款的单位，还应当按照财政拨款的种类进行明细核算。年末结转后，本科目应无余额。

财政拨款收入和财政拨款预算收入的会计科目设置如表2-2所示。

三、财政拨款收入和财政拨款预算收入的主要账务处理

（一）收到财政拨款

1.财政直接支付方式下，行政单位根据收到的“财政直接支付入账通知书”及相关原始凭证，按照通知书中的直接支付入账金额，财务会计借记“库存物品”“固定资产”“业务活动费用”“应付职工薪酬”等科目，贷记“财政拨款收入”科目；预算会计借记“行政支出”等有关科目，贷记“财政拨款预算收入”科目。

年末，行政单位根据本年度财政直接支付预算指标数与当年财政直接支付实际支付数的差额，财务会计借记“财政应返还额度——财政直接支付”科目，贷记“财政拨款收入”科目；预算会计借记“资金结存——财政应返还额度”科目，贷记“财政拨款预算收入”科目。相关举例参见第四章“财政应返还额度”科目【例4-26】。

表2-2　　**财政拨款收入和财政拨款预算收入的会计科目设置**

总账科目	一级明细科目	二级明细科目	三级明细科目	四级明细科目
财政拨款收入	一般公共预算财政拨款			
	政府性基金预算财政拨款			
财政拨款预算收入	一般公共预算财政拨款	支出功能分类科目项级科目	基本支出	人员经费
				公用经费
			项目支出	××项目
	政府性基金预算财政拨款	同上	同上	同上

【例2-1】某行政单位使用一般公共预算拨款采用财政直接支付方式采购办公用计算机一批，取得的增值税专用发票上记载的金额为500 000元、税额为80 000元，支付运输费5 500元（含税），收到代理银行转来的“财政直接支付入账通知书”，通知书记载的直接支付入账金额为585 500元。计算机直接交付使用。该行政单位的账务处理如下：

财务会计

借：固定资产　585 500
　贷：财政拨款收入
　　——一般公共预算拨款　585 500

预算会计

借：行政支出　585 500
　贷：财政拨款预算收入
　　——项目支出　585 500

【例2-2】某行政单位使用彩票公益金采用直接支付方式支付中小学校校舍的修缮费用，取得施工单位开具的增值税专用发票上记载的金额为80 000元、税额为8 000元。收到代理银行转来的“财政直接支付入账通知书”，通知书中的直接支付入账金额为88 000元。该行政单位的账务处理如下：

财务会计

借：业务活动费用　88 000
　贷：财政拨款收入
　　——政府性基金预算拨款　88 000

预算会计

借：行政支出　88 000
　贷：财政拨款预算收入
　　——项目支出　88 000

2.财政授权支付方式下，行政单位根据收到“财政授权支付额度到账通知书”，按照通知书中的授权支付额度，财务会计借记“零余额账户用款额度”科目，贷记“财政拨款收入”科目；预算会计借记“资金结存——零余额账户用款额度”科目，贷记“财政拨款预算收入”科目。

年末，本年度财政授权支付预算指标数大于零余额账户用款额度下达数的，根据未下达的用款额度，财务会计借记“财政应返还额度——财政授权支付”科目，贷记“财政拨款收入”科目；预算会计借记“资金结存——财政应返还额度”科目，贷记“财政拨款预算收入”科目。相关举例参见第四章“财政应返还额度”科目【例4-28】。

【例2-3】某行政单位收到“财政授权支付额度到账通知书”，列明本月一般公共预算预算列支的日常公用经费的财政授权支付额度为500 000元。该行政单位的账务处理如下：

财务会计	预算会计
借：零余额账户用款额度　500 000	借：资金结存——零余额账户用款额度　500 000
贷：财政拨款收入——一般公共预算拨款　500 000	贷：财政拨款预算收入——基本支出　500 000

3. 其他方式下收到财政拨款收入时，按照实际收到的金额，财务会计借记“银行存款”等科目，贷记“财政拨款收入”科目；预算会计借记“资金结存——货币资金”科目，贷记“财政拨款预算收入”科目。

【例2-4】某行政单位开户银行转来收款通知，实际收到财政部门拨入一般公共预算列支的日常公用经费500 000元。该行政单位的账务处理如下：

财务会计	预算会计
借：银行存款　500 000	借：资金结存——货币资金　500 000
贷：财政拨款收入——一般公共预算拨款　500 000	贷：财政拨款预算收入——基本支出　500 000

【例2-5】某行政单位2×19年12月收到同级政府财政部门预拨的下年度1月份预算款100 000元，款项已存入银行。该行政单位的账务处理如下：

• 2×19年12月收到预拨款时，

财务会计	预算会计
借：银行存款　100 000	—①
贷：其他应付款　100 000	

• 2×20年1月到预算期时，

财务会计	预算会计
借：其他应付款　100 000	借：资金结存——货币资金　100 000
贷：财政拨款收入　100 000	贷：财政拨款预算收入　100 000

① 本书所有例题的会计分录中，“—”表示在此会计系统下不进行核算。

本例中的行政单位如果收到没有纳入预算的暂付款项或者采用实拨资金方式通过本单位转拨给下属单位的财政拨款时，做相同的账务处理。

（二）差错更正或购货退回[①]

行政单位因差错更正或购货退回等发生国库直接支付款项退回的，属于本年度支付的款项，按照退回金额，财务会计借记“财政拨款收入”科目，贷记“业务活动费用”“库存物品”等科目；预算会计借记“财政拨款预算收入”科目，贷记“行政支出”等有关科目。属于以前年度支付的款项，按照退回金额，财务会计借记“财政应返还额度——财政直接支付”科目，贷记“以前年度盈余调整”“库存物品”等有关科目；预算会计借记“资金结存——财政应返还额度”科目，贷记“财政拨款结转”“财政拨款结余”等科目。

【例2-6】某行政单位使用一般公共预算拨款采用财政直接支付方式采购的电脑耗材因质量问题予以退回，共计50 000元。其中，30 000元属于上年度支付的款项，20 000元属于本年度支付的款项。收到代理银行转来财政直接支付资金退回入账通知书，退回相关款项50 000元，电脑耗材已退回。该行政单位的账务处理如下：

财务会计		预算会计	
借：财政应返还额度——财政直接支付	30 000	借：资金结存——财政应返还额度	30 000
财政拨款收入——一般公共预算拨款	20 000	财政拨款预算收入——基本支出	20 000
贷：库存物品	50 000	贷：财政拨款结转——年初余额调整	30 000
		行政支出	20 000

（三）期末或年末结转

期末，财务会计将“财政拨款收入”科目本期发生额结转入本期盈余，借记“财政拨款收入”科目，贷记“本期盈余”科目。相关举例参见第六章“本期盈余”科目【例6-1】。

年末，预算会计将“财政拨款预算收入”科目本年发生额结转入财政拨款结转，借记“财政拨款预算收入”科目，贷记“财政拨款结转——本年收支结转”科目。相关举例参见第六章“财政拨款结转”科目【例6-10】。

财政拨款收入和财政拨款预算收入的主要账务处理汇总归纳如表2-3所示。

---

① 有关差错更正或购货退回的账务处理及举例分布在“财政拨款收入”和“财政拨款预算收入”、“业务活动费用”和“行政支出”、“零余额账户用款额度”等科目核算。

表2-3　财政拨款收入和财政拨款预算收入的主要账务处理

会计事项		财务会计	预算会计
		财政拨款收入	财政拨款预算收入
收到同级财政部门拨款	财政直接支付	借：库存物品/固定资产/业务活动费用 贷：财政拨款收入	借：行政支出等 贷：财政拨款预算收入
	财政授权支付	借：零余额账户用款额度 贷：财政拨款收入	借：资金结存——零余额账户用款额度 贷：财政拨款预算收入
	其他方式	借：银行存款等 贷：财政拨款收入	借：资金结存——货币资金 贷：财政拨款预算收入
因差错更正或购货退回等发生款项退回	属于本年度支付的款项	借：财政拨款收入 贷：业务活动费用/库存物品等	借：财政拨款预算收入 贷：行政支出等
	属于以前年度支付的款项	借：财政应返还额度——财政直接支付 贷：以前年度盈余调整/库存物品等	借：资金结存——财政应返还额度 贷：财政拨款结转——年初余额调整/财政拨款结余——年初余额调整
年末确认拨款差额	根据本年度财政直接支付预算指标数大于当年财政直接支付实际支付数的差额	借：财政应返还额度——财政直接支付 贷：财政拨款收入	借：资金结存——财政应返还额度 贷：财政拨款预算收入
	本年度财政授权支付预算指标数大于零余额账户用款额度下达数的差额	借：财政应返还额度——财政授权支付 贷：财政拨款收入	借：资金结存——财政应返还额度 贷：财政拨款预算收入
期末/年末结转		借：财政拨款收入 贷：本期盈余	借：财政拨款预算收入 贷：财政拨款结转——本年收支结转

第三节　非同级财政拨款收入和非同级财政拨款预算收入

一、非同级财政拨款收入和非同级财政拨款预算收入的确认和计量

非同级财政拨款收入，是行政单位从非同级政府财政部门取得的经费拨款，包括从同级政府其他部门取得的横向转拨财政款、从上级或下级政府财政部门取得的经费拨款等。非同级财政拨款收入一般在发生时确认，并按照应收或实收金额计量。

非同级财政拨款预算收入，是行政单位从非同级政府财政部门取得的财政拨款，包括本级横向转拨财政款和非本级财政拨款。非同级财政拨款预算收入应当在收到款项时确认，并按照实际收到金额计量。

二、非同级财政拨款收入和非同级财政拨款预算收入核算的会计科目设置

财务会计系统下，行政单位应设置“非同级财政拨款收入”科目，核算从非同级政府财政部门取得的经费拨款。本科目应当按照本级横向转拨财政款和非本级财政拨款进行明细核算，并按照收入来源进行明细核算。期末结转后，本科目应无余额。

预算会计系统下，行政单位应设置“非同级财政拨款预算收入”科目，核算非同级政府财政部门取得的财政拨款。本科目应当按照非同级财政拨款预算收入的类别、来源、政府收支分类科目中“支出功能分类科目”的项级科目等进行明细核算。非同级财政拨款预算收入中如有专项资金收入，还应按照具体项目进行明细核算。年末结转后，本科目应无余额。

三、非同级财政拨款收入和非同级财政拨款预算收入的主要账务处理

（一）取得拨款

行政单位从非同级政府财政部门取得拨款时，财务会计按照应收或实际收到的金额，借记“其他应收款”“银行存款”等科目，贷记“非同级财政拨款收入”科目；预算会计按照实际收到的金额，借记“资金结存——货币资金”科目，贷记“非同级财政拨款预算收入”科目。

【例2-7】某行政单位属于中央级单位，收到A省级财政部门的财政拨款收入200 000元，款项已存入银行。该行政单位账务处理如下：

财务会计	预算会计
借：银行存款　　200 000 　贷：非同级财政拨款收入——A省　200 000	借：资金结存——货币资金　200 000 　贷：非同级财政拨款预算收入——A省　200 000

【例2-8】上例中的行政单位按照合约确认A省级财政部门的财政拨款200 000元，但款项尚未收到时，则：

财务会计	预算会计
借：其他应收款　　200 000 　贷：非同级财政拨款收入——A省　200 000	—

收到A省级财政部门的拨款时，

财务会计		预算会计	
借：银行存款	200 000	借：资金结存——货币资金	200 000
贷：其他应收款	200 000	贷：非同级财政拨款预算收入——A省	200 000

（二）期末或年末结转

期末，财务会计将“非同级财政拨款收入”科目本期发生额转入本期盈余，借记本科目，贷记“本期盈余”科目。相关举例参见第六章“本期盈余”科目【例6-1】。

年末，预算会计将“非同级财政拨款预算收入”科目本年发生额中的专项资金收入转入非财政拨款结转，借记“非同级财政拨款预算收入”科目下各专项资金收入明细科目，贷记“非财政拨款结转——本年收支结转”科目；将“非同级财政拨款预算收入”科目本年发生额中的非专项资金收入转入其他结余，借记“非同级财政拨款预算收入”科目下各非专项资金收入明细科目，贷记“其他结余”科目。相关举例参见第六章“其他结余”和“非财政拨款结转”科目【例6-17】和【例6-18】。

非同级财政拨款收入和非同级财政拨款预算收入的主要账务处理归纳如表2-4所示。

表2-4　　非同级财政拨款收入和非同级财政拨款预算收入的主要账务处理

<table>
<tr><td colspan="2" rowspan="2">会计事项</td><td>财务会计</td><td>预算会计</td></tr>
<tr><td>非同级财政拨款收入</td><td>非同级财政拨款预算收入</td></tr>
<tr><td>确认收入</td><td>按照应收或实际收到的金额</td><td>借：其他应收款/银行存款等
贷：非同级财政拨款收入</td><td rowspan="2">借：资金结存
——货币资金［实际收到金额］
贷：非同级财政拨款预算收入</td></tr>
<tr><td>收到应收款项</td><td>按照实际收到的金额</td><td>借：银行存款
贷：其他应收款</td></tr>
<tr><td rowspan="2">期末/年末结转</td><td>专项资金</td><td rowspan="2">借：非同级财政拨款收入
贷：本期盈余</td><td>借：非同级财政拨款预算收入
贷：非财政拨款结转
——本年收支结转</td></tr>
<tr><td>非专项资金</td><td>借：非同级财政拨款预算收入
贷：其他结余</td></tr>
</table>

第四节　其他活动收入和其他预算收入

一、其他活动收入和其他预算收入的确认和计量

（一）其他活动收入

其他活动收入，是指行政单位取得的除财政拨款收入、非同级财政拨款收入以外的其他各项收入，包括捐赠收入、利息收入、租金收入以及其他收入。

捐赠收入，是指行政单位接受其他单位或者个人捐赠取得的收入。

利息收入，是指行政单位取得的银行存款利息收入。

租金收入，是指行政单位经批准利用国有资产出租取得并按照规定纳入本单位预算管理的租金收入。

其他收入，是指行政单位取得的除财政拨款收入、非同级财政拨款收入、捐赠收入、利息收入、租金收入以外的各项收入，包括现金盘盈收入、收回已核销的其他应收款、无法偿付的应付及预收款项、置换换出资产评估增值等。

其他活动收入应当在发生时确认，并按照实收或应收金额计量。

（二）其他预算收入

其他预算收入，是指行政单位除财政拨款预算收入、非同级财政拨款预算收入之外的纳入部门预算管理的现金流入，包括捐赠预算收入、利息预算收入、租金预算收入、现金盘盈收入等。

其他预算收入在取得时确认，按照实际收到的金额计量。

二、其他活动收入和其他预算收入核算的会计科目设置

财务会计系统下，行政单位应设置“捐赠收入”“利息收入”“租金收入”“其他收入”科目，以核算其他活动取得的收入。其中：

“捐赠收入”科目，核算行政单位接受其他单位或者个人捐赠取得的收入。本科目应当按照捐赠资产的用途和捐赠单位等进行明细核算。期末结转后，本科目应无余额。

“利息收入”科目，核算行政单位取得的银行存款利息收入。期末结转后，本科目应无余额。

“租金收入”科目，核算行政单位经批准利用国有资产出租取得并按照规定纳入本单位预算管理的租金收入。国有资产出租收入，应当在租赁期内各个期间按照直线法予以确认本科目应当按照出租国有资产类别和收入来源等进行明细核算。期末结转后，本科目应无余额。[①]

“其他收入”科目，核算行政单位取得的除财政拨款收入、非同级财政拨款收入以外的各项收入，包括捐赠收入、利息收入、租金收入以外的各项收入，包括现金盘盈收入、收回已核销的其他应收款、无法偿付的应付及预收款项、置换换出资产评估增值等。本科目应当按照其他收入的类别、来源等进行明细核算。期末结转后，本科目应无余额。

---

① 《政府会计制度》规定，租金收入是指单位经批准利用国有资产出租取得并按照规定纳入本单位预算管理的租金收入。此处的“单位”包括行政单位和事业单位。但是，按照《行政单位国有资产管理暂行办法》（2006，财政部令第35号）和《关于进一步规范和加强行政事业单位国有资产管理的指导意见》（财资〔2015〕90号）的相关规定：行政单位国有资产出租、出借收入，应当在扣除相关税费后及时、足额上缴国库，严禁隐瞒、截留、坐支和挪用。由此确定行政单位国有资产出租、出借收入不应当纳入单位预算管理，记入“租金收入”会计科目，而应当上缴财政并列入政府收支分类科目“行政单位国有资产出租、出借收入”科目，上缴前应记入“应缴财政款”会计科目。

预算会计系统下，行政单位应设置“其他预算收入”科目核算行政单位除财政拨款预算收入、非同级财政拨款预算收入之外的纳入部门预算管理的现金流入，包括捐赠预算收入、利息预算收入、租金预算收入、现金盘盈收入等。本科目应当按照其他收入类别、政府收支分类科目中“支出功能分类科目”的项级科目等进行明细核算。其他预算收入中如有专项资金收入，还应按照具体项目进行明细核算。年末结转后，本科目应无余额。

行政单位发生的捐赠预算收入、利息预算收入、租金预算收入金额较大或业务较多的，可单独设置“捐赠预算收入”“利息预算收入”“租金预算收入”等科目。

三、其他活动收入和其他预算收入的主要账务处理

（一）确认收入

1.捐赠收入

行政单位接受捐赠的货币资金，按照实际收到的金额，财务会计借记“银行存款”“库存现金”等科目，贷记“捐赠收入”科目；预算会计借记“资金结存——货币资金”科目，贷记“其他预算收入”科目。

行政单位接受捐赠的存货、固定资产等非现金资产，按照确定的成本，财务会计借记“库存物品”“固定资产”等科目，按照发生的相关税费、运输费等，贷记“银行存款”等科目，按照其差额，贷记“捐赠收入”科目。接受捐赠的资产按照名义金额入账的，按照名义金额，借记“库存物品”“固定资产”等科目，贷记“捐赠收入”科目；同时，按照发生的相关税费、运输费等，借记“其他费用”科目，贷记“银行存款”等科目。预算会计按照发生的相关税费、运输费等，借记“其他支出”科目，贷记“资金结存——零余额账户用款额度、货币资金”科目。

【例2-9】某行政单位接收甲公司的捐赠，其中货币资金200 000元，计算机10台，发票上注明价款500 000元，以银行存款支付相关税费200元。该行政单位账务处理如下：

财务会计			预算会计		
借：银行存款	200 000		借：资金结存——货币资金	200 000	
固定资产	500 200		贷：其他预算收入——捐赠收入		200 000
贷：捐赠收入——甲公司		700 000	借：其他支出	200	
银行存款		200	贷：资金结存——货币资金		200

2.利息收入

行政单位取得银行存款利息时，按照实际收到的金额，财务会计借记“银行存款”科目，贷记“利息收入”科目；预算会计借记“资金结存——货币资金”科目，贷记“其他预算收入”科目。

【例2-10】某行政单位收到银行存款利息收入通知书，本月取得存款利息收入5 000元。该行政单位账务处理如下：

财务会计		预算会计	
借：银行存款	5 000	借：资金结存——货币资金	5 000
贷：利息收入	5 000	贷：其他预算收入——利息收入	5 000

3.租金收入

（1）按照《政府会计制度》的规定，租金收入的账务处理如下：

采用预收租金方式的，预收租金时，按照实际收到的金额，财务会计借记“银行存款”等科目，贷记“预收账款”科目[①]；预算会计借记“资金结存——货币资金”科目，贷记“其他预算收入”科目。分期确认租金收入时，财务会计按照各期租金金额，借记“预收账款”科目，贷记“租金收入”科目。

采用后付租金方式的，每期确认租金收入时，财务会计按照各期租金金额，借记“应收账款”科目，贷记“租金收入”科目；收到租金时，按照实际收到的金额，财务会计借记“银行存款”等科目，贷记“应收账款”科目；预算会计借记“资金结存——货币资金”科目，贷记“其他预算收入”科目。

采用分期收取租金方式的，每期收取租金时，财务会计按照租金金额，借记“银行存款”等科目，贷记“租金收入”科目；预算会计按照实际收到的金额，借记“资金结存——货币资金”科目，贷记“其他预算收入”科目。

租金收入涉及增值税业务的，相关账务处理参见“应交增值税”科目。

（2）按照《行政单位国有资产管理暂行办法》等相关规定，租金收入上缴财政，预算会计不进行会计核算。租金收入的财务会计账务处理如下：

采用预收租金方式的，预收租金时，按照实际收到的金额，借记“银行存款”等科目，贷记“应缴财政款”科目。采用后付租金方式的，按照各期应收租金金额，借记“应收账款”科目，贷记“应缴财政款”科目；收到租金时，按照实际收到的金额借记“银行存款”等科目，贷记“应收账款”科目；采用分期收取租金方式的，每期收取租金时，按照租金金额，借记“银行存款”等科目，贷记“应缴财政款”科目。上缴财政时，借记“应缴财政款”科目，贷记“银行存款”科目。

【例2-11】某行政单位经批准将一幢办公楼（2016年5月1日之前取得）出租，租期5年，年租金630 000元。假设经批准租金纳入本单位预算管理，该行政单位账务处理如下：

■如果采用预收租金方式，每年1月预收全年租金，分月确认租金收入

- 1月收到年租金630 000元时，

①　《政府会计制度》规定，行政单位财务会计不应设置“预收账款”科目。但是，如果行政单位发生预收方式收取的纳入单位预算管理的租金收入，本书建议可以设置“预收账款”科目。

财务会计	预算会计
借：银行存款　630 000	借：资金结存——货币资金　630 000
贷：预收账款　600 000	
应交增值税　30 000	贷：其他预算收入——租金收入　630 000

• 每月确认租金收入时，

财务会计	预算会计
借：预收账款　50 000	—
贷：租金收入　50 000	

■如果采用后付租金方式，每年末承租人一次性支付全年租金

• 每月确认租金收入时，

财务会计	预算会计
借：应收账款　52 500	
贷：租金收入　50 000	—
应交增值税　2 500	

• 年末收到年租金630 000元时，

财务会计	预算会计
借：银行存款　630 000	借：资金结存——货币资金　630 000
贷：应收账款　630 000	贷：其他预算收入——租金收入　630 000

■如果采用分期收取租金方式，承租人按月支付租金52 500元时

财务会计	预算会计
借：银行存款　52 500	借：资金结存——货币资金　52 500
贷：租金收入　50 000	贷：其他预算收入——租金收入　52 500
应交增值税　2 500	

4. 其他收入

（1）现金盘盈收入。相关账务处理和举例参见第四章“库存现金”科目。

（2）收回已核销的其他应收款。行政单位已核销的其他应收款在以后期间收回的，按照实际收回的金额，财务会计借记“银行存款”等科目，贷记“其他收入”科目；预算会计，借记“资金结存——货币资金”科目，贷记“其他预算收入”科目。

【例2-12】某行政单位银行存款户收到了去年已核销的其他应收款1 500元。该行政单位账务处理如下：

财务会计		预算会计	
借：银行存款	1 500	借：资金结存——货币资金	1 500
贷：其他收入		贷：其他预算收入	1 500
——收回已核销其他应收款	1 500		

（3）无法偿付的应付及预收款项。行政单位无法偿付或债权人豁免偿还的应付账款、预收账款、其他应付款及长期应付款，财务会计借记“应付账款”“其他应付款”“长期应付款”等科目，贷记“其他收入”科目。

【例2-13】某行政单位经检查，2×19年度几经努力无法联系到债权人的应付账款、其他应付款及长期应付款的金额分别为20 000元、50 000元和5 000元。按照规定报经批准后核销时，该行政单位账务处理如下：

财务会计			预算会计
借：应付账款	20 000		—
其他应付款	50 000		
长期应付款	5 000		
贷：其他收入		75 000	

（4）置换换出资产评估增值。行政单位资产置换过程中，出现资产评估增值的，按照评估价值高于资产账面价值或账面余额的金额，财务会计借记有关科目，贷记“其他收入”科目。具体账务处理和举例参见“库存物品”科目。

（5）其他收入。行政单位确认上述以外的其他收入时，财务会计按照应收或实际收到的金额，借记“其他应收款”“银行存款”“库存现金”等科目，贷记“其他收入”科目；预算会计按照实际收到的金额，借记“资金结存——货币资金”科目，贷记“其他预算收入”科目。

（二）期末和年末结转

期末，财务会计将“捐赠收入”“利息收入”“租金收入”“其他收入”科目本期发生额转入本期盈余，借记“捐赠收入”“利息收入”“租金收入”“其他收入”科目，贷记“本期盈余”科目。相关举例参见第六章“本期盈余”科目【例6-1】。

年末，预算会计将“其他预算收入”科目本年发生额中的专项资金收入转入非财政拨款结转，借记“其他预算收入”科目下各专项资金收入明细科目，贷记“非财政拨款结转——本年收支结转”科目；将“其他预算收入”科目本年发生额中的非专项资金收入转入其他结余，借记“其他预算收入”科目下各非专项资金收入明细科目，贷记“其他结余”科目。相关举例参见第六章“其他结余”和“非财政拨款结转”科目【例6-17】和【例6-18】。

其他各项收入和其他预算收入的主要账务处理汇总归纳如表2-5所示。

表2-5　　其他各项收入和其他预算收入的主要账务处理

<table>
<tr><td colspan="2" rowspan="2">会计事项</td><td>财务会计</td><td>预算会计</td></tr>
<tr><td>捐赠收入</td><td>其他预算收入</td></tr>
<tr><td>接受捐赠的货币资金</td><td>按照实际收到的金额</td><td>借：银行存款/库存现金
贷：捐赠收入</td><td>借：资金结存——货币资金
贷：其他预算收入——捐赠收入</td></tr>
<tr><td rowspan="2">接受捐赠的存货、固定资产等</td><td>按照确定成本</td><td>借：库存物品/固定资产等
贷：银行存款等［相关税费支出］
捐赠收入</td><td>借：其他支出［支付的相关税费等］
贷：资金结存</td></tr>
<tr><td>如按照名义金额入账</td><td>借：库存物品/固定资产等［名义金额］
贷：捐赠收入
借：其他费用
贷：银行存款等［相关税费支出］</td><td>借：其他支出［支付的相关税费等］
贷：资金结存</td></tr>
<tr><td rowspan="2">期末/年末结转</td><td>专项资金</td><td rowspan="2">借：捐赠收入
贷：本期盈余</td><td>借：其他预算收入——捐赠收入
贷：非财政拨款结转——本年收支结转</td></tr>
<tr><td>非专项资金</td><td>借：其他预算收入——捐赠收入
贷：其他结余</td></tr>
<tr><td colspan="2"></td><td>利息收入</td><td>其他预算收入</td></tr>
<tr><td>确认银行存款利息收入</td><td>实际收到利息时</td><td>借：银行存款
贷：利息收入</td><td>借：资金结存——货币资金
贷：其他预算收入——利息收入</td></tr>
<tr><td colspan="2">期末/年末结转</td><td>借：利息收入
贷：本期盈余</td><td>借：其他预算收入——利息收入
贷：其他结余</td></tr>
<tr><td colspan="2"></td><td>租金收入</td><td>其他预算收入</td></tr>
<tr><td rowspan="2">预收租金方式</td><td>收到预付租金时</td><td>借：银行存款等
贷：预收账款</td><td>借：资金结存——货币资金
贷：其他预算收入——租金收入</td></tr>
<tr><td>按照直线法分期确认租金收入时</td><td>借：预收账款
贷：租金收入</td><td>—</td></tr>
<tr><td rowspan="2">后付租金方式</td><td>确认租金收入时</td><td>借：应收账款
贷：租金收入</td><td>—</td></tr>
<tr><td>收到租金时</td><td>借：银行存款等
贷：应收账款</td><td>借：资金结存——货币资金
贷：其他预算收入——租金收入</td></tr>
</table>

续表

<table>
<tr><th colspan="2" rowspan="2">会计事项</th><th>财务会计</th><th>预算会计</th></tr>
<tr><th>租金收入</th><th>其他预算收入</th></tr>
<tr><td>分期收取租金</td><td>按期收取租金</td><td>借：银行存款等
　贷：租金收入</td><td>借：资金结存——货币资金
　贷：其他预算收入——租金收入</td></tr>
<tr><td colspan="2">期末/年末结转</td><td>借：租金收入
　贷：本期盈余</td><td>借：其他预算收入——利息收入
　贷：其他结余</td></tr>
<tr><td colspan="2"></td><td>其他收入</td><td>其他预算收入</td></tr>
<tr><td>现金盘盈收入</td><td>属于无法查明原因的部分，报经批准后</td><td>借：待处理财产损溢
　贷：其他收入</td><td>—</td></tr>
<tr><td colspan="2">无法偿付的应付及预收款项</td><td>借：应付账款/其他应付款/长期应付款
　贷：其他收入</td><td>—</td></tr>
<tr><td>置换换出资产评估增值</td><td>按照换出资产评估价值高于资产账面价值的金额</td><td>借：有关科目
　贷：其他收入</td><td>—</td></tr>
<tr><td>其他情况</td><td>按照应收或实际收到的金额</td><td>借：其他应收款/银行存款/库存现金等
　贷：其他收入</td><td>借：资金结存——货币资金
　贷：其他预算收入</td></tr>
<tr><td rowspan="2">期末/年末结转</td><td>专项资金</td><td rowspan="2">借：其他收入
　贷：本期盈余</td><td>借：其他预算收入
　贷：非财政拨款结转——本年收支结转</td></tr>
<tr><td>非专项资金</td><td>借：其他预算收入
　贷：其他结余</td></tr>
</table>

第三章

行政单位费用和预算支出的核算①

第一节 费用和预算支出概述

一、费用概述

（一）费用的定义、内容和分类

费用，是指报告期内导致行政单位净资产减少的、含有服务潜力或者经济利益的经济资源的流出。费用是行政单位财务会计的一个会计要素。

行政单位费用的内容包括：业务活动费用、资产处置费用和其他费用。

按照业务活动类型，行政单位费用可分为业务活动费用和其他活动费用。

（1）业务活动费用，是行政单位依法履职发生的各项费用。

（2）其他活动费用，是行政单位在业务活动费用之外发生的各项费用，包括资产处置费用和其他费用。

（二）费用的确认和计量

费用的确认应当同时满足以下条件：

（1）与费用相关的含有服务潜力或者经济利益的经济资源很可能流出行政单位。

（2）含有服务潜力或者经济利益的经济资源流出会导致行政单位资产减少或者负债增加。

（3）流出金额能够可靠地计量。

符合费用定义和费用确认条件的项目，应当列入行政单位收入费用表。

费用按照应付或实际支付的金额计量。

① 本章各项费用核算的举例均以小规模纳税人行政单位为会计主体，例题中不再一一说明。一般纳税人行政单位的相关举例参见第五章“应交增值税”科目。

二、预算支出概述

（一）预算支出的定义、内容和分类

预算支出，是指行政单位在预算年度内依法发生并纳入预算管理的现金流出。预算支出是行政单位预算会计的一个会计要素。

行政单位预算支出的内容包括：行政支出和其他支出。

1.按照业务活动类型，行政单位预算支出可分为行政支出和其他支出。

（1）行政支出，是行政单位履行其职责所发生的支出。

（2）其他支出，是行政单位在行政支出之外发生的其他支出。

2.按资金类型，行政单位预算支出可分为财政拨款支出、非财政专项资金支出和其他资金支出。

（1）财政拨款支出，是行政单位使用财政拨款预算收入安排的预算支出。财政拨款支出按照资金来源分类，又可分为一般公共预算财政拨款支出、政府性基金预算财政拨款支出。一般公共预算财政拨款支出，是指行政单位使用一般公共预算财政拨款安排的支出；政府性基金预算财政拨款支出，是指行政单位使用政府性基金预算财政拨款安排的支出。

（2）非财政专项资金支出，是行政单位使用财政拨款预算收入之外的预算收入安排的有指定项目和用途的预算支出。该支出应当专款专用、单独核算，并按照规定向财政部门或者主管部门报送专项资金的使用情况；项目完成后，应当报送专项资金支出决算和使用效果的书面报告，接受财政部门或者主管部门的检查、验收。

（3）其他资金支出，是行政单位使用除财政拨款预算收入和非财政专项资金以外的资金安排的预算支出，即非财政、非专项资金支出。

行政单位的行政支出和其他支出均按照资金类型分为财政拨款支出、非财政专项资金支出和其他资金支出。

（二）预算支出的确认和计量

预算支出一般在实际支付时予以确认，以实际支付的金额计量。

符合预算支出定义及其确认条件的项目应当列入预算收入支出表。

三、费用类和预算支出类会计科目及其核算内容

行政单位费用类的会计科目有3个、预算支出类的会计科目有2个。费用类和预算支出类会计科目及其核算内容如表3-1所示。

表3-1　　行政单位费用类和预算支出类会计科目及其核算内容

科目名称	科目核算内容
财务会计——费用类科目	
业务活动费用	核算行政单位为实现其职能目标，依法履职所发生的各项费用

续表

科目名称	科目核算内容
资产处置费用	核算行政单位经批准处置资产时发生的费用，包括转销的被处置资产价值，以及在处置过程中发生的相关费用或者处置收入小于相关费用形成的净支出。资产处置的形式按照规定包括无偿调拨、出售、出让、转让、置换、对外捐赠、报废、毁损以及货币性资产损失核销等
其他费用	核算行政单位发生的除业务活动费用、资产处置费用以外的各项费用，包括利息费用、罚没支出、现金资产捐赠支出以及相关税费、运输费等
预算会计——预算支出类科目	
行政支出	核算行政单位履行其职责实际发生的各项现金流出
其他支出	核算行政单位除行政支出以外的各项现金流出，包括利息支出、对外捐赠现金支出、现金盘亏损失、接受捐赠（调入）和对外捐赠（调出）非现金资产发生的税费支出、资产置换过程中发生的相关税费支出、罚没支出等

第二节　业务活动费用和行政支出

一、业务活动费用和行政支出的确认和计量

（一）业务活动费用的确认和计量

业务活动费用，是指行政单位为实现其职能目标依法履职所发生的各项费用，主要包括工资福利费用、商品和服务费用、对个人和家庭的补助费用、固定资产折旧费、无形资产摊销费、公共基础设施折旧（摊销）费、保障性住房折旧费等。

业务活动费用应当在发生时确认，并按照应付或实付金额计量。

（二）行政支出的分类、确认和计量

行政支出，是指行政单位履行其职责实际发生的各项现金流出。

行政支出除了按资金类型分为财政拨款支出、非财政专项资金支出和其他资金支出外，还可以按照以下标准分类：

1.按经济用途，行政支出主要分为工资福利支出、商品和服务支出、对个人和家庭的补助、资本性支出（基本建设）、资本性支出、对社会保障基金补助和其他资本性支出。

行政支出按经济用途分类的直接依据是政府收支分类科目中的“部门预算支出经济分类科目”。政府收支分类科目中的“部门预算支出经济分类科目”分为类、款两级科目。按照《2018年政府收支分类科目》中的“部门预算支出经济分类科目”，行政单位的行政支出主要可分为以下7类：

（1）工资福利支出，反映行政单位开支的在职职工和编制外长期聘用人员的各类劳动报酬，以及为上述人员缴纳的各项社会保险费。其款级科目包括：基本工资、津贴补贴、奖金、伙食补助费、机关行政单位基本养老保险缴费、职业年金缴费、职工基本医疗保险缴费、公务员医疗补助缴费、其他社会保障缴费、住房公积金、医疗费、其他工资福利支出等。

（2）商品和服务支出，反映行政单位购买商品和服务的支出（不包括用于购置固定资产的支出、战略性和应急性储备支出，但包括军事方面的耐用消费品和设备购置费、军事性建设费以及军事建筑物的购置费）。其款级科目包括：办公费、印刷费、咨询费、手续费、水费、电费、邮电费、取暖费、物业管理费、差旅费、因公出国（境）费、维修（护）费、租赁费、会议费、培训费、公务招待费、专用材料费、被装购置费、专用燃料费、劳务费、委托业务费、工会经费、福利费、公用车运行维护费、其他交通费、税金及附加费用、其他商品和服务支出等。

（3）对个人和家庭的补助，反映政府用于个人和家庭的补助支出。其款级科目包括：离休费、退休费、退职（役）费、抚恤金、生活补助、救济费、医疗费、助学金、奖励金、个人生产补贴和其他对个人和家庭的补助支出等。

（4）资本性支出（基本建设），反映各级发展和改革部门安排的基本建设支出。其款级科目包括：房屋建筑物购建、办公设备购置、专用设备购置、基础设施建设、大型修缮、信息网络及软件购置更新、物资储备、公务用车购置、其他交通工具购置、文物和陈列品购置、无形资产购置和其他基本建设支出等。

（5）资本性支出，反映行政单位安排的资本性支出。由发展和改革部门安排的基本建设支出不在此科目反映。其款级科目主要包括：房屋建筑物购建、办公设备购置、专用设备购置、基础设施建设、大型修缮、信息网络及软件购置更新、物资储备、土地补偿、安置补助、地上附着物和青苗补偿、拆迁补偿、公务用车购置、其他交通工具购置、文物和陈列品购置、无形资产购置和其他资本性支出等。

（6）对社会保障基金补助，反映政府对社会保险基金的补助以及补充全国社会保障基金的支出。其款级科目主要包括：对社会保险基金的补助和补充全国社会保障基金。

（7）其他支出，反映不能划分到上述经济科目的其他支出。其款级科目主要包括：赠予、国家赔偿费用支出、对民间非营利组织和群众性自治组织补贴、其他支出。

2.按照使用要求，行政支出分为基本支出和项目支出。

（1）基本支出，是指行政单位为保障正常运转和完成日常工作任务发生的支出，包括人员经费和日常公用经费。人员经费是指为了开展专业活动而用于个人方面的开支，如基本工资、津贴补贴及奖金、社会保障缴费、离休费、退休费、助学金、医疗费、住房补贴等。人员经费在“部门预算支出经济分类科目”中体现为“工资福利支出”和“对个人和家庭的补助”两部分。日常公用经费是指为了完成业务活动而用于公共管理方面的开支，包括办公费、印刷费、咨询费、水电费、邮电费、取暖费、物业管理费、差旅费、维修（护）费、租赁费等。日常公用经费在“部门预算支出经济分类科目”中体现为“商品和服务支出”“其他资本性支出”等科目中属于基本支出的内容。

（2）项目支出，是行政单位为完成其特定的工作任务发生的支出，包括基本建设、专项业务、大型修缮、大型购置、大型会议等项目支出。项目支出在“部门预算支出经济分类科目”中体现为“资本性支出（基本建设）”“商品和服务支出”“其他资本性支出”科目中属于项目支出的内容。项目支出具有专项性、独立性和完整性的特点。其中，专项性是指项目支出具有特定目标，为了完成特定工作任务，目标不同项目不同；独立性是指每个项目支出都有明确的支出范围，各项目之间支出不能交叉，项目支出与基本支出之间也不能交叉；完整性是指项目支出完整，体现为完成特定目标或任务的全部支出内容。

行政支出应当在实际发生现金流出时确认，并按照实际支付金额计量。

二、业务活动费用和行政支出核算的会计科目设置

财务会计系统下，行政单位应设置“业务活动费用”科目核算为实现其职能目标，依法履职所发生的各项费用。本科目应当按照项目、服务或者业务类别、支付对象等进行明细核算。为了满足成本核算的需要，本科目下还可按照“工资福利费用”“商品和服务费用”“对个人和家庭的补助费用”“对企业补助费用”“固定资产折旧费”“无形资产摊销费”“公共基础设施折旧（摊销）费”“保障性住房折旧费”等成本项目设置明细科目，归集能够直接计入业务活动或采用一定方法计算后计入业务活动的费用。期末结转后，本科目应无余额。

预算会计系统下，行政单位应设置“行政支出”科目核算行政单位履行其职责实际发生的各项现金流出。本科目应当分别按照“财政拨款支出”“非财政专项资金支出”“其他资金支出”“基本支出”和“项目支出”等进行明细核算，并按照政府收支分类科目中“支出功能分类科目”的项级科目进行明细核算；“基本支出”和“项目支出”明细科目下应当按照政府收支分类科目中“部门预算支出经济分类科目”的款级科目进行明细核算，同时在“项目支出”明细科目下按照具体项目进行明细核算。有一般公共预算财政拨款、政府性基金预算财政拨款等两种或两种以上财政拨款的行政单位，还应当在“财政拨款支出”明细科目下按照财政拨款的种类进行明细核算。对于预付款项，可通过在本科目下设置“待处理”明细科目进行明细核算，待确认具体支出项目后再转入本科目下的相关明细科目；年末结账前，应将本科目“待处理”明细科目余额全部转入本科目下相关明细科目。年末结转后，本科目应无余额。行政支出的会计科目设置如表3-2所示。

表3-2　　行政支出的会计科目设置

<table>
<tr><th>总账科目</th><th>一级明细科目</th><th>二级明细科目</th><th>三级明细科目</th><th>四级明细科目</th><th>五级明细科目</th><th>六级明细科目</th></tr>
<tr><td rowspan="6">行政支出</td><td rowspan="3">财政拨款支出</td><td rowspan="2">一般公共预算财政拨款</td><td rowspan="2">支出功能分类科目项级科目</td><td>基本支出</td><td rowspan="2">部门预算支出经济分类科目款级科目</td><td></td></tr>
<tr><td>项目支出</td><td>××项目</td></tr>
<tr><td>政府性基金预算财政拨款</td><td>同上</td><td>同上</td><td>同上</td><td></td></tr>
<tr><td>非财政专项资金支出</td><td>支出功能分类科目项级科目</td><td>项目支出</td><td>部门预算支出经济分类科目款级科目</td><td>××项目</td><td></td></tr>
<tr><td rowspan="2">其他资金支出</td><td rowspan="2">同上</td><td>基本支出</td><td rowspan="2">同上</td><td></td><td></td></tr>
<tr><td>项目支出</td><td>××项目</td><td></td></tr>
</table>

三、业务活动费用和行政支出的主要账务处理

（一）计提并支付职工薪酬

行政单位为履职计提的薪酬，财务会计按照计算确定的金额，借记“业务活动费用”科目，贷记“应付职工薪酬”科目；向职工实际支付薪酬并按照规定代扣代缴个人所得税以及代扣代缴或为职工缴纳职工社会保险费、住房公积金等时，借记“应付职工薪酬”科目，贷记“财政拨款收入”“零余额账户用款额度”“银行存款”“其他应交税费”等科目。预算会计按照实际支付的薪酬数额，借记“行政支出”科目，贷记“财政拨款预算收入”“资金结存——零余额账户用款额度、货币资金”科目；按照实际缴纳的按照规定代扣代缴个人所得税以及代扣代缴或为职工缴纳职工社会保险费、住房公积金等金额，借记“行政支出”科目，贷记“财政拨款预算收入”“资金结存——零余额账户用款额度、货币资金”科目。相关举例参见第五章“应付职工薪酬”科目。

（二）计提并支付外部人员劳务费

行政单位为履职发生的外部人员劳务费，财务会计按照计算确定的金额，借记“业务活动费用”科目，按照代扣代缴个人所得税的金额，贷记“其他应交税费”科目，按照扣税后应付或实际支付的金额，贷记“其他应付款”“财政拨款收入”“零余额账户用款额度”“银行存款”等科目；预算会计按照实际支付金额，借记“行政支出”科目，贷记“财政拨款预算收入”“资金结存——零余额账户用款额度、货币资金”科目，按照规定代扣代缴个人所得税实际缴纳的金额，借记“行政

支出”科目，贷记“财政拨款预算收入”“资金结存——零余额账户用款额度、货币资金”科目。

【例3-1】某行政单位为履职计提外部人员劳务费60 000元，代扣个人所得税4 000元。该行政单位账务处理如下：

财务会计	预算会计
借：业务活动费用——工资福利费用　60 000 　贷：其他应付款　56 000 　　其他应交税费——应交个人所得税　4 000	—

如果以银行存款实际支付上述款项，则：

财务会计	预算会计
借：其他应付款　56 000 　其他应交税费——应交个人所得税　4 000 　贷：银行存款　60 000	借：行政支出——其他资金支出　60 000 　贷：资金结存——货币资金　60 000

（三）支付购买资产或在建工程款

行政单位为购买存货、固定资产、无形资产等以及为在建工程支付相关款项时，财务会计借记“库存物品”“固定资产”“无形资产”“在建工程”等科目，贷记“财政拨款收入”“零余额账户用款额度”“银行存款”等科目；预算会计按照实际支付的金额，借记“行政支出”科目，贷记“财政拨款预算收入”“资金结存——零余额账户用款额度、货币资金”科目。相关举例参见第四章“库存物品”“固定资产”“无形资产”“在建工程”等科目。

（四）领用库存物品

行政单位为履职领用库存物品，按照领用库存物品或发出相关政府储备物资的账面余额，财务会计借记“业务活动费用”科目，贷记“库存物品”科目。相关举例参见第四章“库存物品”科目。

（五）计提折旧、摊销

行政单位为履职所使用的固定资产、无形资产以及为所控制的公共基础设施、保障性住房计提的折旧、摊销，按照计提金额，财务会计借记“业务活动费用”科目，贷记“固定资产累计折旧”“无形资产累计摊销”“公共基础设施累计折旧（摊销）”“保障性住房累计折旧”科目。

【例3-2】某行政单位本月计提固定资产折旧200 000元，计提公共基础设施折旧2 000 000元，计提保障性住房折旧3 000 000元，计提无形资产摊销150 000元。该行政单位账务处理如下：

财务会计	预算会计
借：业务活动费用 ——固定资产折旧费　200 000 ——公共基础设施折旧（摊销）费　2 000 000 ——保障性住房折旧费　3 000 000 ——无形资产累计摊销费　150 000 贷：固定资产累计折旧　200 000 公共基础设施累计折旧（摊销）　2 000 000 保障性住房累计折旧　3 000 000 无形资产累计摊销　150 000	—

（六）计提应负担的税金及附加

行政单位为履职发生的城市维护建设税、教育费附加、地方教育费附加、车船税、房产税、城镇土地使用税等，按照计算确定应交纳的金额，财务会计借记“业务活动费用”科目，贷记“其他应交税费”等科目。实际支付各项税金及附加时，财务会计借记“其他应交税费”等科目，贷记“财政拨款收入”“零余额账户用款额度”“银行存款”科目；预算会计借记“行政支出”科目，贷记“财政拨款预算收入”“资金结存——零余额账户用款额度、货币资金”科目。相关举例参见第五章“其他应交税费”科目。

（七）其他各项费用和支出

行政单位为履职发生其他各项费用时，财务会计按照费用确认金额，借记“业务活动费用”科目，贷记“财政拨款收入”“零余额账户用款额度”“银行存款”“应付账款”“其他应付款”“其他应收款”等科目；预算会计按照实际支付的金额，借记“行政支出”科目，贷记“财政拨款预算收入”“资金结存——零余额账户用款额度、货币资金”科目。

【例3-3】某行政单位购买复印纸一批，通过单位零余额账户支付款项5 000元。该行政单位的账务处理如下：

财务会计	预算会计
借：业务活动费用 ——商品和服务费用　5 000 贷：零余额账户用款额度　5 000	借：行政支出——财政拨款支出　5 000 贷：资金结存 ——零余额账户用款额度　5 000

（八）购货退回

行政单位发生当年购货退回等业务，对于已计入本年业务活动费用的，财务会计按照收回或应收的金额，借记“财政拨款收入”“零余额账户用款额度”“银行存款”“其他应收款”等科目，贷记“业务活动费用”科目；预算会计对属于当年支出收回的，按照收回或更正金额，借记“财政拨款预算收入”“资金结存——零余额账户用款额度、货币资金”科目，贷记“行政支出”科目。

【例3-4】某行政单位为履职购买的复印纸因质量不合格发生当年退货，退货金额为10 000元，购买时款项以银行存款支付，该款项已计入本年业务活动费用。退货金额已退回单位银行存款户。该行政单位的账务处理如下：

财务会计		预算会计	
借：银行存款	10 000	借：资金结存——货币资金	10 000
贷：业务活动费用		贷：行政支出——其他资金支出	10 000
——商品和服务费用	10 000		

（九）发生预付账款和暂付款

相关账务处理和举例参见第四章“预付账款”“其他应收款”科目。

（十）期末和年末结转

期末，财务会计将“业务活动费用”科目本期发生额转入本期盈余，借记“本期盈余”科目，贷记“业务活动费用”科目。相关举例参见第六章“本期盈余”科目【例6-1】。

年末，预算会计将“行政支出”科目本年发生额中的财政拨款支出转入财政拨款结转，借记“财政拨款结转——本年收支结转”科目，贷记“行政支出”科目下各财政拨款支出明细科目；将“行政支出”科目本年发生额中的非财政专项资金支出转入非财政拨款结转，借记“非财政拨款结转——本年收支结转”科目，贷记“行政支出”科目下各非财政专项资金支出明细科目；将“行政支出”科目本年发生额中的其他资金支出（非财政非专项资金支出）转入其他结余，借记“其他结余”科目，贷记“行政支出”科目下其他资金支出明细科目。相关举例参见第六章“其他结余”和“非财政拨款结转”科目【例6-17】和【例6-18】。

业务活动费用和行政支出的主要账务处理汇总归纳如表3-3所示。

表3-3 **业务活动费用和行政支出的主要账务处理**

会计事项		财务会计	预算会计
		业务活动费用	行政支出
为履职计提并支付职工薪酬	计提时，按照计算的金额	借：业务活动费用 贷：应付职工薪酬	—
	实际支付给职工并代扣个人所得税时	借：应付职工薪酬 贷：财政拨款收入/零余额账户用款额度/银行存款等 其他应交税费——应交个人所得税	借：行政支出［按照支付给个人部分］ 贷：财政拨款预算收入/资金结存
	实际缴纳税款时	借：其他应交税费——应交个人所得税 贷：银行存款/零余额账户用款额度等	借：行政支出［照实际缴纳额］ 贷：资金结存等

续表

<table>
<tr><td colspan="3" rowspan="2">会计事项</td><td>财务会计</td><td>预算会计</td></tr>
<tr><td>业务活动费用</td><td>行政支出</td></tr>
<tr><td rowspan="3">为履职发生的外部人员劳务费</td><td colspan="2">计提时，按照计算的金额</td><td>借：业务活动费用
贷：其他应付款</td><td>—</td></tr>
<tr><td colspan="2">实际支付并代扣个人所得税时</td><td>借：其他应付款
贷：财政拨款收入/零余额账户用款额度/银行存款等
其他应交税费——应交个人所得税</td><td>借：行政支出［实际支付给个人部分］
贷：财政拨款预算收入/资金结存</td></tr>
<tr><td colspan="2">实际缴纳税款时</td><td>借：其他应交税费——应交个人所得税
贷：银行存款/零余额账户用款额度等</td><td>借：行政支出［实际缴纳额］
贷：资金结存等</td></tr>
<tr><td rowspan="4">为履职发生的预付款项或暂付款项</td><td rowspan="2">预付账款</td><td>支付款项时</td><td>借：预付账款
贷：财政拨款收入/零余额账户用款额度/银行存款等</td><td>借：行政支出
贷：财政拨款预算收入/资金结存</td></tr>
<tr><td>结算时</td><td>借：业务活动费用
贷：预付账款
财政拨款收入/零余额账户用款额度/银行存款等［补付金额］</td><td>借：行政支出
贷：财政拨款预算收入/资金结存［补付金额］</td></tr>
<tr><td rowspan="2">暂付款项</td><td>支付款项时</td><td>借：其他应收款
贷：银行存款等</td><td>—</td></tr>
<tr><td>结算或报销时</td><td>借：业务活动费用
贷：其他应收款</td><td>借：行政支出
贷：资金结存等</td></tr>
<tr><td>为履职支付购买资产或在建工程款</td><td colspan="2">按实际支付或应付的价款</td><td>借：库存物品/固定资产/无形资产/在建工程等
贷：财政拨款收入/零余额账户用款额度/银行存款/应付账款</td><td>借：行政支出
贷：财政拨款预算收入/资金结存</td></tr>
<tr><td>为履职内部领用库存物品</td><td colspan="2">按照领用库存物品的成本</td><td>借：业务活动费用
贷：库存物品等</td><td>—</td></tr>
<tr><td>为履职计提的固定资产、无形资产、公共基础设施、保障性住房的折旧（摊销）</td><td colspan="2">按照计提的折旧、摊销额</td><td>借：业务活动费用
贷：固定资产累计折旧/无形资产累计摊销/公共基础设施累计折旧（摊销）/保障性住房累计折旧</td><td>—</td></tr>
</table>

续表

<table>
<tr><td colspan="2" rowspan="2">会计事项</td><td>财务会计</td><td>预算会计</td></tr>
<tr><td>业务活动费用</td><td>行政支出</td></tr>
<tr><td rowspan="2">为履职发生应负担的税金及附加</td><td>确认其他应交税费时</td><td>借：业务活动费用
贷：其他应交税费</td><td>—</td></tr>
<tr><td>支付其他应交税费时</td><td>借：其他应交税费
贷：银行存款等</td><td>借：行政支出
贷：资金结存等</td></tr>
<tr><td colspan="2">为履职发生其他各项费用</td><td>借：业务活动费用
贷：财政拨款收入/零余额账户用款额度/银行存款/应付账款/其他应付款等</td><td>借：行政支出［实际支付金额］
贷：财政拨款预算收入/资金结存</td></tr>
<tr><td>购货退回等</td><td>当年发生的</td><td>借：财政拨款收入/零余额账户用款额度/银行存款/应收账款等
贷：库存物品/业务活动费用</td><td>借：财政拨款预算收入/资金结存
贷：行政支出</td></tr>
<tr><td colspan="2">期末/年末结转</td><td>借：本期盈余
贷：业务活动费用</td><td>借：财政拨款结转——本年收支结转［财政拨款支出］
非财政拨款结转——本年收支结转［非同级财政专项资金支出］
其他结余［非同级财政、非专项资金支出］
贷：行政支出</td></tr>
</table>

第三节 其他活动费用和其他支出

一、其他活动费用和其他支出的确认和计量

（一）其他活动费用

其他活动费用包括资产处置费用和其他费用。

资产处置费用，指行政单位经批准处置资产时发生的费用，包括转销的被处置资产价值，以及在处置过程中发生的相关费用或者处置收入小于相关费用形成的净支出。所谓资产处置，是指行政单位资产产权的转移及核销，包括各类资产的无偿转让、出售、置换、报损、报废等。资产处置的主要形式包括无偿调拨、出售、出让、转让、置换、对外捐赠、报废、毁损以及货币性资产损失核销等。

其他费用，是指行政单位发生的除业务活动费用、资产处置费用以外的各项费用，包括罚没支出、现金资产捐赠支出以及相关税费、运输费等。

其他活动费用应当在发生时确认，并按照应付或实付金额计量。

（二）其他支出

其他支出，是指行政单位除行政支出以外的各项现金流出，包括对外捐赠现金支出、现金盘亏损失、接受捐赠（调入）和对外捐赠（调出）非现金资产发生的税费支出、资产置换过程中发生的相关税费支出、罚没支出等。其他支出的分类参照行政支出。

其他支出应当在实际发生现金流出时确认，并按照实际支付金额计量。

二、其他活动费用和其他支出核算的会计科目设置

财务会计系统下，行政单位应设置"资产处置费用"和"其他费用"科目核算其他活动费用。

"资产处置费用"科目，核算经批准处置资产时发生的费用。行政单位在资产清查中查明的资产盘亏、毁损以及资产报废等，应当先通过"待处理财产损溢"科目进行核算，再将处理资产价值和处理净支出计入本科目。短期投资、长期股权投资、长期债券投资的处置，按照相关资产科目的规定进行账务处理。本科目应当按照处置资产的类别、资产处置的形式等进行明细核算。期末结转后，本科目应无余额。

"其他费用"科目，核算行政单位发生的除业务活动费用、资产处置费用以外的各项费用。本科目应当按照其他费用的类别等进行明细核算。期末结转后，本科目应无余额。

预算会计系统下，行政单位应设置"其他支出"科目核算除行政支出以外的各项现金流出。本科目应当按照其他支出的类别，"财政拨款支出"、"非财政专项资金支出"和"其他资金支出"，政府收支分类科目中"支出功能分类科目"的项级科目和"部门预算支出经济分类科目"的款级科目等进行明细核算。其他支出中如有专项资金支出，还应按照具体项目进行明细核算。有一般公共预算财政拨款、政府性基金预算财政拨款等两种或两种以上财政拨款的行政单位，还应当在"财政拨款支出"明细科目下按照财政拨款的种类进行明细核算。单位发生捐赠支出等其他支出金额较大或业务较多的，可单独设置"捐赠支出"等科目。年末结转后，本科目应无余额。

其他支出的会计科目设置如表3–4所示。

三、其他活动费用和其他支出的主要账务处理

（一）资产处置费用与其他支出的主要账务处理

（1）不通过"待处理财产损溢"科目核算的资产处置

行政单位按照规定报经批准处置资产时，财务会计按照处置资产的账面价值，借记"资产处置费用"科目［处置固定资产、无形资产、公共基础设施、保障性住房的，还应借记"固定资产累计折旧""无形资产累计摊销""公共基础设施累计折旧（摊销）""保障性住房累计折旧"科目］，按照处置资产的账面余额，贷记"库存物品""固定资产""无形资产""公共基础设施""政府储备物资""文物文化资产""保障性住房""其他应收款""在建工程"等科目。

表3-4　　其他支出的会计科目设置

<table>
<tr><th>总账科目</th><th>一级明细科目</th><th>二级明细科目</th><th>三级明细科目</th><th>四级明细科目</th><th>五级明细科目</th><th>六级明细科目</th></tr>
<tr><td rowspan="6">其他支出</td><td rowspan="3">财政拨款支出</td><td rowspan="2">一般公共预算财政拨款</td><td rowspan="2">支出功能分类科目项级科目</td><td>基本支出</td><td rowspan="2">部门预算支出经济分类科目款级科目</td><td></td></tr>
<tr><td>项目支出</td><td>××项目</td></tr>
<tr><td>政府性基金预算财政拨款</td><td>同上</td><td>同上</td><td>同上</td><td></td></tr>
<tr><td>非财政专项资金支出</td><td>支出功能分类科目项级科目</td><td>项目支出</td><td>部门预算支出经济分类科目款级科目</td><td>××项目</td><td></td></tr>
<tr><td rowspan="2">其他资金支出</td><td rowspan="2">同上</td><td>基本支出</td><td rowspan="2">同上</td><td></td><td></td></tr>
<tr><td>项目支出</td><td>××项目</td><td></td></tr>
</table>

处置资产过程中仅发生相关费用的，按照实际发生金额，财务会计借记“资产处置费用”科目，贷记“银行存款”“库存现金”等科目；处置资产过程中取得收入的，按照取得的价款，财务会计借记“库存现金”“银行存款”等科目，按照处置资产过程中发生的相关费用，贷记“银行存款”“库存现金”等科目，按照其差额，借记“资产处置费用”科目或贷记“应缴财政款”等科目（涉及增值税业务的，相关账务处理参见“应交增值税”科目）。预算会计按照实际支付的相关税费借记“其他支出”科目，贷记“资金结存——货币资金”科目。

（2）通过“待处理财产损溢”科目核算的资产处置

行政单位账款核对中发现的现金短缺，属于无法查明原因的，报经批准核销时，借记“资产处置费用”科目，贷记“待处理财产损溢”科目。

行政单位资产清查过程中盘亏或者毁损、报废的存货、固定资产、无形资产、公共基础设施、政府储备物资、文物文化资产、保障性住房等，报经批准处理时，按照处理资产价值，财务会计借记“资产处置费用”科目，贷记“待处理财产损溢”科目。处理收支结清时，处理过程中所取得收入小于所发生相关费用的，按照相关费用减去处理收入后的净支出，财务会计借记“资产处置费用”科目，贷记“待处理财产损溢”科目；预算会计借记“其他支出”科目，贷记“资金结存——货币资金”科目。

上述业务核算的相关举例参见第四章存货、固定资产、无形资产、公共基础设施、政府储备物资、文物文化资产、保障性住房等资产的核算。

（3）期末结转

期末，财务会计将“资产处置费用”科目本期发生额转入本期盈余，借记“本期盈余”科目，贷记“资产处置费用”科目。相关举例参见第六章“本期盈余”科目【例6-1】。

资产处置费用和其他支出的主要账务处理汇总归纳如表3-5所示。

表3-5　**资产处置费用和其他支出的主要账务处理**

会计事项			财务会计	预算会计
			资产处置费用	其他支出
不通过“待处理财产损溢”科目核算的资产处置	转销被处置资产账面价值		借：资产处置费用 固定资产累计折旧/无形资产累计摊销/公共基础设施累计折旧（摊销）/保障性住房累计折旧 贷：库存物品/固定资产/无形资产/公共基础设施/政府储备物资/文物文化资产/保障性住房/在建工程等［账面余额］	—
	处置资产过程中仅发生相关费用的		借：资产处置费用 贷：银行存款/库存现金等	借：其他支出 贷：资金结存
	处置资产过程中取得收入的		借：库存现金/银行存款等［取得的价款］ 贷：银行存款/库存现金等［支付的相关费用］ 应缴财政款	—
通过“待处理财产损溢”科目核算的资产处置	账款核对中发现现金短缺，无法查明原因的，报经批准核销时		借：资产处置费用 贷：待处理财产损溢	—
	盘亏、毁损、报废的资产	经批准处理时	借：资产处置费用 贷：待处理财产损溢——待处理财产价值	—
		若处理过程中所发生的费用大于所取得收入的	借：资产处置费用 贷：待处理财产损溢——处理净收入	借：其他支出［净支出］ 贷：资金结存
期末结转			借：本期盈余 贷：资产处置费用	—

（二）其他费用和其他支出的主要账务处理

1.确认费用和支出

（1）罚没支出

行政单位发生罚没支出的，财务会计按照实际缴纳或应当缴纳的金额，借记“其他费用”科目，贷记“银行存款”“库存现金”“其他应付款”等科目；预算会计按照实际支付金额，借记“其他支出”科目，贷记“资金结存——货币资金”科目。

【例3-5】某行政单位因欠缴应纳税款，被税务机关处以2 000元罚款。罚款已通过银行转账支付。该行政单位的账务处理如下：

财务会计			预算会计		
借：其他费用——税收罚款	2 000		借：其他支出——税收罚款	2 000	
贷：银行存款		2 000	贷：资金结存—货币资金		2 000

（2）现金资产捐赠

行政单位对外捐赠现金资产的，按照实际捐赠的金额，财务会计借记“其他费用”科目，贷记“银行存款”“库存现金”等科目；预算会计借记“其他支出”科目，贷记“资金结存”科目。

【例3-6】某行政单位向地震灾区捐赠现金50 000元，已通过银行转账汇往灾区。该行政单位的账务处理如下：

财务会计			预算会计		
借：其他费用——现金资产捐赠	50 000		借：其他支出——现金资产捐赠	50 000	
贷：银行存款		50 000	贷：资金结存——货币资金		50 000

（3）其他相关费用

行政单位接受捐赠（或无偿调入）以名义金额计量的存货、固定资产、无形资产，以及成本无法可靠取得的公共基础设施、文物文化资产等发生的相关税费、运输费等，按照实际支付的金额，财务会计借记“其他费用”科目，贷记“财政拨款收入”“零余额账户用款额度”“银行存款”“库存现金”等科目；预算会计借记“其他支出”科目，贷记“资金结存——零余额账户用款额度、货币资金”科目。发生的与受托代理资产相关的税费、运输费、保管费等，按照实际支付或应付的金额，借记“其他费用”科目，贷记“零余额账户用款额度”“银行存款”“库存现金”“其他应付款”等科目；预算会计借记“其他支出”科目，贷记“资金结存——零余额账户用款额度、货币资金”科目。

相关举例参见第四章存货、固定资产、无形资产、公共基础设施、文物文化资产等资产的核算。

2.期末和年末结转

期末，财务会计将“其他费用”科目本期发生额转入本期盈余，借记“本期盈余”科目，贷记“其他费用”科目。相关举例参见第六章“本期盈余”科目【例6-1】。

年末，预算会计将“其他支出”科目本年发生额中的财政拨款支出转入财政拨款结转，借记“财政拨款结转——本年收支结转”科目，贷记“其他支出”科目下各财政拨款支出明细科目；将“其他支出”科目本年发生额中的非财政专项资金支出转入非财政拨款结转，借记“非财政拨款结转——本年收支结转”科目，贷记“其他支出”科目下各非财政专项资金支出明细科目；将“其他支出”科目本年发生额中的其他资金支出（非财政非专项资金支出）转入其他结余，借记“其他结余”科目，贷记“其他支出”科目下各其他资金支出明细科目。相关举例参见第六章“其他结余”和“非财政拨款结转”科目【例6-17】和【例6-18】。

其他费用和其他支出的主要账务处理汇总归纳如表3-6所示。

表3-6 **其他费用和其他支出的主要账务处理**

会计事项		财务会计	预算会计
		其他费用	其他支出
现金资产对外捐赠	按照实际捐赠的金额	借：其他费用 贷：银行存款/库存现金等	借：其他支出 贷：资金结存——货币资金
罚没支出	按照实际发生金额	借：其他费用 贷：银行存款/库存现金/其他应付款	借：其他支出 贷：资金结存——货币资金［实际支付金额］
其他相关税费、运输费等		借：其他费用 贷：零余额账户用款额度/银行存款等	借：其他支出 贷：资金结存
期末/年末结转		借：本期盈余 贷：其他费用	借：财政拨款结转——本年收支结转［财政收支］ 其他结余［非财政非专项资金支出］ 非财政拨款结转——本年收支结转［非财政专项资金支出］ 贷：其他支出

第四章

行政单位资产的核算①

第一节 资产概述

一、资产的定义、确认与计量

（一）资产定义

资产是指由行政单位过去的经济业务或者事项形成的，由行政单位控制的，预期能够产生服务潜力或者带来经济利益流入的经济资源。其中，服务潜力是指行政单位利用资产提供公共产品和服务以履行政府职能的潜在能力；经济利益流入表现为现金及现金等价物的流入，或者现金及现金等价物流出的减少。资产是行政单位财务会计要素之一。

按照流动性，行政单位的资产分为流动资产和非流动资产。

（二）资产的确认和计量

1.资产确认条件

符合资产定义的经济资源，在同时满足以下条件时，确认为资产：

（1）与该经济资源相关的服务潜力很可能实现或者经济利益很可能流入行政单位。

（2）该经济资源的成本或者价值能够可靠地计量。

符合资产定义和资产确认条件的项目，应当列入行政单位资产负债表。

2.资产计量属性

资产计量，包括初始计量和后续计量。

① 本章各项资产核算的举例均以小规模纳税人行政单位为会计主体，例题中不再一一说明。一般纳税人行政单位的相关举例参见第五章“应交增值税”科目。

资产的初始计量是资产初始确认时入账金额的确定；资产的后续计量是资产存续期间的各期末对资产账面价值的重新计价。

行政单位资产的计量属性主要包括历史成本、重置成本、现值、公允价值和名义金额。

在历史成本计量下，资产按照取得时支付的现金金额或者支付对价的公允价值计量。

在重置成本计量下，资产按照现在购买相同或者相似资产所需支付的现金金额计量。

在现值计量下，资产按照预计从其持续使用和最终处置中所产生的未来净现金流入量的折现金额计量。

在公允价值计量下，资产按照市场参与者在计量日发生的有序交易中出售资产所能收到的价格计量。

无法采用上述计量属性的，采用名义金额（即人民币1元）计量。

行政单位在对资产进行计量时，一般应当采用历史成本。采用重置成本、现值、公允价值计量的，应当保证所确定的资产金额能够持续、可靠计量。

二、资产类会计科目及其核算内容

行政单位资产类会计科目有28个，各资产类会计科目及其核算内容如表4-1所示。

表4-1 行政单位资产类会计科目及其核算内容

科目名称	科目核算内容
财务会计——资产类	
库存现金	核算行政单位的库存现金
银行存款	核算行政单位存入银行及其他金融机构的各种存款
零余额账户用款额度	核算实行国库集中支付的行政单位根据财政部门批复的用款计划收到和支用的零余额账户用款额度
其他货币资金	核算行政单位的外埠存款、银行本票存款、银行汇票存款、信用卡存款等各种其他货币资金
财政应返还额度	核算实行国库集中支付的行政单位应收财政返还的资金额度
应收账款	核算行政单位因出租资产、出售物资等应收取的款项
预付账款	核算行政单位按照购货、服务合同或协议规定预付给供应单位（或个人）的款项，以及按照合同规定向承包工程的施工企业预付的备料款和工程款
其他应收款	核算行政单位除财政应返还额度、应收账款、预付账款以外的其他各项应收及暂付款项，如职工预借的差旅费、已经偿还银行尚未报销的本单位公务卡欠款、拨付给内部有关部门的备用金、应向职工收取的各种垫付款项、支付的可以收回的订金或押金等

续表

科目名称	科目核算内容
在途物品	核算行政单位采购材料等物资时货款已付但尚未验收入库的在途物品的采购成本
库存物品	核算行政单位在开展业务活动及其他活动中为耗用或出售而储存的各种材料、产品、包装物、低值易耗品，以及达不到固定资产标准的用具、装具、动植物等的成本
加工物品	核算行政单位自制或委托外单位加工的各种物品的实际成本，未完成的测绘、地质勘查、设计成果的实际成本，也通过本科目核算
待摊费用	核算行政单位已经支付，但应当由本期和以后各期分别负担的分摊期在1年以内（含1年）的各项费用，如预付航空保险费、预付租金等
固定资产	核算行政单位固定资产的原值
固定资产累计折旧	核算行政单位的固定资产累计折旧
工程物资	核算行政单位为在建工程准备的各种物资的成本，包括工程用材料、设备等
在建工程	核算行政单位在建的建设项目工程的实际成本
无形资产	核算行政单位无形资产的原值
无形资产累计摊销	核算行政单位对使用年限有限的无形资产计提的累计摊销
研发支出	核算行政单位自行研究开发项目研究阶段和开发阶段发生的各项支出
公共基础设施	核算行政单位控制的公共基础设施的原值
公共基础设施累计折旧（摊销）	核算行政单位计提的公共基础设施累计折旧和累计摊销
政府储备物资	核算行政单位控制的政府储备物资的成本
文物文化资产	核算行政单位为满足社会公共需求而控制的文物文化资产的成本
保障性住房	核算行政单位为满足社会公共需求而控制的保障性住房的原值
保障性住房累计折旧	核算行政单位计提的保障性住房的累计折旧
受托代理资产	核算行政单位接受委托方委托管理的各项资产，包括受托指定转赠的物资、受托存储保管的物资等的成本，单位管理的罚没物资也应当通过本科目核算
长期待摊费用	核算行政单位已经支出，但应由本期和以后各期负担的分摊期限在1年以上（不含1年）的各项费用，如以经营租赁方式租入的固定资产发生的改良支出等
待处理财产损溢	核算行政单位在资产清查过程中查明的各种资产盘盈、盘亏和报废、毁损的价值

第二节　流动资产

流动资产是指预计在1年内（含1年）耗用或者可以变现的资产。行政单位的流动资产包括货币资金、应收及预付款项、存货等。其中：应收及预付款项是指行政单位在开展业务活动中形成的各项债权，包括财政应返还额度、应收账款、预付账款和其他应收款等。

一、货币资金

货币资金是流动性最强的资产，是可以立即投入流通的交换媒介。其最主要的特点是具有普遍可接受性，可用以购买服务和商品、支付差旅费等。行政单位的货币资金包括库存现金、银行存款、零余额账户用款额度和其他货币资金。

（一）库存现金

1.库存现金的确认和计量

库存现金是指行政单位存放在其财务部门的可以随时支用的现金。行政单位应当严格按照国家有关现金管理的规定收支现金，并按照《政府会计制度》规定核算现金的各项收支业务，以保证库存现金使用的合法性，保护库存现金的安全和完整。

库存现金应当在收到时进行确认，并按照实际收到的金额计量。

2.库存现金核算的会计科目设置

财务会计系统下，行政单位应设置"库存现金"科目核算存放在其财务部门的可以随时支用的现金。本科目应当设置"受托代理资产"明细科目，核算单位受托代理、代管的现金。本科目借方余额反映行政单位实际持有的库存现金。

预算会计系统下，与"库存现金"科目对应的是"资金结存——货币资金"科目。

3.库存现金的主要账务处理

（1）现金的提取和存入。

行政单位从银行等金融机构根据规定从单位零余额账户提取现金，按照实际提取的金额，财务会计借记"库存现金"科目，贷记"银行存款""零余额账户用款额度"科目；从零余额账户提取现金时，预算会计借记"资金结存——货币资金"科目，贷记"资金结存——零余额账户用款额度"科目。

行政单位将现金存入银行等金融机构或退回单位零余额账户，按照实际存入金额、实际退回的金额，财务会计借记"银行存款""零余额账户用款额度"科目，贷记"库存现金"科目；将现金退回单位零余额账户时，预算会计借记"资金结存——零余额账户用款额度"科目，贷记"资金结存——货币资金"科目。

【例4-1】某行政单位从单位零余额账户提取现金20 000元，从银行基本户提取现金5 000元。该行政单位的账务处理如下：

财务会计		预算会计	
借：库存现金	25 000	借：资金结存——货币资金	20 000
贷：零余额账户用款额度	20 000	贷：资金结存——零余额账户用款额度	20 000
银行存款	5 000		

【例4-2】某行政单位将库存现金50 000元退回单位零余额账户。该行政单位账务处理如下：

财务会计		预算会计	
借：零余额账户用款额度	50 000	借：资金结存——零余额账户用款额度	50 000
贷：库存现金	50 000	贷：资金结存——货币资金	50 000

（2）现金的借出

行政单位因内部职工出差等原因借出现金，财务会计按照实际借出的现金金额，借记“其他应收款”科目，贷记“库存现金”科目；出差人员报销差旅费时，按照实际报销的金额，借记“业务活动费用”科目，按照实际借出的现金金额，贷记“其他应收款”科目，按照其差额，借记或贷记“库存现金”科目。预算会计按照实际报销的金额，借记“行政支出”科目，贷记“资金结存——货币资金”科目。

【例4-3】某行政单位职工张某借现金5 000元作为差旅费。该行政单位的账务处理如下：

财务会计		预算会计
借：其他应收款	5 000	—
贷：库存现金	5 000	

【例4-4】上例中的张某出差回来报销差旅费，实际支出4 500元，退回现金500元。该行政单位的账务处理如下：

财务会计		预算会计	
借：业务活动费用	4 500	借：行政支出	4 500
库存现金	500	贷：资金结存——货币资金	4 500
贷：其他应收款	5 000		

（3）现金收支

行政单位因提供服务或者其他事项收到现金，按照实际收到的金额，财务会计借记“库存现金”科目，贷记“应缴财政款”“其他收入”等相关科目；预算会计对于不上缴财政的款项借记“资金结存——货币资金”科目，贷记“其他预算收入”等科目。

行政单位因购买服务、物品或者其他事项支付现金，按照实际支付的金额，财务会计借记“业务活动费用”“库存物品”等相关科目，贷记“库存现金”科目（涉及增值税业务的，相关账务处理参见“应交增值税”科目）；预算会计借记“行政支出”科目，贷记“资金结存——货币资金”科目。

行政单位以库存现金对外捐赠，按照实际捐出的金额，财务会计借记“其他费用”科目，贷记“库存现金”科目；预算会计借记“其他支出”科目，贷记“资金结存——货币资金”科目。

【例4-5】某行政单位收取个人用现金缴纳的收养登记费用900元。该行政单位的账务处理如下：

财务会计		预算会计	
借：库存现金	900	—	
贷：应缴财政款	900		

【例4-6】某行政单位购买办公用品一批，价款928元，以现金支付。该行政单位的账务处理如下：

财务会计		预算会计	
借：业务活动费用	928	借：行政支出	928
贷：库存现金	928	贷：资金结存——货币资金	928

（4）受托代理的现金

行政单位收到受托代理、代管的现金，财务会计按照实际收到的金额，借记“库存现金——受托代理资产”科目，贷记“受托代理负债”科目；支付受托代理、代管的现金，按照实际支付的金额，借记“受托代理负债”科目，贷记“库存现金——受托代理资产”科目。

【例4-7】某行政单位收到职工交来的转赠地震灾区的捐款20 000元（现金）。该行政单位的账务处理如下：

财务会计		预算会计	
借：库存现金——受托代理资产	20 000	—	
贷：受托代理负债	20 000		

【例4-8】上例中单位将职工为地震灾区的捐款汇往灾区。该行政单位的账务处理如下：

财务会计		预算会计	
借：受托代理负债	20 000	—	
贷：库存现金——受托代理资产	20 000		

（5）外币业务

行政单位有外币现金的，应当分别按照人民币、外币种类设置“库存现金日记账”进行明细核算。有关外币现金业务的账务处理参见“银行存款”科目的相关规定。

（6）现金的盘点

为了加强库存现金的管理，行政单位应当设置“库存现金日记账”，由出纳人员根据收付款凭证，按照业务发生顺序逐笔登记。现金收入业务繁多、单独设有收款部门的单位，收款部门的收款员应当将每天所收现金连同收款凭据一并交财务部门核收记账，或者将每天所收现金直接送存开户银行后，将收款凭据及向银行送存现金的凭证等一并交财务部门核收记账。每日终了，行政单位应当计算当日的现金收入合计数、现金支出合计数和结余数，并将结余数与实际库存数相核对，做到账款相符。

行政单位每日账款核对中发现现金短缺或溢余，属于现金短缺的，财务会计按照实际短缺的金额，借记“待处理财产损溢”科目，贷记“库存现金”科目；属于应由责任人赔偿或向有关人员追回的，借记“其他应收款”科目，贷记“待处理财产损溢”科目；属于无法查明原因的，报经批准核销时，借记“资产处置费用”科目，贷记“待处理财产损溢”科目；实际收到责任人赔偿金额时，借记“库存现金”科目，贷记“其他应收款”科目。预算会计对于短缺的现金，按照实际短缺的金额，借记“其他支出”科目，贷记“资金结存——货币资金”科目；实际收到责任人赔偿金额时，做相反账务处理。

属于现金溢余，财务会计按照实际溢余的金额，借记“库存现金”科目，贷记“待处理财产损溢”科目；属于应支付给有关人员或单位的，借记“待处理财产损溢”科目，贷记“其他应付款”科目；属于无法查明原因的，报经批准后，借记“待处理财产损溢”科目，贷记“其他收入”科目；将现金支付给有关人员或单位的，借记“其他应付款”科目，贷记“库存现金”科目。预算会计对于溢余的现金，按照实际溢余的金额，借记“资金结存——货币资金”科目，贷记“其他预算收入”科目；将现金支付给有关人员或单位时，做相反账务处理。

【例4-9】某行政单位月末盘点现金，发现现金溢余100元。该行政单位的账务处理如下：

财务会计			预算会计		
借：库存现金	100		借：资金结存——货币资金	100	
贷：待处理财产损溢		100	贷：其他预算收入		100

如果经查明，现金溢余属职工张某的报销尾款，则，

财务会计			预算会计
借：待处理财产损溢	100		—
贷：其他应付款		100	

支付职工张某的报销尾款100元时，

财务会计		预算会计	
借：其他应付款	100	借：其他预算收入	100
贷：库存现金	100	贷：资金结存——货币资金	100

如果无法查明原因，报经批准后，则，

财务会计		预算会计
借：待处理财产损溢	100	—
贷：其他收入	100	

【例4-10】某行政单位年末盘点现金，发现短款50元。该行政单位的账务处理如下：

财务会计		预算会计	
借：待处理财产损溢	50	借：其他支出	50
贷：库存现金	50	贷：资金结存——货币资金	50

如果经查明，现金短款是由出纳人员工作失误造成的，应由其赔偿，则，

财务会计		预算会计
借：其他应收款	50	—
贷：待处理财产损溢	50	

出纳人员实际赔偿50元时，则，

财务会计		预算会计	
借：库存现金	50	借：资金结存——货币资金	50
贷：其他应收款	50	贷：其他支出	50

如果无法查明原因，报经批准核销时，

财务会计		预算会计
借：资产处置费用	50	—
贷：待处理财产损溢	50	

库存现金的主要账务处理汇总归纳如表4-2所示。

表4-2　**库存现金的主要账务处理**

会计事项	财务会计	预算会计
	库存现金	
提现	借：库存现金 　贷：银行存款/零余额账户用款额度	借：资金结存——货币资金 　贷：资金结存——零余额账户用款额度

续表

会计事项		财务会计	预算会计
		库存现金	
存现		借：银行存款/零余额账户用款额度 贷：库存现金	借：资金结存——零余额账户用款额度 贷：资金结存——货币资金
差旅费	职工出差等借出现金	借：其他应收款 贷：库存现金	—
	出差人员报销差旅费	借：业务活动费用［实际报销金额］ 库存现金［实际报销金额小于借款金额的差额］ 贷：其他应收款 或： 借：业务活动费用［实际报销金额］ 贷：其他应收款 库存现金［实际报销金额大于借款金额的差额］	借：行政支出等［实际报销金额］ 贷：资金结存——货币资金
其他涉及现金的业务	因开展业务等其他事项收到现金	借：库存现金 贷：其他收入等	借：资金结存——货币资金 贷：其他预算收入等
	因购买服务、商品或其他事项支出现金	借：业务活动费用/应付账款等 贷：库存现金	借：行政支出/其他支出 贷：资金结存——货币资金
	对外捐赠现金资产	借：其他费用 贷：库存现金	借：其他支出 贷：资金结存——货币资金
受托代理、代管现金	收到	借：库存现金——受托代理资产 贷：受托代理负债	—
	支付	借：受托代理负债 贷：库存现金——受托代理资产	—
现金溢余	按照溢余金额转入待处理财产损溢	借：库存现金 贷：待处理财产损溢	借：资金结存——货币资金 贷：其他预算收入
	属于应支付给有关人员或单位的部分	借：待处理财产损溢 贷：其他应付款 借：其他应付款 贷：库存现金	借：其他预算收入 贷：资金结存——货币资金
	属于无法查明原因的部分，报经批准后	借：待处理财产损溢 贷：其他收入	—

续表

<table>
<tr><td colspan="2" rowspan="2">会计事项</td><td>财务会计</td><td>预算会计</td></tr>
<tr><td>库存现金</td><td></td></tr>
<tr><td rowspan="3">现金短缺</td><td>按照短缺金额转入待处理财产损溢</td><td>借：待处理财产损溢
　贷：库存现金</td><td>借：其他支出
　贷：资金结存——货币资金</td></tr>
<tr><td>属于应由责任人赔偿的部分</td><td>借：其他应收款
　贷：待处理财产损溢
借：库存现金
　贷：其他应收款</td><td>借：资金结存——货币资金
　贷：其他支出</td></tr>
<tr><td>属于无法查明原因的部分，报经批准后</td><td>借：资产处置费用
　贷：待处理财产损溢</td><td>—</td></tr>
</table>

（二）银行存款

1.银行存款的确认和计量

银行存款，是行政单位存入银行或者其他金融机构的各种存款，包括活期存款和定期存款。行政单位应当严格按照国家有关支付结算办法的规定办理银行存款收支业务，并按照《政府会计制度》规定核算银行存款的各项收支业务，以保证银行存款的合法性，保护银行存款的安全和完整。

银行存款应当在收到时予以确认，并按照实际收到的金额计量。

2.银行存款核算的会计科目设置

财务会计系统下，行政单位应设置“银行存款”科目核算存入银行或者其他金融机构的各种存款。本科目应当设置“受托代理资产”明细科目，核算单位受托代理、代管的银行存款。本科目借方余额反映行政单位实际存放在银行或其他金融机构的款项。

预算会计系统下，与“银行存款”科目对应是“资金结存——货币资金”科目。

3.银行存款的主要账务处理

（1）银行存款的存入

行政单位将款项存入银行或者其他金融机构，按照实际存入的金额，财务会计借记“银行存款”科目，贷记“库存现金”“应收账款”“其他收入”等相关科目（涉及增值税业务的，相关账务处理参见“应交增值税”科目）；预算会计借记“资金结存——货币资金”科目，贷记“其他预算收入”等相关科目。

收到银行存款利息，按照实际收到的金额，财务会计借记“银行存款”科目，贷记“利息收入”科目；预算会计借记“资金结存——货币资金”科目，贷记“其他预算收入”科目。

【例4-11】某行政单位将现金50 000元存入银行。该行政单位的账务处理如下：

财务会计			预算会计	
借：银行存款	50 000		—	
贷：库存现金		50 000		

【例4-12】某行政单位收到银行存款利息20 000元。该行政单位的账务处理如下：

财务会计			预算会计		
借：银行存款	20 000		借：资金结存——货币资金	20 000	
贷：利息收入		20 000	贷：其他预算收入		20 000

（2）银行存款的支取和支出

行政单位从银行等金融机构提取现金，按照实际提取的金额，财务会计借记“库存现金”科目，贷记“银行存款”科目。

以银行存款支付相关费用，按照实际支付的金额，财务会计借记“业务活动费用”“其他费用”等相关科目，贷记“银行存款”科目（涉及增值税业务的，相关账务处理参见“应交增值税”科目）；预算会计借记“行政支出”“其他支出”等科目，贷记“资金结存——货币资金”科目。

以银行存款对外捐赠，按照实际捐出的金额，财务会计借记“其他费用”科目，贷记“银行存款”科目；预算会计借记“其他支出”科目，贷记“资金结存——货币资金”科目。

【例4-13】某行政单位以银行存款支付专业活动部门保洁员工资20 000元，通过银行转账向地震灾区捐赠50 000元。该行政单位的账务处理如下：

财务会计			预算会计		
借：业务活动费用	20 000		借：行政支出	20 000	
其他费用	50 000		其他支出	50 000	
贷：银行存款		70 000	贷：资金结存——货币资金		70 000

（3）受托代理的银行存款

行政单位收到受托代理、代管的银行存款，财务会计按照实际收到的金额，借记“银行存款——受托代理资产”科目，贷记“受托代理负债”科目；支付受托代理、代管的银行存款，按照实际支付的金额，借记“受托代理负债”科目，贷记“银行存款——受托代理资产”科目。

【例4-14】某行政单位银行存款基本户收到A单位转赠贫困地区的捐款50 000元。该行政单位的账务处理如下：

财务会计	预算会计
借：银行存款——受托代理资产 50 000 　贷：受托代理负债　　　　　　50 000	—

【例4-15】上例中单位将A单位转赠贫困地区的捐款50 000元通过银行汇往贫困地区。该行政单位的账务处理如下：

财务会计	预算会计
借：受托代理负债　　　　　50 000 　贷：银行存款——受托代理资产　50 000	—

（4）外币业务

行政单位发生外币业务的，应当按照业务发生当日的即期汇率，将外币金额折算为人民币金额记账，并登记外币金额和汇率。期末，各种外币账户的期末余额，应当按照期末的即期汇率折算为人民币，作为外币账户期末人民币余额。调整后的各种外币账户人民币余额与原账面余额的差额，作为汇兑损益计入当期费用。

以外币购买物资、设备等，财务会计按照购入当日的即期汇率将支付的外币或应支付的外币折算为人民币金额，借记“库存物品”等科目，贷记“银行存款”“应付账款”等科目的外币账户（涉及增值税业务的，相关账务处理参见“应交增值税”科目）；预算会计按照购入当日的即期汇率将支付的外币折算为人民币金额，借记“行政支出”等科目，贷记“资金结存——货币资金”科目。

提供服务以外币收取相关款项等，财务会计按照收入确认当日的即期汇率将收取的外币或应收取的外币折算为人民币金额，借记“银行存款”“应收账款”等科目的外币账户，贷记“捐赠收入”“其他收入”等相关科目；预算会计按照收入确认当日的即期汇率将实际收取的外币折算为人民币金额，借记“资金结存——货币资金”科目，贷记“其他预算收入”等科目。

期末，根据各外币银行存款账户按照期末汇率调整后的人民币余额与原账面人民币余额的差额，作为汇兑损益，财务会计借记或贷记“银行存款”科目，贷记或借记“业务活动费用”等科目；预算会计借记或贷记“资金结存——货币资金”科目，贷记或借记“行政支出”等科目。

“应收账款”“应付账款”等科目有关外币账户期末汇率调整业务的账务处理参照“银行存款”科目。

【例4-16】某行政单位从美国采购技术设备一台，价值共计5 000美元，用于开展专业活动。假设购入设备当日美元对人民币的汇率为1美元=6.6245元人民币。该行政单位的账务处理如下：

财务会计		预算会计	
借：固定资产	33 122.50	借：行政支出	33 122.50
贷：银行存款——人民币	33 122.50	贷：资金结存——货币资金	33 122.50

【例4-17】某行政单位收到某国外公益组织的捐款10 000美元，收到款项当日美元对人民币的汇率为1美元=6.6245元人民币。该行政单位的账务处理如下：

财务会计		预算会计	
借：银行存款——人民币	66 245	借：资金结存——货币资金	66 245
贷：捐赠收入	66 245	贷：其他预算收入	66 245

【例4-18】月末，【例4-16】中的行政单位的“银行存款——美元户”账面余额为20 000美元，合人民币130 566.20元。月末，美元对人民币的汇率为1美元=6.51381元人民币。该行政单位的账务处理如下：

汇兑损益=20 000×6.51381-130 566.20=-290（元）

财务会计		预算会计	
借：业务活动费用	290	借：行政支出	290
贷：银行存款——人民币	290	贷：资金结存——货币资金	290

为了加强对银行存款的管理，行政单位应当按照开户银行或其他金融机构、存款种类及币种等，分别设置“银行存款日记账”，由出纳人员根据收付款凭证，按照业务的发生顺序逐笔登记，每日终了应结出余额。“银行存款日记账”应定期与“银行对账单”核对，至少每月核对一次。月度终了，单位银行存款日记账账面余额与银行对账单余额之间如有差额，应当逐笔查明原因并进行处理，按月编制“银行存款余额调节表”，调节相符。

银行存款的主要账务处理汇总归纳如表4-3所示。

表4-3 **银行存款的主要账务处理**

会计事项	财务会计	预算会计
	银行存款	
将款项存入银行或其他金融机构	借：银行存款 贷：库存现金/其他收入等	借：资金结存——货币资金 贷：其他预算收入等
提现	借：库存现金 贷：银行存款	—
支付款项	借：业务活动费用/其他费用等 贷：银行存款	借：行政支出/其他支出等 贷：资金结存——货币资金

续表

会计事项		财务会计	预算会计
		银行存款	
银行存款账户	收到银行存款利息	借：银行存款 贷：利息收入	借：资金结存——货币资金 贷：其他预算收入
	支付银行手续费等	借：业务活动费用等 贷：银行存款	借：行政支出等 贷：资金结存——货币资金
受托代理、代管银行存款	收到	借：银行存款——受托代理资产 贷：受托代理负债	—
	支付	借：受托代理负债 贷：银行存款——受托代理资产	—
外币业务	以外币购买物资、劳务等	借：在途物品/库存物品等 贷：银行存款［外币账户］/应付账款等［外币账户］	借：行政支出等 贷：资金结存——货币资金
	以外币收取相关款项等	借：银行存款［外币账户］/应收账款等［外币账户］ 贷：捐赠收入/其他收入等	借：资金结存——货币资金 贷：其他预算收入等
	期末，根据各外币账户按照期末的即期汇率调整后的人民币余额与原账面人民币余额的差额，作为汇兑损益	借：银行存款/应收账款/应付账款等 贷：业务活动费用等［汇兑收益］ 借：业务活动费用等［汇兑损失］ 贷：银行存款/应收账款/应付账款等	借：资金结存——货币资金 贷：行政支出等［汇兑收益］ 借：行政支出等［汇兑损失］ 贷：资金结存——货币资金

（三）零余额账户用款额度

1.零余额账户用款额度的确认和计量

行政单位的零余额账户，是由同级财政部门为其在商业银行开设的用于本单位财政授权支付的账户。通过该账户，行政单位可以办理转账、汇兑、委托收款和提取现金等支付结算业务，但单位的非财政性资金不得进入。行政单位零余额账户是一个过渡账户，不是实存账户。

零余额账户用款额度，是指实行国库集中支付的行政单位根据财政部门批复的用款计划收到和支用的财政授权支付额度，具有与银行存款相同的支付结算功能。零余额账户用款额度应当在收到财政部门下达的财政授权支付额度时确认，并按照“财政授权支付额度到账通知书”所列金额计量。

2.零余额账户用款额度核算的会计科目设置

财务会计系统下，行政单位应设置“零余额账户用款额度”科目核算实行国库集中支付的行政单位根据财政部门批复的用款计划收到和支用的零余额账户用款额度情况。本科目期末借方余额反映行政单位尚未支用的零余额账户用款额度。年度终了注销单位零余额账户用款额度后，本科目应无余额。

预算会计系统下，与“零余额账户用款额度”科目对应的是“资金结存——零余额账户用款额度”科目。

3.零余额账户用款额度核算的主要账务处理

（1）收到额度

行政单位收到“财政授权支付额度到账通知书”时，根据通知书所列数额，财务会计借记“零余额账户用款额度”科目，贷记“财政拨款收入”科目；预算会计借记“资金结存——零余额账户用款额度”科目，贷记“财政拨款预算收入”科目。

【例4-19】某行政单位收到“财政授权支付额度到账通知书”，列明本月授权支付额度为1 000 000元。该行政单位的账务处理如下：

财务会计	预算会计
借：零余额账户用款额度　1 000 000 　贷：财政拨款收入　1 000 000	借：资金结存——零余额账户用款额度　1 000 000 　贷：财政拨款预算收入　1 000 000

（2）支用额度

行政单位支付日常活动费用时，按照支付的金额，财务会计借记“业务活动费用”等科目，贷记“零余额账户用款额度”科目；预算会计借记“行政支出”等科目，贷记“资金结存——零余额账户用款额度”科目。

购买库存物品或购建固定资产时，财务会计按照实际发生的成本，借记“库存物品”“固定资产”“在建工程”等科目，按照实际支付或应付的金额，贷记“零余额账户用款额度”“应付账款”等科目（涉及增值税业务的，相关账务处理参见“应交增值税”科目）；预算会计按照实际支付金额，借记“行政支出”等科目，贷记“资金结存——零余额账户用款额度”科目。

从零余额账户提取现金时，按照实际提取的金额，财务会计借记“库存现金”科目，贷记“零余额账户用款额度”科目；预算会计借记“资金结存——货币资金”科目，贷记“资金结存——零余额账户用款额度”科目。

【例4-20】某行政单位购买计算机一台，价款13 920元，款项通过单位零余额账户支付，计算机直接交付使用。该行政单位的账务处理如下：

财务会计			预算会计		
借：固定资产	13 920		借：行政支出	13 920	
贷：零余额账户用款额度		13 920	贷：资金结存——零余额账户用款额度		13 920

【例4-21】某行政单位通过财政授权支付方式，支付日常办公费50 000元。该行政单位的账务处理如下：

财务会计			预算会计		
借：业务活动费用	50 000		借：行政支出	50 000	
贷：零余额账户用款额度		50 000	贷：资金结存——零余额账户用款额度		50 000

（3）购货退回

行政单位因购货退回等原因发生财政授权支付额度退回的，属于本年度支付的款项的，按照退回金额，财务会计借记“零余额账户用款额度”科目，贷记“库存物品”等科目；预算会计借记“资金结存——零余额账户用款额度”科目，贷记“行政支出”等科目。属于以前年度支付的款项，按照退回金额，财务会计借记“零余额账户用款额度”科目，贷记“以前年度盈余调整”“库存物品”等科目；预算会计借记“资金结存——零余额账户用款额度”科目，贷记“财政拨款结转”“财政拨款结余”科目。

【例4-22】某行政单位采用财政授权支付方式采购的电脑耗材因质量问题予以退回，共计50 000元。其中，30 000元属于上年度支付的款项，20 000元属于本年度支付的款项。相关款项50 000元已退回单位零余额账户。该行政单位的账务处理如下：

财务会计			预算会计		
借：零余额账户用款额度	50 000		借：资金结存——零余额账户用款额度	50 000	
贷：库存物品		50 000	贷：财政拨款结转——年初余额调整		30 000
			行政支出		20 000

【例4-23】某行政单位采用财政授权支付方式采购的一批复印纸因质量问题予以退回，共计5 000元。其中，3 000元属于上年度支付的款项，2 000元属于本年度支付的款项。相关款项5 000元已退回单位零余额账户。该行政单位的账务处理如下：

财务会计			预算会计		
借：零余额账户用款额度	5 000		借：资金结存——零余额账户用款额度	5 000	
贷：以前年度盈余调整		3 000	贷：财政拨款结转——年初余额调整		3 000
业务活动费用		2 000	行政支出		2 000

（4）年终结余

年末，根据代理银行提供的对账单注销额度的相关账务处理，财务会计借记“财政应返还额度”科目，贷记“零余额账户用款额度”科目；预算会计借记“资金结存——财政应返还额度”科目，贷记“资金结存——零余额账户用款额度”科目。根据本年度财政授权支付预算指标数大于零余额账户用款额度下达数的差额，财务会计借记“财政应返还额度”科目，贷记“财政拨款收入”科目；预算会计借记“资金结存——财政应返还额度”科目，贷记“财政拨款预算收入”科目。相关举例参见本章“财政应返还额度”科目【例4–28】。

下年初，根据代理银行提供的上年度注销额度恢复到账通知书做恢复额度的相关账务处理，财务会计借记“零余额账户用款额度”科目，贷记“财政应返还额度”科目；预算会计借记“资金结存——零余额账户用款额度”科目，贷记“资金结存——财政应返还额度”科目。收到财政部门批复的上年未下达零余额账户用款额度，财务会计借记“零余额账户用款额度”科目，贷记“财政应返还额度”科目；预算会计借记“资金结存——零余额账户用款额度”科目，贷记“资金结存——财政应返还额度”科目。相关举例参见本章“财政应返还额度”科目【例4–29】。

零余额账户用款额度的主要账务处理汇总归纳如表4–4所示。

表4–4　零余额账户用款额度的主要账务处理

会计事项		财务会计	预算会计
		零余额账户用款额度	
收到额度	收到“授权支付到账通知书”	借：零余额账户用款额度 贷：财政拨款收入	借：资金结存——零余额账户用款额度 贷：财政拨款预算收入
按照规定支用额度	支付日常活动费用	借：业务活动费用等 贷：零余额账户用款额度	借：行政支出等 贷：资金结存——零余额账户用款额度
	购买库存物品或购建固定资产等	借：库存物品/固定资产/在建工程等 贷：零余额账户用款额度	
提现	从零余额账户提取现金	借：库存现金 贷：零余额账户用款额度	借：资金结存——货币资金 贷：资金结存——零余额账户用款额度
	将现金退回单位零余额账户	借：零余额账户用款额度 贷：库存现金	借：资金结存——零余额账户用款额度 贷：资金结存——货币资金

续表

会计事项		财务会计	预算会计
		零余额账户用款额度	
因购货退回等发生国库授权支付额度退回	本年度授权支付的款项	借：零余额账户用款额度 贷：库存物品等	借：资金结存——零余额账户用款额度 贷：行政支出等
	以前年度授权支付的款项	借：零余额账户用款额度 贷：库存物品/以前年度盈余调整等	借：资金结存——零余额账户用款额度 贷：财政拨款结转——年初余额调整/财政拨款结余——年初余额调整
年末，注销额度	根据代理银行提供的对账单注销财政授权支付额度	借：财政应返还额度——财政授权支付 贷：零余额账户用款额度	借：资金结存——财政应返还额度 贷：资金结存——零余额账户用款额度
	本年度财政授权支付预算指标数大于零余额账户额度下达数的差额	借：财政应返还额度——财政授权支付 贷：财政拨款收入	借：资金结存——财政应返还额度 贷：财政拨款预算收入
下年初，恢复额度	根据代理银行提供的额度恢复到账通知书恢复财政授权支付额度	借：零余额账户用款额度 贷：财政应返还额度——财政授权支付	借：资金结存——零余额账户用款额度 贷：资金结存——财政应返还额度
	收到财政部门批复的上年末未下达零余额账户用款额度	借：零余额账户用款额度 贷：财政应返还额度——财政授权支付	借：资金结存——零余额账户用款额度 贷：资金结存——财政应返还额度

（四）其他货币资金

1.其他货币资金的确认和计量

其他货币资金是指行政单位除了库存现金、银行存款和零余额账户用款额度以外的各种其他货币资金，包括外埠存款、银行本票存款、银行汇票存款、信用卡存款等。其中，外埠存款是行政单位到外地进行临时零星采购时，汇往采购地银行开立采购专户的款项；银行本票存款是行政单位为取得银行本票按照规定存入银行的款项；银行汇票存款是行政单位为取得银行汇票按照规定存入银行的款项；信用卡存款是行政单位为取得信用卡按照规定存入银行的款项。

其他货币资金应当在将款项委托本地银行汇往异地开立的账户或将款项交存银行取得银行本票、银行汇票和信用卡时确认，并按照实际交存的款项金额计量。

2.其他货币资金核算的会计科目设置

财务会计系统下，行政单位应设置“其他货币资金”科目核算其他货币资金。本科目应当设置“外埠存款”“银行本票存款”“银行汇票存款”“信用卡存款”等明细科目，进行明细核算。本科目期末借方余额，反映单位实际持有的其他货币资金。

预算会计系统下，与“银行存款”科目对应的是“资金结存——货币资金”科目。

3.其他货币资金的主要账务处理

（1）外埠存款

行政单位按照有关规定需要在异地开立银行账户，将款项委托本地银行汇往在异地开立的账户时，财务会计借记“其他货币资金”科目，贷记“银行存款”科目。

收到采购员交来供应单位发票账单等报销凭证时，财务会计借记“库存物品”等科目，贷记“其他货币资金”科目；预算会计借记“行政支出”等科目，贷记“资金结存——货币资金”科目。

将多余的外埠存款转回本地银行时，根据银行的收账通知，财务会计借记“银行存款”科目，贷记“其他货币资金”科目。

（2）银行本票、银行汇票存款

行政单位将款项交存银行取得银行本票、银行汇票，财务会计按照取得的银行本票、银行汇票金额，借记“其他货币资金”科目，贷记“银行存款”科目。

使用银行本票、银行汇票购买库存物品等资产时，按照实际支付金额，财务会计借记“库存物品”等科目，贷记“其他货币资金”科目；预算会计借记“行政支出”等科目，贷记“资金结存——货币资金”科目。

如有余款或因本票、汇票超过付款期等原因而退回款项，按照退款金额，财务会计借记“银行存款”科目，贷记“其他货币资金”科目。

（3）信用卡存款

行政单位将款项交存银行取得信用卡，按照交存金额，财务会计借记“其他货币资金”科目，贷记“银行存款”科目。

用信用卡购物或支付有关费用，按照实际支付金额，财务会计借记“业务活动费用”“库存物品”等科目，贷记“其他货币资金”科目；预算会计借记“行政支出”等科目，贷记“资金结存——货币资金”科目。

信用卡在使用过程中，需向其账户续存资金的，按照续存金额，财务会计借记“其他货币资金”科目，贷记“银行存款”科目。

【例4-24】某行政单位地处某直辖市，拟到某省采购甲材料，按照有关规定需要在异地开立银行账户，将200 000元委托本地银行汇往某省开立账户。另外，将

200 000元款项交存银行取得面额10 000元的银行本票10张和100 000元银行汇票，将200 000元交存银行取得信用卡。该行政单位的账务处理如下：

财务会计		预算会计
借：其他货币资金——外埠存款	200 000	
——银行本票存款	100 000	
——银行汇票存款	100 000	—
——信用卡存款	200 000	
贷：银行存款	600 000	

【例4-25】上例中的单位收到采购人员交来供应单位发票账单等报销凭证，甲材料价款180 000元，已验收入库，多余的20 000元外埠存款转回单位开户银行。该行政单位的账务处理如下：

财务会计		预算会计	
借：库存物品	180 000	借：行政支出	180 000
银行存款	20 000	贷：资金结存——货币资金	
贷：其他货币资金——外埠存款	200 000		180 000

行政单位应当加强对其他货币资金的管理，及时办理结算，对于逾期尚未办理结算的银行汇票、银行本票等，应当按照规定及时转回，并按照上述规定进行相应账务处理。

其他货币资金的主要账务处理汇总归纳如表4-5所示。

表4-5　**其他货币资金的主要账务处理**

会计事项		财务会计	预算会计
		其他货币资金	
形成其他货币资金	取得银行本票、银行汇票、信用卡时	借：其他货币资金——银行本票存款 　　　　　　　——银行汇票存款 　　　　　　　——信用卡存款 　贷：银行存款	—
发生支付	用银行本票、银行汇票、信用卡支付时	借：在途物品/库存物品等 　贷：其他货币资金——银行本票存款 　　　　　　　　——银行汇票存款 　　　　　　　　——信用卡存款	借：行政支出等［实际支付金额］ 　贷：资金结存——货币资金
余款退回时	银行本票、银行汇票、信用卡的余款退回时	借：银行存款 　贷：其他货币资金——银行本票存款 　　　　　　　　——银行汇票存款 　　　　　　　　——信用卡存款	—

二、财政应返还额度

（一）财政应返还额度的确认和计量

财政应返还额度，是指实行国库集中支付的行政单位应收财政返还的资金额度，包括可以使用的以前年度财政直接支付资金额度和财政应返还的财政授权支付资金额度。

财政应返还额度应当按年末行政单位国库集中支付尚未使用的资金额度确认和计量。在财政直接支付方式下，年末国库集中支付尚未使用的资金额度是本年度财政直接支付预算指标数大于当年财政直接支付实际发生数的差额（未支用的支付额度）。在财政授权支付方式下，年末国库集中支付尚未使用的资金额度包括本年度财政授权支付预算指标数大于零余额账户用款额度下达数的差额（未下达的用款额度），以及本年度零余额账户用款额度下达数大于零余额账户用款额度支用数的差额（未支用的用款额度）。对于上述国库集中支付未支用的资金额度和尚未下达的用款额度，年末行政单位先返还财政部门，下年度初再由财政部门予以恢复或下达。

（二）财政应返还额度核算的会计科目设置

财务会计系统下，行政单位应设置“财政应返还额度”科目核算实行国库集中支付的行政单位应收财政返还的资金额度。本科目应当设置“财政直接支付”“财政授权支付”两个明细科目进行明细核算。本科目期末借方余额反映行政单位应收财政返还的资金额度。

预算会计系统下，与“财政应返还额度”科目对应的是“资金结存——财政应返还额度”科目。

（三）财政应返还额度的主要账务处理

（1）财政直接支付

年末，行政单位根据本年度财政直接支付预算指标数大于当年财政直接支付实际发生数的差额，财务会计借记“财政应返还额度——财政直接支付”科目，贷记“财政拨款收入”科目；预算会计借记“资金结存——财政应返还额度”科目，贷记“财政拨款预算收入”科目。

下年度，行政单位使用以前年度财政直接支付额度支付款项时，财务会计借记“业务活动费用”等科目，贷记“财政应返还额度——财政直接支付”科目；预算会计借记“行政支出”等科目，贷记“资金结存——财政应返还额度”科目。

【例4-26】某实行国库集中支付的行政单位，年末通过对账确认本年度财政直接支付预算指标数为1 000 000元，当年财政直接支付实际发生数为900 000元。该行政单位的账务处理如下：

财务会计		预算会计	
借：财政应返还额度——财政直接支付	100 000	借：资金结存——财政应返还额度	100 000
贷：财政拨款收入	100 000	贷：财政拨款预算收入	100 000

【例4-27】上例中的行政单位下年度初收到代理银行转来的“财政直接支付入账通知书”，使用上年尚未使用的财政直接支付额度支付款项100 000元购买办公用笔记本电脑10台，已直接交付使用。该行政单位的账务处理如下：

财务会计		预算会计	
借：固定资产	100 000	借：行政支出	100 000
贷：财政应返还额度——财政直接支付	100 000	贷：资金结存——财政应返还额度	100 000

（2）财政授权支付

年末，行政单位根据代理银行提供的对账单做注销额度的相关账务处理，财务会计借记“财政应返还额度——财政授权支付”科目，贷记“零余额账户用款额度”科目；预算会计借记“资金结存——财政应返还额度”科目，贷记“资金结存——零余额账户用款额度”科目。年末，行政单位本年度财政授权支付预算指标数大于零余额账户用款额度下达数的，根据未下达的用款额度，财务会计借记“财政应返还额度——财政授权支付”科目，贷记“财政拨款收入”科目；预算会计借记“资金结存——财政应返还额度”科目，贷记“财政拨款预算收入”科目。

下年初，行政单位根据代理银行提供的上年度注销额度恢复到账通知书做恢复额度的以及收到财政部门批复的上年末下达零余额账户用款额度，财务会计借记“零余额账户用款额度”科目，贷记“财政应返还额度——财政授权支付”科目；预算会计借记“资金结存——零余额账户用款额度”科目，贷记“资金结存——财政应返还额度”科目。

【例4-28】某实行国库集中支付的行政单位，年末通过对账确认本年度财政授权支付预算指标数为500 000元，零余额账户用款额度下达数400 000元，零余额账户用款额度支用数350 000元。该行政单位的账务处理如下：

财务会计		预算会计	
借：财政应返还额度——财政授权支付	150 000	借：资金结存——财政应返还额度	150 000
贷：零余额账户用款额度	50 000	贷：资金结存——零余额账户用款额度	50 000
财政拨款收入	100 000	财政拨款预算收入	100 000

【例4-29】上例中的行政单位下年度初收到代理银行转来的50 000元财政授权支付额度恢复到账通知书和财政部门批复的上年度未下达零余额账户用款额度100 000元。该行政单位的账务处理如下：

财务会计		预算会计	
借：零余额账户用款额度	150 000	借：资金结存——零余额账户用款额度	150 000
贷：财政应返还额度——财政授权支付	150 000	贷：资金结存——财政应返还额度	150 000

财政应返还额度的主要账务处理汇总归纳如表4-6所示。

表4-6　**财政应返还额度的主要账务处理**

会计事项		财务会计	预算会计
		财政应返还额度	
财政直接支付方式下	年末本年度预算指标数与当年实际支付数的差额	借：财政应返还额度——财政直接支付 贷：财政拨款收入	借：资金结存——财政应返还额度 贷：财政拨款预算收入
	下年度使用以前年度财政直接支付额度支付款项时	借：业务活动费用/库存物品等 贷：财政应返还额度——财政直接支付	借：行政支出等 贷：资金结存——财政应返还额度
财政授权支付方式下	年末本年度预算指标数大于额度下达数的，根据未下达的用款额度	借：财政应返还额度——财政授权支付 贷：财政拨款收入	借：资金结存——财政应返还额度 贷：财政拨款预算收入
	年末根据代理银行提供的对账单作注销额度处理	借：财政应返还额度——财政授权支付 贷：零余额账户用款额度	借：资金结存——财政应返还额度 贷：资金结存——零余额账户用款额度
	下年初额度恢复和下年初收到财政部门批复的上年末未下达零余额账户用款额度	借：零余额账户用款额度 贷：财政应返还额度——财政授权支付	借：资金结存——零余额账户用款额度 贷：资金结存——财政应返还额度

三、应收账款

（一）应收账款的确认和计量

应收账款，是行政单位因出租资产、出售物资等应收取的款项。

应收账款应当在物资已经售出或资产已经出租且尚未收到款项时确认，并按照应收未收的金额计量。

（二）应收账款核算的会计科目设置

财务会计系统下，行政单位应设置“应收账款”科目核算因出租资产、出售物资等应收取的款项。本科目应当按照债务单位（或个人）进行明细核算。本科目期末借方余额，反映单位尚未收回的应收账款。

预算会计系统下，由于按照《行政单位国有资产管理暂行办法》等相关规定，行政单位因出租资产、出售物资取得的收入需要上缴财政，由此行政单位预算会计对于因出租资产、出售物资产生的应收账款不进行会计核算。

（三）应收账款的主要账务处理

行政单位出租资产发生应收未收租金款项或出售物资发生应收未收款项时，财务会计按照应收未收金额，借记“应收账款”科目，贷记“应缴财政款”科目；收回应收账款时，按照实际收到的金额，借记“银行存款”等科目，贷记“应收账款”科目（涉及增值税业务的，相关账务处理参见“应交增值税”科目）。

【例4-30】某行政单位经批准向A单位出租办公室1间，期限1个月，租金每月6 180元，尚未收到A单位租金。该行政单位的账务处理如下：

财务会计			预算会计
借：应收账款	6 180		—
贷：应缴财政款		6 180	

【例4-31】上例中的行政单位收到A单位交来的租金6 180元，已存入银行。该行政单位账务处理如下：

财务会计			预算会计
借：银行存款	6 180		—
贷：应收账款		6 180	

行政单位应当于每年年末，对收回后应当上缴财政的应收账款进行全面检查。对于超过规定年限、确认无法收回的应收账款，按照规定报经批准后予以核销，财务会计按照核销金额，借记“应缴财政款”科目，贷记“应收账款”科目；已核销的应收账款在以后期间又收回的，按照实际收回金额，借记“银行存款”等科目，贷记“应缴财政款”科目。核销的应收账款应当在备查簿中保留登记。

【例4-32】某事业单位年末经核查确认3年前出租资产的租金收入50 000元（该租金收入收回后应当上缴财政）因承租企业陷入财务困境确实无法收回，按照规定报经批准后予以核销。该事业单位的账务处理如下：

财务会计			预算会计
借：应缴财政款	50 000		—
贷：应收账款		50 000	

假如第2年承租企业财务状况恢复良好，又归还了所欠的租金50 000元，则，

财务会计			预算会计
借：银行存款	50 000		—
贷：应缴财政款		50 000	

应收账款的主要账务处理汇总归纳如表4-7所示。

表4-7 **应收账款的主要账务处理**

会计事项		财务会计	预算会计
		应收账款	
发生应收账款时		借：应收账款 贷：应缴财政款	—
收回应收账款时		借：银行存款等 贷：应收账款	—
逾期无法收回的应收账款	报批后予以核销		借：应缴财政款 贷：应收账款
	核销后在以后期间收回		借：银行存款等 贷：应缴财政款

四、预付账款

（一）预付账款的确认和计量

预付账款，是行政单位按照购货、服务合同或协议规定预付给供应单位（或个人）的款项，以及按照合同规定向承包工程的施工企业预付的备料款和工程款。

预付账款应当在已经支付款项且尚未收到物资或服务时确认，并按照实际支付金额计量。

（二）预付账款核算的会计科目设置

财务会计系统下，行政单位应设置“预付账款”科目核算单位按照购货、服务合同或协议规定预付给供应单位（或个人）的款项，以及按照合同规定向承包工程的施工企业预付的备料款和工程款。本科目应当按照供应单位（或个人）及具体项目进行明细核算；对于基本建设项目发生的预付账款，还应当在本科目所属基建项目明细科目下设置“预付备料款”“预付工程款”“其他预付款”等明细科目，进行明细核算。本科目期末借方余额，反映单位实际预付但尚未结算的款项。

预算会计系统下，与“预付账款”科目对应的是“行政支出”科目。

（三）预付账款的主要账务处理

（1）发生预付账款

行政单位根据购货、服务合同或协议规定预付款项时，按照预付金额，财务会计借记“预付账款”科目，贷记“财政拨款收入”“零余额账户用款额度”“银行存款”等科目；预算会计借记“行政支出”等科目，贷记“财政拨款预算收入”“资金结存——零余额账户用款额度、货币资金”等科目。

【例4-33】某行政单位向D公司采购大巴车一辆用于开展专业活动，价值400 000元。按照合同规定预付货款50%，货到后结算其余货款。该单位通过财政部门零余额账户预付50%货款200 000元时，该行政单位的账务处理如下：

财务会计		预算会计	
借：预付账款——D公司	200 000	借：行政支出	200 000
贷：财政拨款收入	200 000	贷：财政拨款预算收入	200 000

（2）收到所购资产或服务

收到所购资产或服务时，财务会计按照购入资产或服务的成本，借记“库存物品”“固定资产”“无形资产”“业务活动费用”等相关科目，按照相关预付账款的账面余额，贷记“预付账款”科目，按照实际补付的金额，贷记“财政拨款收入”“零余额账户用款额度”“银行存款”等科目（涉及增值税业务的，相关账务处理参见“应交增值税”科目）。预算会计按照实际补付的金额，借记“行政支出”等科目，贷记“财政拨款预算收入”“资金结存——零余额账户用款额度、货币资金”等科目。

【例4-34】上例中的行政单位收到大巴车一辆，且通过财政部门零余额账户补付货款200 000元。该行政单位的账务处理如下：

财务会计		预算会计	
借：固定资产	400 000	借：行政支出	200 000
贷：预付账款——D公司	200 000	贷：财政拨款预算收入	200 000
财政拨款收入	200 000		

（3）结算工程价款及备料款

根据工程进度结算工程价款及备料款时，财务会计按照结算金额，借记“在建工程”科目，按照相关预付账款的账面余额，贷记“预付账款”科目，按照实际补付的金额，贷记“财政拨款收入”“零余额账户用款额度”“银行存款”等科目。预算会计按照实际补付的金额，借记“行政支出”等科目，贷记“财政拨款预算收入”“资金结存——零余额账户用款额度、货币资金”等科目。相关举例参见“在建工程”科目。

（4）预付账款退回

行政单位发生预付账款退回的，按照实际退回金额，财务会计借记“财政拨款收入”［本年直接支付］、“财政应返还额度”［以前年度直接支付］、“零余额账户用款额度”、“银行存款”等科目，贷记“预付账款”科目；预算会计借记“财政拨款预算收入”“资金结存——财政应返还额度、零余额账户用款额度、货币资金”科目，贷记

“行政支出”等科目［当年退回］，以及“财政拨款结转”“财政拨款结余”等科目［以前年度退回］。

【例4-35】某行政单位2×19年11月1日将办公楼的建筑安装发包给A施工企业，工期6个月，总价款400 000元。按合同规定，2×19年11月1日和2×20年2月1日分别通过财政部门零余额账户和单位零余额账户各预付200 000元（其中，建筑工程款140 000元和备料款60 000元）。2×20年4月1日工程完工，A施工企业单位转来“工程价款结算账单”，应结算工程款共计380 000元。2×20年4月10日收到A施工企业退回的2×19年和2×20年的预付账款各10 000元，已退回相关账户。该行政单位的账务处理如下：

• 2×19年11月1日预付款项时，

财务会计			预算会计		
借：预付账款——A施工企业	200 000		借：行政支出	200 000	
贷：财政拨款收入		200 000	贷：财政拨款预算收入		200 000

• 2×20年2月1日预付款项时，

财务会计			预算会计		
借：预付账款——A施工企业	200 000		借：行政支出	200 000	
贷：零余额账户用款额度		200 000	贷：资金结存——零余额账户用款额度		200 000

• 2×20年4月1日工程完工时，

财务会计			预算会计
借：在建工程	380 000		—
贷：预付账款——A施工企业		380 000	

• 2×20年4月10日收到A施工企业退回预付款项时，

财务会计			预算会计		
借：财政应返还额度	10 000		借：资金结存——财政应返还额度	10 000	
零余额账户用款额度	10 000		——零余额账户用款额度	10 000	
贷：预付账款——A施工企业		20 000	贷：财政拨款结转——年初余额调整		10 000
			——行政支出		10 000

（5）坏账

行政单位应当于每年年末，对预付账款进行全面检查。如果有确凿证据表明预付账款不再符合预付款项性质，或者因供应单位破产、撤销等原因可能无法收到所购货物、服务的，应当先将其转入其他应收款，再按照规定进行处理。

将预付账款账面余额转入其他应收款时，财务会计借记“其他应收款”科目，贷记“预付账款”科目。

【例4-36】某事业单位经核查确认，四年前向E公司预付的采购技术设备款200 000元因其被关闭已无望再收到所购物资，也确实无法收回预付账款。该事业单位账务处理如下：

财务会计		预算会计
借：其他应收款	200 000	—
贷：预付账款——E公司	200 000	

预付账款的主要账务处理汇总归纳如表4-8所示。

表4-8　**预付账款的主要账务处理**

<table>
<tr><th colspan="2" rowspan="2">会计事项</th><th>财务会计</th><th rowspan="2">预算会计</th></tr>
<tr><th>预付账款</th></tr>
<tr><td colspan="2">发生预付账款时</td><td>借：预付账款
贷：财政拨款收入/零余额账户用款额度/银行存款等</td><td>借：行政支出等
贷：财政拨款预算收入/资金结存</td></tr>
<tr><td colspan="2">收到所购物资或劳务，以及根据工程进度结算工程价款等时</td><td>借：业务活动费用/库存物品/固定资产/在建工程等
贷：预付账款
零余额账户用款额度/财政拨款收入/银行存款等［补付款项］</td><td>借：行政支出等［补付款项］
贷：财政拨款预算收入/资金结存</td></tr>
<tr><td rowspan="2">预付账款退回</td><td>当年预付账款退回</td><td>借：财政拨款收入/零余额账户用款额度/银行存款等
贷：预付账款</td><td>借：财政拨款预算收入/资金结存
贷：行政支出等</td></tr>
<tr><td>以前年度预付账款退回</td><td>借：财政应返还额度/零余额账户用款额度/银行存款等
贷：预付账款</td><td>借：资金结存
贷：财政拨款结余——年初余额调整/财政拨款结转——年初余额调整等</td></tr>
<tr><td colspan="2">逾期无法收回的预付账款转为其他应收款</td><td>借：其他应收款
贷：预付账款</td><td>—</td></tr>
</table>

五、其他应收款

（一）其他应收款的确认和计量

其他应收款，是行政单位除财政应返还额度、应收账款、预付账款以外的其他各项应收及暂付款项，如职工预借的差旅费、已经偿还银行尚未报销的本单位公务卡欠款、拨付给内部有关部门的备用金、应向职工收取的各种垫付款项、支付的可以收回的订金或押金等。

其他应收款应当在发生时确认，并按照实际发生额计量。

（二）其他应收款核算的会计科目设置

财务会计系统下，行政单位应设置“其他应收款”科目核算除财政应返还额度、应收账款、预付账款以外的其他各项应收及暂付款项。本科目应当按照其他应收款的类别以及债务单位（或个人）进行明细核算。本科目期末借方余额，反映行政单位尚未收回的其他应收款。

预算会计系统下，与“其他应收款”科目对应的是“非同级财政拨款预算收入”“上级补助预算收入”等科目。

（三）其他应收款的主要账务处理

（1）发生其他应收款

行政单位发生其他各种应收及暂付款项时，按照实际发生金额，财务会计借记“其他应收款”科目，贷记“零余额账户用款额度”“银行存款”“库存现金”等科目（涉及增值税业务的，相关账务处理参见“应交增值税”科目）。

收回其他各种应收及暂付款项时，按照收回的金额，财务会计借记“库存现金”“银行存款”等科目，贷记“其他应收款”科目；预算会计借记“资金结存——货币资金”科目，贷记“非同级财政拨款预算收入”“上级补助预算收入”等科目。①

【例4-37】某行政单位2×19年8月为采购一种技术设备，以银行存款向供货方交纳订金5 000元，同年9月因为技术设备不符合要求没有购买，收到供货方退回的5 000元订金。该行政单位的账务处理如下：

● 2×19年8月支付订金时，

财务会计			预算会计
借：其他应收款	5 000		—
贷：银行存款		5 000	

● 2×19年9月收回订金时，

财务会计			预算会计
借：银行存款	5 000		—
贷：其他应收款		5 000	

（2）备用金

行政单位内部实行备用金制度的，有关部门使用备用金以后应当及时到财务部门报销并补足备用金。

财务部门核定并发放备用金时，财务会计按照实际发放金额，借记“其他应收款”科目，贷记“库存现金”等科目。根据报销金额用现金补足备用金定额时，财务会计借记“业务活动费用”科目，贷记“库存现金”等科目（报销数和拨补数都不再通过“其他应收款”科目核算）；预算会计借记“行政支出”科目，贷记“资金

① 涉及相关预算收入核算的举例，参见第二章第三节和第四节的相关例题。

结存——货币资金”科目。

【例4-38】某行政单位内部实行备用金制度，其财务部门以库存现金发放备用金20 000元。该行政单位的账务处理如下：

财务会计		预算会计	
借：其他应收款——备用金	20 000	—	
贷：库存现金	20 000		

【例4-39】某行政单位内部实行备用金制度，财务部门根据专业活动部门报销数用现金补足备用金定额50 000元。该行政单位的账务处理如下：

财务会计		预算会计	
借：业务活动费用	50 000	借：行政支出	50 000
贷：库存现金	50 000	贷：资金结存——货币资金	50 000

（3）尚未报销公务卡欠款偿还

行政单位偿还尚未报销的本单位公务卡欠款时，财务会计按照偿还的款项，借记“其他应收款”科目，贷记“零余额账户用款额度”“银行存款”等科目。持卡人报销时，按照实际报销金额，财务会计借记“业务活动费用”科目，贷记“其他应收款”科目；预算会计借记“行政支出”科目，贷记“资金结存——零余额账户用款额度、货币资金”科目。

【例4-40】某行政单位通过单位零余额账户偿还尚未报销的本单位从事专业活动职工公务卡欠款200 000元。该行政单位的账务处理如下：

财务会计		预算会计	
借：其他应收款——公务卡欠款	200 000	—	
贷：零余额账户用款额度	200 000		

【例4-41】上例中从事专业活动职工持公务卡报销差旅费200 000元。该行政单位的账务处理如下：

财务会计		预算会计	
借：业务活动费用	200 000	借：行政支出	200 000
贷：其他应收款——公务卡欠款	200 000	贷：资金结存——零余额账户用款额度	200 000

（4）坏账

行政单位应当于每年年末，对其他应收款进行全面检查。对于超过规定年限、确认无法收回的其他应收款，应当按照有关规定报经批准后予以核销。核销的其他应收款应在备查簿中保留登记。

经批准核销其他应收款时，财务会计按照核销金额，借记“资产处置费用”科目，贷记“其他应收款”科目；已核销的其他应收款在以后期间又收回的，按照收回金额，财务会计借记“银行存款”等科目，贷记“其他收入”科目；预算会计借记“资金结存——货币资金”科目，贷记“其他预算收入”科目。

【例4-42】假设【例4-37】中的行政单位截止到2×22年9月仍未收到供货方退回的5 000元订金。报经批准予以核销时，该行政单位的账务处理如下：

财务会计		预算会计	
借：资产处置费用	9 000	—	
贷：其他应收款	9 000		

如果2×22年12月又收到了供货方退回的5 000元订金，则，

财务会计		预算会计	
借：银行存款	5 000	借：资金结存——货币资金	5 000
贷：其他收入	5 000	贷：其他预算收入	5 000

其他应收款的主要账务处理汇总归纳如表4-9所示。

表4-9　**其他应收款的主要账务处理**

<table>
<tr><td colspan="2" rowspan="2">会计事项</td><td>财务会计</td><td>预算会计</td></tr>
<tr><td>其他应收款</td><td></td></tr>
<tr><td rowspan="3">发生暂付款项（包括偿还未报销的公务卡款项）</td><td>暂付款项时</td><td>借：其他应收款
贷：银行存款/库存现金/零余额账户用款额度等</td><td>—</td></tr>
<tr><td>报销时</td><td>借：业务活动费用/单位管理费用等［实际报销金额］
贷：其他应收款</td><td>借：行政支出等［实际报销金额］
贷：资金结存</td></tr>
<tr><td>收回暂付款项时</td><td>借：库存现金/银行存款等
贷：其他应收款</td><td>—</td></tr>
<tr><td rowspan="2">发生其他各种应收款项</td><td>确认其他应收款时</td><td>借：其他应收款
贷：非同级财政拨款收入/上级补助收入/附属单位上缴收入等</td><td>—</td></tr>
<tr><td>收到其他应收款项时</td><td>借：银行存款/库存现金等
贷：其他应收款</td><td>借：资金结存——货币资金
贷：非同级财政拨款预算收入/上级补助预算收入/附属单位上缴预算收入等</td></tr>
<tr><td rowspan="2">拨付给内部有关部门的备用金</td><td>财务部门核定并发放备用金时</td><td>借：其他应收款
贷：库存现金</td><td>—</td></tr>
<tr><td>根据报销数用现金补足备用金定额时</td><td>借：业务活动费用/单位管理费用等
贷：库存现金</td><td>借：行政支出等
贷：资金结存——货币资金</td></tr>
<tr><td rowspan="2">逾期无法收回的其他应收款</td><td>报批后予以核销</td><td>借：资产处置费用
贷：其他应收款</td><td>—</td></tr>
<tr><td>核销后在以后期间收回</td><td>借：银行存款
贷：其他收入</td><td>借：资金结存——货币资金等
贷：其他预算收入</td></tr>
</table>

六、存货

（一）存货的确认和计量

存货，是指行政单位在开展业务活动及其他活动中为耗用或出售而储存的资产，如材料、产品、包装物和低值易耗品等，以及未达到固定资产标准的用具、装具、动植物等。

存货同时满足下列条件的，应当予以确认：

1.与该存货相关的服务潜力很可能实现或者经济利益很可能流入行政单位。

2.该存货的成本或者价值能够可靠地计量。

存货在取得时应当按照成本进行初始计量。存货成本包括采购成本、加工成本和其他成本。不同方式取得的存货的成本确定参见库存物品取得的核算。存货的后续计量是存货发出的计量，具体计量方法参见库存物品发出的核算。

（二）存货核算的会计科目设置

财务会计系统下，行政单位应当设置“在途物品”“库存物品”“加工物品”科目，以核算存货的实际成本。

1.在途物品

“在途物品”科目，核算行政单位采购材料等物资时货款已付或已开出商业汇票但尚未验收入库的在途物品的采购成本。本科目可按照供应单位和物品种类进行明细核算。本科目期末借方余额，反映单位在途物品的采购成本。

2.库存物品

“库存物品”科目，核算行政单位在开展业务活动及其他活动时为耗用或出售而储存的各种材料、产品、包装物、低值易耗品，以及达不到固定资产标准的用具、装具、动植物等的成本。已完成的测绘、地质勘查、设计成果等的成本，也通过本科目核算。本科目应当按照库存物品的种类、规格、保管地点等进行明细核算。行政单位储存的低值易耗品、包装物较多的，可以在本科目（低值易耗品、包装物）下按照“在库”“在用”“摊销”等进行明细核算。本科目期末借方余额，反映行政单位库存物品的实际成本。

不通过“库存物品”科目核算的物资包括：

（1）行政单位随买随用的零星办公用品，可以在购进时直接列作费用。

（2）行政单位控制的政府储备物资，应当通过“政府储备物资”科目核算。

（3）行政单位受托存储保管的物资和受托转赠的物资，应当通过“受托代理资产”科目核算。

（4）行政单位为在建工程购买和使用的材料物资，应当通过“工程物资”科目核算。

3.加工物品

“加工物品”科目，核算行政单位自制或委托外单位加工的各种物品的实际成本。

未完成的测绘、地质勘查、设计成果的实际成本，也通过本科目核算。本科目应当设置“自制物品”“委托加工物品”两个一级明细科目，并按照物品类别、品种、项目等设置明细账，进行明细核算。本科目“自制物品”一级明细科目下应当设置“直接材料”“直接人工”“其他直接费用”等二级明细科目归集自制物品发生的直接材料、直接人工（专门从事物品制造人员的人工费）等直接费用；对于自制物品发生的间接费用，应当在本科目“自制物品”一级明细科目下单独设置“间接费用”二级明细科目予以归集，期末，再按照一定的分配标准和方法，分配计入有关物品的成本。本科目期末借方余额，反映行政单位自制或委托外单位加工但尚未完工的各种物品的实际成本。

预算会计系统下，与“在途物品”“库存物品”“加工物品”科目对应的是“行政支出”科目。

（三）存货取得的核算

行政单位取得存货的方式主要包括：外购、自制、委托加工、接受捐赠、无偿调入、置换换入等。行政单位在取得存货时，应当按照其实际成本入账。

1.外购的存货

行政单位购入的存货，其成本包括购买价款、相关税费、运输费、装卸费、保险费以及使存货达到目前场所和状态所发生的归属于存货成本的其他支出。其中，购买价款是指行政单位购入存货的发票账单上列明的价款，但不包括按规定可以抵扣的增值税税额。相关税费，是指行政单位购买存货所发生的消费税、资源税和不能从增值税销项税额中抵扣的进项税额等。归属于存货采购成本的其他支出，主要是指在存货采购过程中发生的仓储费、包装费、运输途中的合理损耗、入库前的挑选整理费用等。

（1）在途物品

行政单位购入材料等物资时货款已付或已开出商业汇票但尚未验收入库的物品，财务会计按照确定的物品采购成本的金额，借记“在途物品”科目，按照实际支付的金额，贷记“财政拨款收入”“零余额账户用款额度”“银行存款”等科目（涉及增值税业务的，相关账务处理参见“应交增值税”科目）；预算会计按照实际支付的金额，借记“行政支出”科目，贷记“财政拨款预算收入”“资金结存——零余额账户用款额度、货币资金”科目。

所购材料等物品到达验收入库，财务会计按照确定的库存物品成本金额，借记“库存物品”科目，按照物品采购成本金额，贷记“在途物品”科目，按照使入库物品达到目前场所和状态所发生的其他支出，贷记“银行存款”等科目；预算会计按照实际支付的其他支出，借记“行政支出”科目，贷记“资金结存——货币资金”等科目。

（2）外购的库存物品

行政单位外购的库存物品验收入库时，财务会计按照确定的成本，借记“库存物品”科目，贷记“财政拨款收入”“零余额账户用款额度”“银行存款”“应付账款”“在途物品”等科目（涉及增值税业务的，相关账务处理参见“应交增值税”科目）；预算会计按照实际支付的金额，借记“行政支出”科目，贷记“财政拨款预算收入”“资金结存——零余额账户用款额度、货币资金”等科目

【例4-43】某行政单位购入甲材料一批，取得的增值税专用发票上记载的金额为100 000元，税额为16 000元。该行政单位的账务处理如下：

● 假定材料货款已通过单位零余额账户支付但材料尚未运到时，

财务会计		预算会计	
借：在途物品——甲材料	116 000	借：行政支出	116 000
贷：零余额账户用款额度	116 000	贷：资金结存——零余额账户用款额度	116 000

上述甲材料入库时，

财务会计		预算会计
借：库存物品——甲材料	116 000	—
贷：在途物品——甲材料	116 000	

● 假定材料已运到并验收入库，材料货款通过财政部门零余额账户支付。另外，以银行存款支付运输费1 500元时，

财务会计		预算会计	
借：库存物品——甲材料	117 500	借：行政支出	117 500
贷：财政拨款收入	116 000	贷：财政拨款预算收入	116 000
银行存款	1 500	资金结存——货币资金	1 500

2. 自制的存货

行政单位自行加工的存货，其成本包括耗用的直接材料费用、发生的直接人工费用和按照一定方法分配的与存货加工有关的间接费用。

（1）为自制物品领用材料等，按照材料成本，财务会计借记“加工物品——自制物品——直接材料”科目，贷记“库存物品”科目。

（2）专门从事物品制造的人员发生的直接人工费用，按照实际发生的金额，财务会计借记“加工物品——自制物品——直接人工”科目，贷记“应付职工薪酬”科目。

（3）为自制物品发生的其他直接费用，按照实际发生的金额，财务会计借记“加工物品——自制物品——其他直接费用”科目，贷记“零余额账户用款额度”“银行存款”等科目；预算会计借记“行政支出”科目，贷记“资金结存——零余额账户用款额度、货币资金”等科目。

（4）为自制物品发生的间接费用，财务会计按照实际发生的金额，借记“加工物品——自制物品——间接费用”科目，贷记“零余额账户用款额度”“银行存款”“应付职工薪酬”“固定资产累计折旧”“无形资产累计摊销”等科目；预算会计按照实际支付的金额，借记“行政支出”科目，贷记“资金结存——零余额账户用款额度、货币资金”等科目。

间接费用一般按照生产人员工资、生产人员工时、机器工时、耗用材料的数量或成本、直接费用（直接材料和直接人工）或产品产量等进行分配。单位可根据具体情况自行选择间接费用的分配方法。分配方法一经确定，不得随意变更。

（5）已经制造完成并验收入库的物品，财务会计按照所发生的实际成本（包括耗用的直接材料费用、直接人工费用、其他直接费用和分配的间接费用），借记“库存物品”科目，贷记“加工物品——自制物品”科目。

【例4-44】某行政单位自行加工D材料，领用本单位A材料10 000元，发生人工费4 000元，以银行存款支付间接费用3 000元。假定当月投产当月完工，验收合格并入库。该行政单位的账务处理如下：

• 领用A材料时，

财务会计			预算会计
借：加工物品——自制物品——直接材料	10 000		—
贷：库存物品——A材料		10 000	

• 发生人工费时，

财务会计			预算会计
借：加工物品——自制物品——直接人工	4 000		—
贷：应付职工薪酬		4 000	

• 支付间接费用时，

财务会计			预算会计		
借：加工物品——自制物品——间接费用	3 000		借：行政支出	3 000	
贷：银行存款		3 000	贷：资金结存——货币资金		3 000

• 加工完成验收入库时，

财务会计			预算会计
借：库存物品——D材料	17 000		—
贷：加工物品——自制物品		17 000	

3.委托加工的存货

行政单位委托加工的存货，其成本包括委托加工前存货成本、委托加工的成本

（如委托加工费以及按规定应计入委托加工存货成本的相关税费等）以及使存货达到目前场所和状态所发生的归属于存货成本的其他支出。

下列各项应当在发生时确认为当期费用，不计入存货成本：非正常消耗的直接材料、直接人工和间接费用；仓储费用（不包括在加工过程中为达到下一个加工阶段所必需的费用）；不能归属于使存货达到目前场所和状态所发生的其他支出。

（1）发给外单位加工的材料等，财务会计按照其实际成本，借记“加工物品——委托加工物品”科目，贷记“库存物品”科目。

（2）支付加工费、运输费等费用，按照实际支付的金额，财务会计借记“加工物品——委托加工物品”科目，贷记“零余额账户用款额度”“银行存款”等科目（涉及增值税业务的，相关账务处理参见“应交增值税”科目）；预算会计借记“行政支出”科目，贷记“资金结存——零余额账户用款额度、货币资金”等科目。

（3）委托加工完成的材料等验收入库，财务会计按照加工前发出材料的成本和加工、运输成本等，借记“库存物品”等科目，贷记“加工物品——委托加工物品”科目。

【例4-45】某行政单位使用乙材料委托甲公司加工成C专用材料，领用的乙材料的实际成本为5 000元，通过单位零余额账户支付加工费2 320元（含税）和运输费1 100元（含税）。假定C专用材料当月委托加工当月完成并已验收入库。该行政单位的账务处理如下：

• 发给甲公司乙材料时，

财务会计	预算会计
借：加工物品——委托加工物品 5 000 　贷：库存物品——乙材料 5 000	—

• 支付加工费和运输费时，

财务会计	预算会计
借：加工物品——委托加工物品 3 420 　贷：零余额账户用款额度 3 420	借：行政支出 3 420 　贷：资金结存——零余额账户用款额度 3 420

• 加工完成验收入库时，

财务会计	预算会计
借：库存物品——C材料 8 420 　贷：加工物品——委托加工物品 8 420	—

4.接受捐赠的存货

行政单位接受捐赠的存货，其成本按照有关凭据注明的金额加上相关税费、运输费等确定；没有相关凭据可供取得，但按规定经过资产评估的，其成本按照评估价值加上相关税费、运输费等确定；没有相关凭据可供取得、也未经资产评估的，其成本比照同类或类似资产的市场价格加上相关税费、运输费等确定；没有相关凭据且未经资产评估、同类或类似资产的市场价格也无法可靠取得的，按照名义金额入账，相关税费、运输费等计入当期费用。

行政单位接受捐赠的库存物品验收入库，财务会计按照确定的成本，借记“库存物品”科目，按照发生的相关税费、运输费等，贷记“银行存款”等科目，按照其差额，贷记“捐赠收入”科目；接受捐赠的库存物品按照名义金额入账的，按照名义金额，借记“库存物品”科目，贷记“捐赠收入”科目；同时，按照发生的相关税费、运输费等，借记“其他费用”科目，贷记“银行存款”等科目。预算会计按照实际支付的相关税费、运输费，借记“其他支出”科目，贷记“资金结存——零余额账户用款额度、货币资金”等科目。

【例4-46】某行政单位接受一公司捐赠的M材料一批，取得的增值税专用发票上记载的金额50 000元，税额8 000元；另以现金支付运输费550元（含税）。该行政单位的账务处理如下：

财务会计		预算会计	
借：库存物品——M材料	58 550	借：其他支出	550
贷：库存现金	550	贷：资金结存——货币资金	550
捐赠收入	58 000		

如果上述接受捐赠的M材料按照名义金额入账，则：

财务会计		预算会计	
借：库存物品——M材料	1	借：其他支出	550
贷：捐赠收入	1	贷：资金结存——货币资金	550
借：其他费用	550		
贷：库存现金	550		

5.无偿调入的存货

行政单位无偿调入的存货，其成本按照调出方账面价值加上相关税费、运输费等确定。

行政单位无偿调入的库存物品验收入库，财务会计按照确定的成本，借记“库存物品”科目，按照发生的相关税费、运输费等，贷记“银行存款”等科目，按照其差额，贷记“无偿调拨净资产”科目。预算会计按照实际支付的相关税费、运输费，借记“其他支出”科目，贷记“资金结存——零余额账户用款额度、货币资金”等科目。

【例4-47】某行政单位从其他单位无偿调入M材料，调出单位的该材料账面价值50 000元，发生相关税费2 000元，以银行存款付讫。该行政单位的账务处理如下：

财务会计		预算会计	
借：库存物品——M材料	52 000	借：其他支出	2 000
贷：银行存款	2 000	贷：资金结存——货币资金	2 000
无偿调拨净资产	50 000		

6.置换换入的存货

行政单位通过置换取得的存货，其成本按照换出资产的评估价值，加上支付的补价或减去收到的补价，加上为换入存货发生的其他相关支出确定。

行政单位置换换入的库存物品验收入库，财务会计做如下账务处理：按照确定的成本，借记“库存物品”科目，按照换出资产的账面余额，贷记相关资产科目（换出资产为固定资产、无形资产的，还应当借记“固定资产累计折旧”“无形资产累计摊销”科目），按照置换过程中发生的其他相关支出，贷记“银行存款”等科目，按照借贷方差额，借记“资产处置费用”科目或贷记“其他收入”科目。涉及补价的，分别以下情况处理：

（1）支付补价的，按照确定的成本，借记“库存物品”科目，按照换出资产的账面余额，贷记相关资产科目（换出资产为固定资产、无形资产的，还应当借记“固定资产累计折旧”“无形资产累计摊销”科目），按照支付的补价和置换过程中发生的其他相关支出，贷记“银行存款”等科目，按照借贷方差额，借记“资产处置费用”科目或贷记“其他收入”科目。

（2）收到补价的，按照确定的成本，借记“库存物品”科目，按照收到的补价，借记“银行存款”等科目，按照换出资产的账面余额，贷记相关资产科目（换出资产为固定资产、无形资产的，还应当借记“固定资产累计折旧”“无形资产累计摊销”科目），按照置换过程中发生的其他相关支出，贷记“银行存款”等科目，按照补价扣减其他相关支出后的净收入，贷记“应缴财政款”科目，按照借贷方差额，借记“资产处置费用”科目或贷记“其他收入”科目。

预算会计按照实际支付的补价款和置换过程中发生的其他相关支出，借记“其他支出”科目，贷记“资金结存——零余额账户用款额度、货币资金”等科目。

【例4-48】某行政单位经批准以账面余额50 000元、评估价值40 000元的甲材料置换F单位的丙材料。另外，通过银行存款向F单位支付补价款5 000元，以现金支付运杂费800元。假设不考虑相关税费，该行政单位的账务处理如下：

财务会计			预算会计		
借：库存物品——丙材料	45 800		借：其他支出	5 800	
资产处置费用	10 000		贷：资金结存——货币资金		5 800
贷：库存物品——甲材料		50 000			
银行存款		5 000			
库存现金		800			

假定上述置换过程中甲材料的评估价值为60 000元，收到了F单位支付给本单位的补价款5 000元，其他条件不变，则账务处理如下，

财务会计			预算会计
借：库存物品——丙材料	55 800		—
银行存款	5 000		
贷：库存物品——甲材料		50 000	
库存现金		800	
应缴财政款		4 200	
其他收入		5 800	

（四）发出存货的核算

行政单位发出存货的方式主要包括领用、对外销售、对外捐赠、无偿调出、置换换出等。后四种方式属于存货处置。

1.发出存货的计价方法

行政单位发出存货按照实际成本核算。行政单位应当根据实际情况采用先进先出法、加权平均法或者个别计价法确定发出材料、产品等存货的实际成本。计价方法一经确定，不得随意变更。对于性质和用途相似的存货，应当采用相同的成本计价方法确定发出存货的成本。对于不能替代使用的存货、为特定项目专门购入或加工的存货，通常采用个别计价法确定发出存货的成本。

先进先出法，是假定先购入的存货先发出，并按照这一假定确定发出存货和期末存货实际成本的方法。采用这种方法，先购入的存货成本在后购入存货成本之前转出。

加权平均法，是以当月全部购进存货数量加上月初存货数量，去除当月全部购进存货成本加上月初存货成本，计算出存货的加权平均单位成本，以此为基础计算当月发出存货的成本和期末存货的成本的一种方法。

$$加权平均单位成本=\frac{月初结存存货实际成本+本月购进存货实际成本}{月初结存存货数量+本月购进存货数量}$$

本月发出存货实际成本=本月发出存货数量×加权平均单位成本

月末结存存货实际成本=月末结存存货数量×加权平均单位成本

个别计价法，是假设存货的成本流转与实物流转相一致，按照各种存货逐一辨认各批发出存货和期末存货所属的购进批别或生产批别，分别以其购入或生产时所确定的单位成本作为计算各批发出存货和期末存货成本的方法，即把每一种存货的实际成本作为计算发出存货成本和期末存货成本的基础。

行政单位对于已发出的存货，应当将其成本结转为当期费用或者计入相关资产成本。

行政单位应当采用一次转销法或者五五摊销法对低值易耗品、包装物进行摊销，将其成本计入当期费用或者相关资产成本。

2.发出存货的主要账务处理

（1）领用和摊销存货

行政单位开展业务活动等领用、按照规定自主出售发出或加工发出库存物品，财务会计按照领用、出售等发出物品的实际成本，借记“业务活动费用”科目，贷记“库存物品”科目。

采用一次转销法摊销低值易耗品、包装物的，在首次领用时将其账面余额一次性摊销计入有关成本费用，借记有关科目，贷记“库存物品”科目。

采用五五摊销法摊销低值易耗品、包装物的，首次领用时，将其账面余额的50%摊销计入有关成本费用，借记有关科目，贷记“库存物品”科目；使用完时，将剩余的账面余额转销计入有关成本费用，借记有关科目，贷记“库存物品”科目。

【例4-49】某行政单位履行职责领用甲材料，实际成本200 000元。该行政单位的账务处理如下：

财务会计			预算会计
借：业务活动费用	200 000		—
贷：库存物品——甲材料		200 000	

（2）对外出售存货

行政单位经批准对外出售的库存物品（不含可自主出售的库存物品）发出时，财务会计按照库存物品的账面余额，借记“资产处置费用”科目，贷记“库存物品”科目；同时，按照收到的价款，借记“银行存款”等科目，按照处置过程中发生的相关费用，贷记“银行存款”等科目，按照其差额，贷记“应缴财政款”科目。

【例4-50】某行政单位经上级批准将不需用的C材料出售，该材料的账面余额为10 000元，出售价款为5 150元，款项已存入银行。该行政单位的账务处理如下：

财务会计			预算会计
借：资产处置费用	10 000		
贷：库存物品——C材料		10 000	
借：银行存款	5 150		—
贷：应交增值税		150	
其他应交税费		18	
应缴财政款		4 982	

（3）对外捐赠存货

行政单位按规定报经批准对外捐赠的存货，应当将其账面余额予以转销，对外捐赠中发生的归属于捐出方的相关费用应当计入当期费用。

行政单位经批准对外捐赠的库存物品发出时，财务会计按照库存物品的账面余额和对外捐赠过程中发生的归属于捐出方的相关费用合计数，借记“资产处置费用”科目，按照库存物品账面余额，贷记“库存物品”科目，按照对外捐赠过程中发生的归属于捐出方的相关费用，贷记“银行存款”等科目。预算会计按照实际支付的归属于捐出方的相关费用，借记“其他支出”科目，贷记“资金结存——零余额账户用款额度、货币资金”等科目。

【例4-51】某行政单位经批准向地震灾区捐赠B材料一批，该材料账面余额为58 500元，承担并支付运输费2 200元，以银行存款付讫。假设不考虑相关税费，该行政单位的账务处理如下：

财务会计			预算会计		
借：资产处置费用	60 700		借：其他支出	2 200	
贷：库存物品——B材料		58 500	贷：资金结存——货币资金		2 200
银行存款		2 200			

（4）无偿调出存货

行政单位按规定报经批准无偿调出的存货，应当将其账面余额予以转销，无偿调出中发生的归属于调出方的相关费用应当计入当期费用。

行政单位经批准无偿调出的库存物品发出时，财务会计按照库存物品的账面余额，借记“无偿调拨净资产”科目，贷记“库存物品”科目；同时，按照无偿调出过程中发生的归属于调出方的相关费用，借记“资产处置费用”科目，贷记“银行存款”等科目。预算会计按照实际支付的归属于调出方的相关费用，借记“其他支出”科目，贷记“资金结存——零余额账户用款额度、货币资金”等科目。

【例4-52】某行政单位经批准将一批E材料无偿调给兄弟单位，该材料账面余额为58 500元，承担并支付运输费2 200元，以银行存款付讫。假设不考虑相关税费，该行政单位的账务处理如下：

财务会计		预算会计	
借：无偿调拨净资产	58 500	借：其他支出	2 200
资产处置费用	2 200	贷：资金结存——货币资金	2 200
贷：库存物品——E材料	58 500		
银行存款	2 200		

（5）置换换出存货的账务处理

行政单位经批准置换换出的库存物品，参照“库存物品”科目有关置换换入库存物品的规定进行账务处理。相关举例参见【例4-48】。

（五）存货盘点的核算

行政单位应当定期对存货进行清查盘点，每年至少盘点一次。对于发生的存货盘盈、盘亏或者报废、毁损，应当先记入“待处理财产损溢”科目，按照规定报经批准后及时进行后续账务处理。

1.盘盈的存货

行政单位盘盈的存货，其成本按照有关凭据注明的金额确定；没有相关凭据但按照规定经过资产评估的，其成本按照评估价值确定；没有相关凭据也未经过评估的，其成本按照重置成本确定。如无法采用上述方法确定盘盈的库存物品成本的，按照名义金额入账。

盘盈的存货，财务会按照确定的入账成本，借记“库存物品”科目，贷记“待处理财产损溢”科目；按照规定报经批准后处理时，借记“待处理财产损溢”科目，贷记“业务活动费用”。

2.盘亏或者毁损、报废的存货

存货盘亏造成的损失，按规定报经批准后应当计入当期费用。对于发生的存货毁损，应当将存货账面余额转销计入当期费用，并将毁损存货处置收入扣除相关处置税费后的差额按规定作应缴款项处理（差额为净收益时）或计入当期费用（差额为净损失时）。

盘亏或者毁损、报废的存货，财务会计按照待处理库存物品的账面余额，借记“待处理财产损溢”科目，贷记“库存物品”科目；属于增值税一般纳税人的行政单位，若因非正常原因导致库存物品盘亏或毁损，还应当将与该库存物品相关的增值税进项税额转出，按照其增值税进项税额，借记“待处理财产损溢”科目，贷记“应交增值税——应交税金——进项税额转出”科目；报经批准处理时，借记“资产处置费用”科目，贷记“待处理财产损溢——待处理财产价值”科目。

处理毁损、报废存货过程中取得的残值或残值变价收入、保险理赔和过失人赔偿等，财务会计借记“库存现金”“银行存款”“其他应收款”等科目，贷记“待处理财产损溢——处理净收入”科目；处理毁损、报废过程中发生的相关费用，借记“待处理财产损溢——处理净收入”科目，贷记“库存现金”“银行存款”等科目。处理收支结清，如果处理收入大于相关费用的，按照处理收入减去相关费用后的净收入，借记“待处理财产损溢——处理净收入”科目，贷记“应缴财政款”等科目；如果处理收入小于相关费用的，按照相关费用减去处理收入后的净支出，借记“资产处置费用”科目，贷记“待处理财产损溢——处理净收入”科目。预算会计对处理的净支出，借记“其他支出“科目，贷记“资金结存——货币资金”科目。

【例4-53】某行政单位年终盘点存货，发现甲材料溢余尚未入账，有关凭据注明的金额为20 000元；乙材料短缺，账面余额2 000元。该行政单位的账务处理如下：

• 转入待处理资产时，

财务会计			预算会计
借：库存物品——甲材料	20 000		—
贷：待处理财产损溢		20 000	
借：待处理财产损溢	2 000		
贷：库存物品——乙材料		2 000	

• 上述盘盈的甲材料和盘亏的乙材料报经批准予以处理时，

财务会计			预算会计
借：待处理财产损溢	20 000		—
贷：业务活动费用		20 000	
借：资产处置费用	2 000		
贷：待处理财产损溢		2 000	

【例4-54】某行政单位在年终清理中盘点存货，发现丙材料质量已经不能满足履职需要予以报废。丙材料的账面余额为50 000元，取得变价收入2 000元，已存入银行。另以现金支付清理费用500元。假设不考虑相关税费，该行政单位的账务处理如下：

• 转入待处理财产损溢时，

财务会计			预算会计
借：待处理财产损溢	50 000		—
贷：库存物品——丙材料		50 000	

• 报经批准处理时，

财务会计			预算会计
借：待处理财产损溢	50 000		—
贷：库存物品		50 000	

● 取得变价收入时，

财务会计			预算会计
借：银行存款	2 000		—
贷：待处理财产损溢		2 000	

● 支付清理费用时，

财务会计			预算会计
借：待处理财产损溢	500		—
贷：库存现金		500	

● 处理处置净收入时，

财务会计			预算会计
借：待处理财产损溢	1 500		—
贷：应缴财政款		1 500	

存货的主要账务处理汇总归纳如表4-10所示。

表4-10　**存货的主要账务处理**

<table>
<tr><th colspan="2" rowspan="2">会计事项</th><th>财务会计</th><th>预算会计</th></tr>
<tr><th>在途物品</th><th></th></tr>
<tr><td colspan="2">购入材料等物资，结算凭证收到货未到，款已付或已开出商业汇票</td><td>借：在途物品
贷：财政拨款收入/零余额账户用款额度/银行存款/应付票据等</td><td>借：行政支出
贷：财政拨款预算收入/资金结存</td></tr>
<tr><td colspan="2">所购材料等物资到达验收入库</td><td>借：库存物品
贷：在途物品</td><td>—</td></tr>
<tr><td colspan="2"></td><td>加工物品</td><td></td></tr>
<tr><td rowspan="4">自制物品</td><td>为自制物品领用材料时</td><td>借：加工物品——自制物品（直接材料）
贷：库存物品（相关明细科目）</td><td>—</td></tr>
<tr><td>专门从事物资制造的人员发生的直接人工费用</td><td>借：加工物品——自制物品（直接人工）
贷：应付职工薪酬</td><td>—</td></tr>
<tr><td>自制物品发生其他直接费用和间接费用</td><td>借：加工物品——自制物品（其他直接费用、间接费用）
贷：财政拨款收入/零余额账户用款额度/银行存款等</td><td>借：行政支出［实际支付金额］
贷：财政拨款预算收入/资金结存</td></tr>
<tr><td>自制加工完成、验收入库</td><td>借：库存物品（相关明细科目）
贷：加工物品——自制物品（直接材料、直接人工、其他直接费用、间接费用）</td><td>—</td></tr>
</table>

续表

会计事项		财务会计	预算会计
		在途物品	
委托加工物品	发给外单位加工的材料	借：加工物品——委托加工物品 贷：库存物品（相关明细科目）	—
委托加工物品	支付加工费用	借：加工物品——委托加工物品 贷：财政拨款收入/零余额账户用款额度/银行存款等	借：行政支出 贷：财政拨款预算收入/资金结存
委托加工物品	委托加工完成的物品验收入库	借：库存物品（相关明细科目） 贷：加工物品——委托加工物品	—
		库存物品	
取得库存物品	外购的库存物品验收入库	借：库存物品 贷：财政拨款收入/财政应返还额度/零余额账户用款额度/银行存款/应付账款等	借：行政支出 贷：财政拨款预算收入/资金结存
取得库存物品	自制的库存物品加工完成、验收入库	借：库存物品——相关明细科目 贷：加工物品——自制物品	—
取得库存物品	委托外单位加工收回的库存物品	借：库存物品——相关明细科目 贷：加工物品——委托加工物品	—
取得库存物品	置换换入的库存物品	借：库存物品［换出资产评估价值+其他相关支出］ 固定资产累计折旧/无形资产累计摊销 资产处置费用［借差］ 贷：库存物品/固定资产/无形资产等［账面余额］ 银行存款等［其他相关支出］ 其他收入［贷差］	借：其他支出［实际支付的其他相关支出］ 贷：资金结存
取得库存物品	涉及补价的： ①支付补价的	借：库存物品［换出资产评估价值+其他相关支出+补价］ 固定资产累计折旧/无形资产累计摊销 资产处置费用［借差］ 贷：库存物品/固定资产/无形资产等［账面余额］ 银行存款等［其他相关支出+补价］ 其他收入［贷差］	借：其他支出［实际支付补价和其他相关支出］ 贷：资金结存

续表

会计事项		财务会计	预算会计
		库存物品	
取得库存物品	②收到补价的	借：库存物品［换出资产评估价值+其他相关支出-补价］ 银行存款等［补价］ 固定资产累计折旧/无形资产累计摊销 资产处置费用［借差］ 贷：库存物品/固定资产/无形资产等［账面余额］ 银行存款等［其他相关支出］ 应缴财政款［补价-其他相关支出］ 其他收入［贷差］	借：其他支出［其他相关支出大于收到的补价差额］ 贷：资金结存
	接受捐赠的库存物品	借：库存物品［按照确定的成本］ 贷：银行存款等［相关税费］捐赠收入	借：其他支出［实际支付的相关税费］ 贷：资金结存
	无偿调入的库存物品	借：库存物品［按照确定的成本］ 贷：银行存款等［相关税费］无偿调拨净资产	借：其他支出［实际支付的相关税费］ 贷：资金结存
	按照名义金额入账的接收捐赠、无偿调入的库存物品及发生的相关税费、运输费等	借：库存物品［名义金额］ 贷：捐赠收入［接受捐赠］/无偿调拨净资产［无偿调入］ 借：其他费用 贷：银行存款等	— 借：其他支出 贷：资金结存
发出库存物品	领用、发出库存物品时	借：业务活动费用 贷：库存物品［按照领用、发出成本］	—
	经批准对外捐赠的库存物品发出时	借：资产处置费用 贷：库存物品［账面余额］ 银行存款［归属于捐出方的相关费用］	借：其他支出［实际支付的相关费用］ 贷：资金结存
	经批准无偿调出的库存物品发出时	借：无偿调拨净资产 贷：库存物品［账面余额］ 借：资产处置费用 贷：银行存款等［归属于调出方的相关费用］	借：其他支出［实际支付的相关费用］ 贷：资金结存
	经批准对外出售［自主出售除外］的库存物品发出时	借：资产处置费用 贷：库存物品［账面余额］ 借：银行存款等［收到的价款］ 贷：银行存款等［发生的相关税费］ 应缴财政款	—
	经批准置换换出库存物品	参照置换换入“库存物品”的处理	

续表

会计事项			财务会计	预算会计
			库存物品	
库存物品定期盘点及毁损、报废	盘盈	转入待处理财产时	借：库存物品 贷：待处理财产损溢	—
		报经批准后处理时	借：待处理财产损溢 贷：业务活动费用	
	盘亏或者毁损、报废	转入待处理资产	借：待处理财产损溢 贷：库存物品［账面余额］	—
		增值税一般纳税人购进的非自用材料	借：待处理财产损溢 贷：应交增值税——应交税金（进项税额转出）	
		报经批准后处理时	借：资产处置费用 贷：待处理财产损溢	
		处理毁损、报废实物资产过程中取得的残值或残值变价收入、保险理赔或过失人赔偿等	借：库存现金/银行存款/库存物品/其他应收款等 贷：待处理财产损溢	—
		处理毁损、报废实物资产过程中发生的相关费用	借：待处理财产损溢 贷：库存现金/银行存款等	—
		处理收支结清，处理收入大于相关费用的	借：待处理财产损溢 贷：应缴财政款	—
		处理收支结清，处理收入小于相关费用的	借：资产处置费用 贷：待处理财产损溢	借：其他支出 贷：资金结存［支付的处理净支出］

七、待摊费用

（一）待摊费用的确认和计量

待摊费用是指行政单位已经支付，但应当由本期和以后各期分别负担的分摊期在

1年以内（含1年）的各项费用，如预付航空保险费、预付租金等。

待摊费用应当在其受益期限内分期平均摊销，如预付航空保险费应在保险期的有效期内、预付租金应在租赁期内分期平均摊销，计入当期费用。

（二）待摊费用核算的会计科目设置

财务会计系统下，行政单位应设置“待摊费用”科目核算已经支付，但应当由本期和以后各期分别负担的分摊期在1年以内（含1年）的各项费用。本科目应当按照待摊费用的种类进行明细核算。本科目期末借方余额，反映行政单位各种已支付但尚未摊销的分摊期在1年以内（含1年）的费用。摊销期限在1年以上的租入固定资产改良支出和其他费用，应当通过“长期待摊费用”科目核算，不通过本科目核算。

预算会计系统下，与“待摊费用”科目对应的是“行政支出”科目。

（三）待摊费用的主要账务处理

（1）发生待摊费用

行政单位发生待摊费用时，按照实际预付的金额，财务会计借记“待摊费用”科目，贷记“财政拨款收入”“零余额账户用款额度”“银行存款”等科目；预算会计借记“行政支出”科目，贷记“财政拨款预算收入”“资金结存——零余额账户用款额度、货币资金”等科目。

（2）待摊费用摊销

行政单位按照受益期限分期平均摊销时，按照摊销金额，财务会计借记“业务活动费用”科目，贷记“待摊费用”科目。如果某项待摊费用已经不能使行政单位受益，应当将其摊余金额一次全部转入当期费用。按照摊销金额，借记“业务活动费用”科目，贷记“待摊费用”科目。

【例4-55】某行政单位因履职需租借某单位的一台技术设备，租期半年，租金采用在设备租入时一次性支付方式，共计6 000元。该行政单位的账务处理如下：

● 支付租金6 000元时，

财务会计			预算会计		
借：待摊费用	6 000		借：行政支出	6 000	
贷：银行存款		6 000	贷：资金结存——货币资金		6 000

● 确认6个月内每月分摊1 000元时，

财务会计			预算会计
借：业务活动费用	1 000		—
贷：待摊费用		1 000	

待摊费用的主要账务处理汇总归纳如表4-11所示。

表4-11　　**待摊费用的主要账务处理**

会计事项	财务会计	预算会计
	待摊费用	
发生待摊费用时	借：待摊费用 　贷：财政拨款收入/零余额账户用款额度/银行存款等	借：行政支出 　贷：财政拨款预算收入/资金结存
按照受益期限分期平均摊销时	借：业务活动费用 　贷：待摊费用［每期摊销金额］	—
将摊余金额一次全部转入当期费用时	借：业务活动费用 　贷：待摊费用［全部未摊销金额］	—

第三节　非流动资产

非流动资产是指流动资产以外的资产。行政单位的非流动资产包括固定资产、在建工程、无形资产、公共基础设施、政府储备资产、文物文化资产、保障性住房等。

一、固定资产

（一）固定资产的概念和分类

1.固定资产的概念

固定资产是指行政单位为满足自身开展业务活动或其他活动的需要而控制的，使用年限超过1年（不含1年）、单位价值在规定标准以上，并在使用过程中基本保持原有物质形态的资产。

按《行政单位财务规则》（财政部令第71号）规定，行政单位固定资产的单位价值标准为：一般设备在1 000元以上、专用设备在1 500元以上。单位价值虽未达到规定标准，但是使用年限超过1年（不含1年）的大批同类物资，如图书、家具、用具、装具等，应当确认为固定资产。

2.固定资产的分类

行政单位的固定资产可分为以下六类：

（1）房屋及建筑物。指行政单位占有和使用的房屋、建筑物及其附属设施。其中，房屋包括办公用房、生产经营用房、仓库、职工生产用房、食堂用房、锅炉房等；建筑物包括道路、围墙、水塔、雕塑等；附属设施包括房屋、建筑物内的电梯、通信线路、输电线路、水气管道等。

（2）专用设备。指行政单位根据业务活动的实际需要购置的各种具有专门性能和专门用途的设备。

（3）通用设备。指行政单位用于业务活动的办公和事务用的通用性设备、交通工具、通信工具等。

（4）文物和陈列品。指行政单位占有和使用的古玩、字画、纪念品、装饰品、展品、藏品等。

（5）图书、档案。指行政单位的图书馆（室）、阅览室的图书、资料以及档案馆（室）的档案等。

（6）家具、用具、装具及动植物。

（二）固定资产的确认

1.固定资产的确认条件

固定资产同时满足下列条件的，应当予以确认：

（1）与该固定资产相关的服务潜力很可能实现或者经济利益很可能流入行政单位。

（2）该固定资产的成本或者价值能够可靠地计量。

通常情况下，购入、换入、接受捐赠、无偿调入不需安装的固定资产，在固定资产验收合格时确认；购入、换入、接受捐赠、无偿调入需要安装的固定资产，在固定资产安装完成交付使用时确认；自行建造、改建、扩建的固定资产，在建造完成交付使用时确认。

2.固定资产确认应当考虑的特殊情况

（1）固定资产的各组成部分具有不同使用年限或者以不同方式为行政单位实现服务潜力或提供经济利益，适用不同折旧率或折旧方法且可以分别确定各自原价的，应当分别将各组成部分确认为单项固定资产。

（2）应用软件构成相关硬件不可缺少的组成部分的，应当将该软件的价值包括在所属的硬件价值中，一并确认为固定资产；不构成相关硬件不可缺少的组成部分的，应当将该软件确认为无形资产。

（3）购建房屋及构筑物时，不能分清购建成本中的房屋及构筑物部分与土地使用权部分的，应当全部确认为固定资产；能够分清购建成本中的房屋及构筑物部分与土地使用权部分的，应当将其中的房屋及构筑物部分确认为固定资产，其中的土地使用权部分确认为无形资产。

固定资产在使用过程中发生的后续支出，符合固定资产确认条件的，应当计入固定资产成本；不符合固定资产确认条件的，应当在发生时计入当期费用或者相关资产成本。将发生的固定资产后续支出计入固定资产成本的，应当同时从固定资产账面价值中扣除被替换部分的账面价值。

（三）固定资产的计量

固定资产在取得时应当按照成本进行初始计量。不同方式取得的固定资产的成本确定参见固定资产取得的核算。

固定资产的后续计量包括固定资产的折旧和处置，具体计量方法参见固定资产折旧和处置的核算。

（四）固定资产核算的会计科目设置

财务会计系统下，行政单位应设置“固定资产”科目核算各类固定资产的原值。本科目应当按照固定资产类别和项目进行明细核算。本科目期末借方余额，反映行政单位固定资产的原值。

“固定资产”科目的使用，应当考虑以下情况：

（1）购入需要安装的固定资产，应当先通过“在建工程”科目核算，安装完毕交付使用时再转入“固定资产”科目核算。

（2）以借入、经营租赁租入方式取得的固定资产，不通过“固定资产”科目核算，应当设置备查簿进行登记。

（3）采用融资租入方式取得的固定资产，通过“固定资产”科目核算，并在“固定资产”科目下设置“融资租入固定资产”明细科目。

（4）经批准在境外购买具有所有权的土地，作为固定资产，通过“固定资产”科目核算；行政单位应当在“固定资产”科目下设置“境外土地”明细科目，进行相应的明细核算。

预算会计系统下，与“固定资产”科目对应的是“行政支出”科目。

（五）固定资产的主要账务处理

1.固定资产的取得

行政单位固定资产取得的方式主要有：外购、自行建造、融资租赁、接受捐赠、无偿调入和置换取得等。

固定资产取得时涉及增值税业务的，相关账务处理参见“应交增值税”科目。

（1）外购的固定资产

行政单位外购的固定资产，其成本包括购买价款、相关税费以及固定资产交付使用前所发生的可归属于该项资产的运输费、装卸费、安装费和专业人员服务费等。以一笔款项购入多项没有单独标价的固定资产，应当按照各项固定资产同类或类似资产市场价格的比例对总成本进行分配，分别确定各项固定资产的成本。

购入不需安装的固定资产验收合格时，财务会计按照确定的固定资产成本，借记“固定资产”科目，贷记“财政拨款收入”“零余额账户用款额度”“应付账款”“银行存款”等科目；预算会计按照实际支付的金额借记“行政支出”科目，贷记“财政拨款预算收入”“资金结存——财政应返还额度、零余额账户用款额度、货币资金”等科目。

购入需要安装的固定资产，在安装完毕交付使用前通过“在建工程”科目核算，安装完毕交付使用时再转入“固定资产”科目。

购入固定资产扣留质量保证金的，应当在取得固定资产时，财务会计按照确定的固定资产成本，借记“固定资产”科目［不需安装］或“在建工程”科目［需要安装］，按照实际支付或应付的金额，贷记“财政拨款收入”、“零余额账户用款额度”、“应付账款”［不含质量保证金］、“银行存款”等科目，按照扣留的质量保证金数额，贷记“其他应付款”［扣留期在1年以内（含1年）］或“长期应付款”［扣留期超过1年］科目。质保期满支付质量保证金时，借记“其他应付款”“长期应付款”科目，贷记“财政拨款收入”“零余额账户用款额度”“银行存款”等科目。预算会计按照实际支付的金额借记“行政支出”科目，贷记“财政拨款预算收入”“资金结存——财政应返还额度、零余额账户用款额度、货币资金”等科目。

【例4-56】某行政单位购买办公用计算机一批，取得的增值税专用发票上记载金额为500 000元，税额为80 000元，支付运输费5 500元（含税），款项实行财政授权支付。计算机直接交付使用。该行政单位的账务处理如下：

财务会计			预算会计		
借：固定资产——通用设备	585 500		借：行政支出	585 500	
贷：零余额账户用款额度		585 500	贷：资金结存——零余额账户用款额度		585 500

行政单位购入需要安装的固定资产的核算举例参见【例4-71】。

【例4-57】某行政单位购入行政管理用汽车一辆，取得的增值税专用发票上记载金额为200 000元，税额为32 000元，款项以银行存款支付。汽车直接交付使用。该行政单位账务处理如下：

财务会计			预算会计		
借：固定资产——通用设备	232 000		借：行政支出	232 000	
贷：银行存款		232 000	贷：资金结存——货币资金		232 000

【例4-58】假设【例4-56】中购买计算机需要按照价款的10%扣留质量保证金50 000元，半年后无质量问题再返还质量保证金。该行政单位的账务处理如下：

财务会计			预算会计		
借：固定资产——通用设备	585 500		借：行政支出	535 500	
贷：零余额账户用款额度		535 500	贷：资金结存——零余额账户用款额度		535 500
其他应付款		50 000			

如果上述质保期满通过单位零余额账户支付质量保证金，账务处理如下，

财务会计			预算会计		
借：其他应付款	50 000		借：行政支出	50 000	
贷：零余额账户用款额度		50 000	贷：资金结存——零余额账户用款额度		50 000

（2）自行建造的固定资产

行政单位自行建造的固定资产，其成本包括该项资产至交付使用前所发生的全

部必要支出。在原有固定资产基础上进行改建、扩建、修缮后的固定资产，其成本按照原固定资产账面价值加上改建、扩建、修缮发生的支出，再扣除固定资产被替换部分的账面价值后的金额确定。已交付使用但尚未办理竣工决算手续的固定资产，应当按照估计价值入账，待办理竣工决算后再按实际成本调整原来的暂估价值。

行政单位自行建造的固定资产交付使用时，财务会计按照在建工程成本，借记“固定资产”科目，贷记“在建工程”科目。已交付使用但尚未办理竣工决算手续的固定资产，按照估计价值入账，待办理竣工决算后再按照实际成本调整原来的暂估价值。

【例4-59】某行政单位以出包方式自行建造的办公楼工程完工交付使用。该办公楼在自行建造过程中共发生实际支出5 000 000元。该行政单位的账务处理如下：

财务会计		预算会计
借：固定资产——房屋及建筑物5 000 000		—
贷：在建工程	5 000 000	

在原有固定资产基础上进行改建、扩建、修缮后的固定资产核算的相关举例参见【例4-70】。

（3）融资租赁的固定资产

行政单位融资租赁取得的固定资产，其成本按照租赁协议或者合同确定的租赁价款、相关税费以及固定资产交付使用前所发生的可归属于该项资产的运输费、途中保险费、安装调试费等确定。

行政单位融资租入的固定资产，财务会计按照确定的成本，借记“固定资产”科目［不需安装］或“在建工程”科目［需安装］，按照租赁协议或者合同确定的租赁付款额，贷记“长期应付款”科目，按照支付的运输费、途中保险费、安装调试费等金额，贷记“财政拨款收入”“零余额账户用款额度”“银行存款”等科目。预算会计按照实际支付的运输费、途中保险费、安装调试费等金额借记“行政支出”科目，贷记“财政拨款预算收入”“资金结存——零余额账户用款额度、货币资金”等科目。

定期支付租金时，按照实际支付金额，财务会计借记“长期应付款”科目，贷记“财政拨款收入”“零余额账户用款额度”“银行存款”等科目；预算会计借记“行政支出”科目，贷记“财政拨款预算收入”“资金结存——零余额账户用款额度、货币资金”等科目。

【例4-60】某行政单位以融资租赁方式从租赁公司租入不需要安装的设备一台。按照租赁协议确定的租赁价款为100 000元，租赁期4年，年利率10%，采用年平均分摊法计算每年年末支付的租金（包括设备价款、利息）。另外，支付手续费、运输费、途中保险费等10 000元。该行政单位的账务处理如下：

● 租入设备时，

财务会计		预算会计	
借：固定资产——专用设备	110 000	借：行政支出	10 000
贷：长期应付款	100 000	贷：资金结存——货币资金	10 000
银行存款	10 000		

● 第1年到第4年各年末租金的计算与支付如下：

4年利息总额=10×（1+10%）^{4}−10=10×1.464−10=4.64（万元）

每年支付租金=（10+4.64）÷4=3.66（万元）

每年支付的租金3.66万元中包括本金2.5万元，利息1.16万元。

财务会计		预算会计	
借：长期应付款	25 000	借：行政支出	36 600
业务活动费用	11 600	贷：资金结存——货币资金	36 600
贷：银行存款	36 600		

（4）跨年度分期付款购入的固定资产

按照规定跨年度分期付款购入固定资产的账务处理，参照融资租入固定资产进行核算。

（5）接受捐赠的固定资产

行政单位接受捐赠的固定资产，其成本按照有关凭据注明的金额加上相关税费、运输费等确定；没有相关凭据可供取得，但按规定经过资产评估的，其成本按照评估价值加上相关税费、运输费等确定；没有相关凭据可供取得、也未经资产评估的，其成本比照同类或类似资产的市场价格加上相关税费、运输费等确定；没有相关凭据且未经资产评估、同类或类似资产的市场价格也无法可靠取得的，按照名义金额入账，相关税费、运输费等计入当期费用。如受赠的系旧的固定资产，在确定其初始入账成本时应当考虑该项资产的新旧程度。

行政单位接受捐赠的固定资产，财务会计按照确定的固定资产成本，借记“固定资产”科目［不需安装］或“在建工程”科目［需安装］，按照发生的相关税费、运输费等，贷记“零余额账户用款额度”“银行存款”等科目，按照其差额，贷记“捐赠收入”科目。接受捐赠的固定资产按照名义金额入账的，财务会计按照名义金额，借记“固定资产”科目，贷记“捐赠收入”科目；按照发生的相关税费、运输费等，借记“其他费用”科目，贷记“零余额账户用款额度”“银行存款”等科目。预算会计按照实际支付的相关税费、运输费等金额借记“其他支出”科目，贷记“资金结存——零余额账户用款额度、货币资金”等科目。

【例4-61】某行政单位接受外单位捐赠专用设备一台，发票注明金额255 200元

（含税），发生与该设备有关的相关税费、运输费22 000元（含税），以银行存款付讫。设备直接交付使用。该行政单位的账务处理如下：

财务会计		预算会计	
借：固定资产——专用设备	277 200	借：其他支出	22 000
贷：银行存款	22 000	贷：资金结存——货币资金	22 000
捐赠收入	255 200		

上述接受捐赠的固定资产如果按照名义金额入账，账务处理如下，

财务会计		预算会计	
借：固定资产	1	借：其他支出	22 000
贷：捐赠收入	1	贷：资金结存——货币资金	22 000
借：其他费用	22 000		
贷：银行存款	22 000		

（6）无偿调入的固定资产

行政单位无偿调入的固定资产，其成本按照调出方账面价值加上相关税费、运输费等确定。

行政单位无偿调入的固定资产，财务会计按照确定的固定资产成本，借记“固定资产”科目［不需安装］或“在建工程”科目［需安装］，按照发生的相关税费、运输费等，贷记“零余额账户用款额度”“银行存款”等科目，按照其差额，贷记“无偿调拨净资产”科目。预算会计按照实际支付的相关税费、运输费等金额借记“其他支出”科目，贷记“资金结存——零余额账户用款额度、货币资金”等科目。

【例4-62】某行政单位经批准从上级单位无偿调入图书一批，该批图书调出方账面价值为160 000元，签发现金支票支付运输费550元（含税）。该行政单位的账务处理如下：

财务会计		预算会计	
借：固定资产——图书	160 550	借：其他支出	550
贷：银行存款	550	贷：资金结存——货币资金	550
无偿调拨净资产	160 000		

（7）置换取得的固定资产

行政单位通过置换取得的固定资产，其成本按照换出资产的评估价值加上支付的补价或减去收到的补价，加上换入固定资产发生的其他相关支出确定。

置换取得的固定资产，参照“库存物品”科目中置换取得库存物品的相关规定进行账务处理。

【例4-63】某行政单位以账面价值100 000元、已计提折旧100 000元的汽车置换甲单位的通信设备。汽车的评估价值为80 000元，以零余额账户用款额度支付补价款40 000元。通信设备直接交付使用。假设不考虑相关税费，该行政单位的账务处理如下：

财务会计			预算会计	
借：固定资产——通用设备——通信设备	120 000		借：其他支出	40 000
固定资产累计折旧	100 000		贷：资金结存——零余额账户用款额度	40 000
资产处置费用	20 000			
贷：零余额账户用款额度		40 000		
固定资产——通用设备——汽车		200 000		

2. 与固定资产有关的后续支出

（1）符合固定资产确认条件的后续支出

通常情况下，将固定资产转入改建、扩建时，财务会计按照固定资产的账面价值，借记“在建工程”科目，按照固定资产已计提折旧，借记“固定资产累计折旧”科目，按照固定资产的账面余额，贷记“固定资产”科目。

为增加固定资产使用效能或延长其使用年限而发生的改建、扩建等后续支出，财务会计借记“在建工程”科目，贷记“财政拨款收入”“零余额账户用款额度”“银行存款”等科目；固定资产改建、扩建等完成交付使用时，按照在建工程成本，借记“固定资产”科目，贷记“在建工程”科目。预算会计按照实际支付的后续支出金额，借记“行政支出”科目，贷记“财政拨款预算收入”“资金结存——零余额账户用款额度、货币资金”等科目。

（2）不符合固定资产确认条件的后续支出

为保证固定资产正常使用发生的日常维修等支出，财务会计借记“业务活动费用”等科目，贷记“财政拨款收入”“零余额账户用款额度”“银行存款”等科目；预算会计按照实际支付的日常维修金额，借记“行政支出”科目，贷记“财政拨款预算收入”“资金结存——零余额账户用款额度、货币资金”等科目。

3. 固定资产折旧

（1）固定资产折旧的含义

折旧，是指在固定资产的预计使用年限内，按照确定的方法对应计的折旧额进行系统分摊。固定资产应计的折旧额为其成本，计提固定资产折旧时不考虑预计净残值。行政单位应当对暂估入账的固定资产计提折旧，实际成本确定后不需调整原已计提的折旧额。

（2）固定资产折旧范围

行政单位应当对固定资产计提折旧，但文物和陈列品、动植物、图书、档案、单独计价入账的土地、以名义金额计量的固定资产除外。

（3）固定资产折旧方法

行政单位一般应当采用年限平均法或者工作量法计提固定资产折旧。在确定固定资产的折旧方法时，应当考虑与固定资产相关的服务潜力或经济利益的预期实现方式。固定资产折旧方法一经确定，不得随意变更。

①年限平均法。又称直线法，是指将固定资产的应计折旧金额均衡地分摊到其预计使用年限内的方法。采用这种方法计算的每期应计折旧额相等。其计算公式如下：

年折旧额=固定资产原值÷预计使用年限

月折旧额=固定资产年折旧额÷12

②工作量法。是根据实际工作量计算每期应计折旧额的一种方法。其计算公式为：

单位工作量折旧额=固定资产原值÷预计总工作量

某项固定资产月折旧额=该项固定资产当月工作量×单位工作量折旧额

行政单位应当根据《〈政府会计准则第3号——固定资产〉应用指南》等相关规定以及固定资产的性质和使用情况，合理确定固定资产的使用年限（参见表4-12）。固定资产的使用年限一经确定，不得随意变更。行政单位确定固定资产使用年限，应当考虑下列三个因素：一是预计实现服务潜力或提供经济利益的期限；二是预计有形损耗和无形损耗；三是法律或者类似规定对资产使用的限制。

表4-12　**行政单位固定资产折旧年限表**

固定资产类别	内容		折旧年限（年）	固定资产类别	内容	折旧年限（年）
房屋及构筑物	业务及管理用房	钢结构	不低于50	专用设备	农业和林业机械	10—15
		钢筋混凝土结构	不低于50		木材采集和加工设备	10—15
		砖混结构	不低于30		食品加工专用设备	10—15
		砖木结构	不低于30		饮料加工设备	10—15
	简易房		不低于8		烟草加工设备	10—15
	房屋附属设施		不低于8		粮油作物和饲料加工设备	10—15
	构筑物		不低于8		纺织设备	10—15

续表

固定资产类别	内 容	折旧年限（年）	固定资产类别	内 容	折旧年限（年）
通用设备	计算机设备	不低于6	专用设备	缝纫、服饰、制革和毛皮加工设备	10—15
	办公设备	不低于6		造纸和印刷机械	10—20
	车辆	不低于8		化学药品和中药专用设备	5—10
	图书档案设备	不低于5		医疗设备	5—10
	机械设备	不低于10		电工、电子专用生产设备	5—10
	电气设备	不低于5		安全生产设备	10—20
	雷达、无线电和卫星导航设备	不低于10		邮政专用设备	10—15
	通信设备	不低于5		环境污染防治设备	10—20
	广播、电视、电影设备	不低于5		公安专用设备	3—10
	仪器仪表	不低于5		水工机械	10—20
	电子和通信测量设备	不低于5		殡葬设备及用品	5—10
	计量标准器具及量具、衡器	不低于5		铁路运输设备	10—20
专用设备	探矿、采矿、选矿和造块设备	10—15		水上交通运输设备	10—20
	石油天然气开采专用设备	10—15		航空器及其配套	10—20
	石油和化学工业专用设备	10—15		专用仪器仪表	5—10
	炼焦和金属冶炼轧制设备	10—15		文艺设备	5—15
	电力工业专用设备	20—30		体育设备	5—15
	非金属矿物制品工业专用设备	10—20		娱乐设备	5—15
	核工业专用设备	20—30	家具用具及装具	家具	不低于15
	航空航天工业专用设备	20—30		用具、装具	不低于5
	工程机械	10—15			

固定资产因改建、扩建或修缮等原因而延长其使用年限的，应当按照重新确定的固定资产的成本以及重新确定的折旧年限计算折旧额。行政单位盘盈、无偿调入、接受捐赠以及置换的固定资产，应当考虑该项资产的新旧程度，按照其尚可使用的年限计提折旧。

（4）固定资产折旧计提时点

固定资产应当按月计提折旧，并根据用途计入当期费用或者相关资产成本。当月增加的固定资产，当月开始计提折旧；当月减少的固定资产，当月不再计提折旧。固定资产提足折旧后，无论能否继续使用，均不再计提折旧；提前报废的固定资产，也不再补提折旧。已提足折旧的固定资产，可以继续使用的，应当继续使用，规范实物管理。

行政单位计提融资租入固定资产折旧时，应当采用与自有固定资产相一致的折旧政策。能够合理确定租赁期届满时将会取得租入固定资产所有权的，应当在租入固定资产尚可使用年限内计提折旧；无法合理确定租赁期届满时能够取得租入固定资产所有权的，应当在租赁期与租入固定资产尚可使用年限两者中较短的期间内计提折旧。

（5）固定资产折旧的核算

财务会计系统下，行政单位应设置“固定资产累计折旧”科目核算固定资产的累计折旧。本科目应当按照所对应固定资产的明细分类进行明细核算。本科目期末贷方余额，反映单位计提的固定资产折旧累计数。

预算会计系统下，行政单位对固定资产折旧不进行会计核算。

行政单位按月计提固定资产折旧时，按照应计提折旧金额，借记“业务活动费用”“加工物品”“在建工程”科目，贷记“固定资产累计折旧”科目。

【例4-64】某行政单位采用年限平均法计提固定资产折旧，按月计提折旧额63 000元。假设无计入“加工物品”和“在建工程”科目的折旧，该行政单位账务处理如下：

财务会计			预算会计
借：业务活动费用	63 000		—
贷：固定资产累计折旧		63 000	

4.固定资产的处置

行政单位固定资产的处置方式主要包括出售或转让、对外捐赠、无偿调出、置换换出等。固定资产处置时涉及增值税业务的，相关账务处理参见“应交增值税”科目。

（1）出售、转让的固定资产

行政单位按规定报经批准出售、转让固定资产的，应当将固定资产账面价值转销计入当期费用，并将处置收入扣除相关处置税费后的差额按规定作应缴款项处理（差额为净收益时）或计入当期费用（差额为净损失时）。

行政单位报经批准出售、转让固定资产，财务会计按照被出售、转让固定资产的账面价值，借记“资产处置费用”科目，按照固定资产已计提的折旧，借记“固定资产累计折旧”科目，按照固定资产账面余额，贷记“固定资产”科目；同时，按照收到的价款，借记“银行存款”等科目，按照处置过程中发生的相关费用，贷记“银行存款”等科目，按照其差额，贷记“应缴财政款”科目。

【例4-65】某行政单位经上级批准将不需用的一台专用设备出售，其账面价值为40 000元，已计提折旧30 000元，取得设备出售价款51 500元，款项已存入银行。该行政单位账务处理如下：

财务会计			预算会计
借：资产处置费用	40 000		
固定资产累计折旧	30 000		
贷：固定资产——专用设备		70 000	
借：银行存款	51 500		—
贷：应交增值税		1 000	
其他应交税费		120	
应缴财政款		50 380	

（2）对外捐赠、无偿调出的固定资产

行政单位按规定报经批准对外捐赠、无偿调出固定资产的，应当将固定资产的账面价值予以转销，对外捐赠、无偿调出过程中发生的归属于捐出方、调出方的相关费用应当计入当期费用。

行政单位报经批准对外捐赠固定资产，财务会计按照固定资产已计提的折旧，借记“固定资产累计折旧”科目，按照被处置固定资产账面余额，贷记“固定资产”科目，按照捐赠过程中发生的归属于捐出方的相关费用，贷记“银行存款”等科目，按照其差额，借记“资产处置费用”科目。

行政单位报经批准无偿调出固定资产，财务会计按照固定资产已计提的折旧，借记“固定资产累计折旧”科目，按照被处置固定资产账面余额，贷记“固定资产”科目，按照其差额，借记“无偿调拨净资产”科目；同时，按照无偿调出过程中发生的归属于调出方的相关费用，借记“资产处置费用”科目，贷记“银行存款”等科目。预算会计按照归属于调出方的相关费用，借记“其他支出”科目，贷记“资金结存——零余额账户用款额度、货币资金”等科目。

【例4-66】某行政单位将不需用的一批计算机捐赠给希望工程，计算机账面余额为40 000元，已计提折旧10 000元，以现金支付运费1 100元。假设不考虑相关税费，该行政单位的账务处理如下：

财务会计			预算会计		
借：固定资产累计折旧	10 000		借：其他支出	1 100	
资产处置费用	31 100		贷：资金结存——货币资金		1 100
贷：固定资产——通用设备		40 000			
库存现金		1 100			

上述计算机如果是无偿调出给兄弟单位，账务处理如下，

财务会计			预算会计		
借：固定资产累计折旧	10 000		借：其他支出	1 100	
无偿调拨净资产	30 000		贷：资金结存——货币资金		1 100
资产处置费用	1 100				
贷：固定资产——通用设备		40 000			
库存现金		1 100			

（3）置换换出的固定资产

行政单位报经批准置换换出的固定资产，参照“库存物品”中置换换入库存物品的规定进行账务处理。举例参见【例4-63】。

5.固定资产的盘点

行政单位应当定期对固定资产进行清查盘点，每年至少盘点一次。对于发生的固定资产盘盈、盘亏或毁损、报废，应当先记入“待处理财产损溢”科目，按照规定报经批准后及时进行后续账务处理。

（1）盘盈的固定资产

盘盈的固定资产，其成本按照有关凭据注明的金额确定；没有相关凭据但按照规定经过资产评估的，其成本按照评估价值确定；没有相关凭据，也未经过评估的，其成本按照重置成本确定。如无法采用上述方法确定盘盈固定资产成本的，按照名义金额（人民币1元）入账。

盘盈的固定资产，财务会计的账务处理如下：转入待处理财产时，按照确定的入账成本，借记“固定资产”科目，贷记“待处理财产损溢”科目。按照规定报经批准后处理时，如属于本年度取得的，按照当年新取得固定资产进行账务处理；如属于以前年度取得的，按照前期差错处理，借记“待处理财产损溢”科目，贷记“以前年度盈余调整”科目。属于本年度取得的，预算会计按照当年新取得的相关资产进行账务处理。

（2）盘亏、毁损或报废的固定资产

行政单位固定资产盘亏造成的损失，按规定报经批准后应当计入当期费用。按规定报经批准固定资产报废、毁损的，应当将固定资产账面价值转销计入当期费用，并将处置收入扣除相关处置税费后的差额按规定做应缴款项处理（差额为净收益时）或

计入当期费用（差额为净损失时）。

盘亏、毁损或报废的固定资产，财务会计的账务处理如下：按照待处理固定资产的账面价值，借记“待处理财产损溢——待处理财产价值”科目，按照已计提折旧，借记“固定资产累计折旧”科目，按照固定资产的账面余额，贷记“固定资产”科目；报经批准处理时，借记“资产处置费用”科目，贷记“待处理财产损溢——待处理财产价值”科目。处理毁损、报废过程中取得的残值或残值变价收入、保险理赔和过失人赔偿等，借记“库存现金”“银行存款”“其他应收款”等科目，贷记“待处理财产损溢——处理净收入”科目；处理毁损、报废过程中发生的相关费用，借记“待处理财产损溢——处理净收入”科目，贷记“库存现金”“银行存款”等科目。处理收支结清，如果处理收入大于相关费用的，按照处理收入减去相关费用后的净收入，借记“待处理财产损溢——处理净收入”科目，贷记“应缴财政款”等科目；如果处理收入小于相关费用的，按照相关费用减去处理收入后的净支出，借记“资产处置费用”科目，贷记“待处理财产损溢——处理净收入”科目。对于支付的处理净支出，预算会计借记“其他支出”科目，贷记“资金结存——货币资金”科目。

【例4-67】某行政单位在年终固定资产清查过程中，发现去年取得的一台电脑没有入账，增值税专用发票上记载金额为12 000元、税额为1 920元；今年取得的10本图书没有入账，增值税专用发票上记载金额为2 000元、税额为320元，款项以银行存款支付。该行政单位的账务处理如下：

- 转入待处理财产损溢时，

财务会计	预算会计
借：固定资产——通用设备　13 920 　　　　　——图书　2 320 　贷：待处理财产损溢——待处理财产价值 　　　　16 240	—

- 报经批准予以处理时，

财务会计	预算会计
借：待处理财产损溢——待处理财产价值 　　　　16 240 　贷：以前年度盈余调整　13 920 　　　银行存款　2 320	借：行政支出　2 320 　贷：资金结存——货币资金　2 320

【例4-68】某行政单位在年终固定资产清查过程中报废一批办公用计算机，其账面余额为500 000元，已计提折旧400 000元，取得残值变价收入2 060元，已存入银行；以现金支付清理费用500元。该行政单位的账务处理如下：

• 转入待处理财产损溢时，

财务会计			预算会计
借：待处理财产损溢——待处理财产价值	100 000		—
固定资产累计折旧	400 000		
贷：固定资产——通用设备		500 000	

• 报经批准后处理时，

财务会计			预算会计
借：资产处置费用	100 000		—
贷：待处理财产损溢——待处理财产价值		100 000	

• 取得残值变价收入时，

财务会计			预算会计
借：银行存款	2 060		—
贷：待处理财产损溢——处理净收入		2 060	

• 计提相关税费时，

财务会计			预算会计
借：待处理财产损溢——处理净收入	44.80		—
贷：应交增值税		40	
其他应交税费		4.80	

• 支付清理费用时，

财务会计			预算会计
借：待处理财产损溢——处理净收入	500		—
贷：库存现金		500	

• 处理处置净收入时，

财务会计			预算会计
借：待处理财产损溢——处理净收入	1 515.20		—
贷：应缴财政款		1 515.20	

固定资产及其折旧的主要账务处理汇总归纳如表4-13。

表4-13　　**固定资产及其折旧的主要账务处理**

<table>
<tr><td colspan="4" rowspan="2">会计事项</td><td>财务会计</td><td>预算会计</td></tr>
<tr><td>固定资产</td><td></td></tr>
<tr><td rowspan="9">固定资产取得</td><td rowspan="5">外购</td><td colspan="2">购入不需安装的</td><td>借：固定资产
贷：财政拨款收入/零余额账户用款额度/应付账款/银行存款等</td><td>借：行政支出
贷：财政拨款预算收入/资金结存</td></tr>
<tr><td rowspan="2">购入需要安装的</td><td>购入时</td><td>借：在建工程
贷：财政拨款收入/零余额账户用款额度/应付账款/银行存款等</td><td>借：行政支出
贷：财政拨款预算收入/资金结存</td></tr>
<tr><td>安装完工交付使用时</td><td>借：固定资产
贷：在建工程</td><td>—</td></tr>
<tr><td rowspan="2">购入扣留质量保证金的</td><td>购入时</td><td>借：固定资产［不需安装］/在建工程［需要安装］
贷：财政拨款收入/零余额账户用款额度/应付账款/银行存款等
其他应付款［扣留期在1年以内（含1年）］/长期应付款［扣留期超过1年］</td><td>借：行政支出［购买固定资产实际支付的金额］
贷：财政拨款预算收入/资金结存</td></tr>
<tr><td>质保期满支付质量保证金时</td><td>借：其他应付款/长期应付款
贷：财政拨款收入/零余额账户用款额度/银行存款等</td><td>借：行政支出
贷：财政拨款预算收入/资金结存</td></tr>
<tr><td colspan="2">自行建造</td><td>工程完工交付使用时</td><td>借：固定资产
贷：在建工程</td><td>—</td></tr>
<tr><td colspan="2" rowspan="2">融资租入（或跨年度分期付款购入）</td><td>租入时</td><td>借：固定资产［不需安装］/在建工程［需安装］
贷：长期应付款［协议或合同确定的租赁价款］
财政拨款收入/零余额账户用款额度/银行存款等［实际支付的相关税费、运输费等］</td><td>借：行政支出［实际支付的相关税费、运输费等］
贷：财政拨款预算收入/资金结存</td></tr>
<tr><td>定期支付租金（或分期付款）</td><td>借：长期应付款
贷：财政拨款收入/零余额账户用款额度/银行存款等</td><td>借：行政支出
贷：财政拨款预算收入/资金结存</td></tr>
<tr><td colspan="2">接受捐赠</td><td>接受捐赠时</td><td>借：固定资产［不需安装］/在建工程［需安装］
贷：银行存款/零余额账户用款额度等［发生的相关税费、运输费等］
捐赠收入［差额］</td><td>借：其他支出［支付的相关税费、运输费等］
贷：资金结存</td></tr>
</table>

续表

会计事项			财务会计	预算会计
			固定资产	
固定资产取得	接受捐赠	接受捐赠的固定资产按照名义金额入账的	借：固定资产［名义金额］ 贷：捐赠收入 借：其他费用 贷：银行存款/零余额账户用款额度等［发生的相关税费、运输费等］	借：其他支出［支付的相关税费、运输费等］ 贷：资金结存
	无偿调入的固定资产		借：固定资产［不需安装］/在建工程［需安装］ 贷：银行存款/零余额账户用款额度等［发生的相关税费、运输费等］ 无偿调拨净资产［差额］	借：其他支出［支付的相关税费、运输费等］ 贷：资金结存
	置换取得的固定资产		参照“库存物品”科目中置换取得库存物品的账务处理	
与固定资产有关的后续支出	符合固定资产确认条件的		借：在建工程［固定资产账面价值］ 固定资产累计折旧 贷：固定资产［账面余额］	—
			借：在建工程 贷：财政拨款收入/零余额账户用款额度/应付账款/银行存款等	借：行政支出 贷：财政拨款预算收入/资金结存
	不符合固定资产确认条件的		借：业务活动费用 贷：财政拨款收入/零余额账户用款额度/银行存款等	借：行政支出 贷：财政拨款预算收入/资金结存
固定资产处置	出售、转让固定资产		借：资产处置费用 固定资产累计折旧 贷：固定资产［账面余额］	—
			借：银行存款［处置固定资产收到的价款］ 贷：应缴财政款 银行存款等［发生的相关费用］	—
	对外捐赠固定资产		借：资产处置费用 固定资产累计折旧 贷：固定资产［账面余额］ 银行存款等［归属于捐出方的相关费用］	按照对外捐赠过程中发生的归属于捐出方的相关费用 借：其他支出 贷：资金结存

续表

<table>
<tr><td colspan="4" rowspan="2">会计事项</td><td>财务会计</td><td>预算会计</td></tr>
<tr><td>固定资产</td><td></td></tr>
<tr><td rowspan="3">固定资产处置</td><td colspan="3" rowspan="2">无偿调出固定资产</td><td>借：无偿调拨净资产
　固定资产累计折旧
贷：固定资产［账面余额］</td><td>—</td></tr>
<tr><td>借：资产处置费用
贷：银行存款等［归属于调出方的相关费用］</td><td>借：其他支出
贷：资金结存</td></tr>
<tr><td colspan="3">置换换出固定资产</td><td colspan="2">参照“库存物品”科目中置换取得库存物品的规定进行账务处理</td></tr>
<tr><td rowspan="9">固定资产盘点清查</td><td rowspan="3">盘盈的固定资产</td><td colspan="2">转入待处理财产时</td><td>借：固定资产
贷：待处理财产损溢</td><td>—</td></tr>
<tr><td rowspan="2">报经批准后处理时</td><td>本年取得的</td><td colspan="2">按照当年取得的固定资产进行账务处理</td></tr>
<tr><td>以前年度取得的</td><td>借：待处理财产损溢
贷：以前年度盈余调整</td><td>—</td></tr>
<tr><td rowspan="6">盘亏、毁损或报</td><td colspan="2">转入待处理财产时</td><td>借：待处理财产损溢［账面价值］
　固定资产累计折旧
贷：固定资产［账面余额］</td><td>—</td></tr>
<tr><td colspan="2">报经批准处理时</td><td>借：资产处置费用
贷：待处理财产损溢——待处理财产价值</td><td>—</td></tr>
<tr><td colspan="2">处理毁损、报废过程中取得的残值或残值变价收入、保险理赔或过失人赔偿等</td><td>借：库存现金/银行存款/其他应收款等
贷：待处理财产损溢——处理净收入</td><td>—</td></tr>
<tr><td colspan="2">处理毁损、报废过程中发生的相关费用</td><td>借：待处理财产损溢——处理净收入
贷：库存现金/银行存款等</td><td>—</td></tr>
<tr><td colspan="2">处理收支结清，处理收入大于相关费用的</td><td>借：待处理财产损溢——处理净收入
贷：应缴财政款</td><td>—</td></tr>
<tr><td colspan="2">处理收支结清，处理收入小于相关费用的</td><td>借：资产处置费用
贷：待处理财产损溢——处理净收入</td><td>借：其他支出
贷：资金结存［支付的处理净支出］</td></tr>
<tr><td colspan="4">按月计提固定资产折旧时</td><td>借：业务活动费用
贷：固定资产累计折旧</td><td>—</td></tr>
</table>

二、工程物资

（一）工程物资的确认和计量

工程物资是指行政单位为在建工程准备的各种物资，包括工程用材料、设备等。工程物资在发生时确认，按照确定的成本计量。

（二）工程物资核算的会计科目设置

财务会计系统下，行政单位应设置“工程物资”科目核算为在建工程准备的各种物资的成本。本科目可按照“库存材料”“库存设备”等工程物资类别进行明细核算。本科目期末借方余额，反映单位为在建工程准备的各种物资的成本。

预算会计系统下，与“工程物资”科目对应的是 “行政支出”科目。

（三）工程物资的主要账务处理

1. 购入为工程准备的物资，财务会计按照确定的物资成本，借记“工程物资”科目，贷记“财政拨款收入”“零余额账户用款额度”“银行存款”“应付账款”等科目；预算会计按照实际支付的金额借记“行政支出”等科目，贷记“财政拨款预算收入”“资金结存——零余额账户用款额度、货币资金”等科目。

2. 领用工程物资，财务会计按照物资成本，借记“在建工程”科目，贷记“工程物资”科目。工程完工后将领出的剩余物资退库时做相反的会计分录。

3. 工程完工后将剩余的工程物资转作本单位存货等的，财务会计按照物资成本，借记“库存物品”等科目，贷记“工程物资”科目。

工程物资涉及增值税业务的，相关账务处理参见“应交增值税”科目。

工程物资账务处理的相关举例参见【例4-69】。

工程物资的主要账务处理汇总归纳如表4-14。

表4-14　**工程物资的主要账务处理**

会计事项		财务会计	预算会计
		工程物资	
取得工程物资	购入工程物资	借：工程物资 　贷：财政拨款收入/零余额账户用款额度/银行存款/应付账款/其他应付款等	借：行政支出［实际支付款项］ 　贷：财政拨款预算收入/资金结存
领用工程物资	发出工程物资	借：在建工程 　贷：工程物资	—
剩余工程物资	剩余工程物资转为存货	借：库存物品 　贷：工程物资	—

三、在建工程

（一）在建工程的确认和计量

在建工程是指行政单位已经发生必要支出，但尚未达到交付使用状态的在建的建设项目工程，包括各种建筑（包括新建、改建、扩建、修缮等）、设备安装工程等。在建工程完工以后，转为固定资产、无形资产、公共基础设施、保障性住房等。在建工程在发生时确认，按照确定的成本计量。

（二）在建工程核算的会计科目设置

财务会计系统下，行政单位应设置“在建工程”科目核算在建的建设项目工程的实际成本。本科目期末借方余额，反映行政单位尚未完工的建设项目工程发生的实际成本。行政单位在建的信息系统项目工程、公共基础设施项目工程、保障性住房项目工程的实际成本，也通过本科目核算。

本科目应当设置“建筑安装工程投资”“设备投资”“待摊投资”“其他投资”“待核销基建支出”“基建转出投资”等明细科目，并按照具体项目进行明细核算。

1.“建筑安装工程投资”明细科目，核算行政单位发生的构成建设项目实际支出的建筑工程和安装工程的实际成本，不包括被安装设备本身的价值以及按照合同规定支付给施工单位的预付备料款和预付工程款。本明细科目应当设置“建筑工程”和“安装工程”两个明细科目进行明细核算。

2.“设备投资”明细科目，核算行政单位发生的构成建设项目实际支出的各种设备的实际成本。

3.“待摊投资”明细科目，核算行政单位发生的构成建设项目实际支出的、按照规定应当分摊计入有关工程成本和设备成本的各项间接费用和税费支出。本明细科目应当按照上述费用项目进行明细核算，其中有些费用（如项目建设管理费等），还应当按照更为具体的费用项目进行明细核算。

本明细科目的具体核算内容包括以下方面：

（1）勘察费、设计费、研究试验费、可行性研究费及项目其他前期费用。

（2）土地征用及迁移补偿费、土地复垦及补偿费、森林植被恢复费及其他为取得土地使用权、租用权而发生的费用。

（3）土地使用税、耕地占用税、契税、车船税、印花税及按照规定缴纳的其他税费。

（4）项目建设管理费、代建管理费、临时设施费、监理费、招投标费、社会中介审计（审查）费及其他管理性质的费用。项目建设管理费是指项目建设单位从项目筹建之日起至办理竣工财务决算之日止发生的管理性质的支出，包括不在原单位发工资的工作人员工资及相关费用、办公费、办公场地租用费、差旅交通费、劳动保护费、工具用具使用费、固定资产使用费、招募生产工人费、技术图书资料费（含软件）、业务招待费、施工现场津贴、竣工验收费等。

（5）项目建设期间发生的各类专门借款利息支出或融资费用。

（6）工程检测费、设备检验费、负荷联合试车费及其他检验检测类费用。

（7）固定资产损失、器材处理亏损、设备盘亏及毁损、单项工程或单位工程报废、毁损净损失及其他损失。

（8）系统集成等信息工程的费用支出。

（9）其他待摊性质支出。

4.“其他投资”明细科目，核算行政单位发生的构成建设项目实际支出的房屋购置支出，基本畜禽、林木等购置、饲养、培育支出，办公生活用家具、器具购置支出，软件研发和不能计入设备投资的软件购置等支出。单位为进行可行性研究而购置的固定资产，以及取得土地使用权支付的土地出让金，也通过本明细科目核算。本明细科目应当设置“房屋购置”“基本畜禽支出”“林木支出”“办公生活用家具、器具购置”“可行性研究固定资产购置”“无形资产”等明细科目。

5.“待核销基建支出”明细科目，核算建设项目发生的江河清障、航道清淤、飞播造林、补助群众造林、水土保持、城市绿化、取消项目的可行性研究费以及项目整体报废等不能形成资产部分的基建投资支出。本明细科目应按照待核销基建支出的类别进行明细核算。

6.“基建转出投资”明细科目，核算为建设项目配套而建成的、产权不归属本单位的专用设施的实际成本。本明细科目应按照转出投资的类别进行明细核算。

预算会计系统下，与“在建工程”科目对应的是“行政支出”科目。

（三）*在建工程的主要账务处理*

1.建筑安装工程投资

（1）建筑工程转入

行政单位将固定资产等资产转入改建、扩建等时，财务会计按照固定资产等资产的账面价值，借记“在建工程——建筑安装工程投资”科目，按照已计提的折旧或摊销，借记“固定资产累计折旧”等科目，按照固定资产等资产的账面价值，贷记“固定资产”等科目。固定资产等资产改建、扩建过程中涉及替换（或拆除）原资产的某些组成部分的，按照被替换（或拆除）部分的账面价值，借记“待处理财产损溢”科目，贷记“在建工程——建筑安装工程投资”。

（2）工程款的结算

行政单位对于发包建筑安装工程，财务会计根据建筑安装工程价款结算账单与施工企业结算工程价款时，按照应承付的工程价款，借记“在建工程——建筑安装工程投资”，按照预付工程款余额，贷记“预付账款”科目，按照其差额，贷记“财政拨款收入”“零余额账户用款额度”“银行存款”“应付账款”等科目；预算会计按照实际支付的金额借记“行政支出”科目，贷记“财政拨款预算收入”“资金结存——零余额账户用款额度、货币资金”等科目。

行政单位自行施工的小型建筑安装工程，财务会计按照发生的各项支出金额，借记“在建工程——建筑安装工程投资”，贷记“工程物资”“零余额账户用款额度”“银行存款”“应付职工薪酬”等科目；预算会计按照实际支付的金额借记“行政支出”科目，贷记“资金结存——零余额账户用款额度、货币资金”等科目。

（3）工程完工

工程竣工，办妥竣工验收交接手续交付使用时，财务会计按照建筑安装工程成本（含应分摊的待摊投资），借记“固定资产”等科目，贷记“在建工程——建筑安装工程投资”。

【例4-69】某行政单位2×19年5月开始自行建造职工活动室，为此购入工程物资一批，取得增值税专用发票上记载的金额为80 000元、税额为12 800元，款项以财政授权方式支付。5月至6月，工程先后领用工程物资87 000元（含税），剩余工程物资转为该单位的存货；应支付工程人员薪酬50 000元。6月底，工程完工并交付使用。该行政单位的账务处理如下：

• 购入工程物资时，

财务会计	预算会计
借：工程物资　92 800 　贷：零余额账户用款额度　92 800	借：行政支出　92 800 　贷：资金结存——零余额账户用款额度　92 800

• 工程领用物资时，

财务会计	预算会计
借：在建工程——建筑安装工程投资　87 000 　贷：工程物资　87 000	—

• 计提工程人员薪酬时，

财务会计	预算会计
借：在建工程——建筑安装工程投资　50 000 　贷：应付职工薪酬　50 000	—

• 工程完工交付使用时，

财务会计	预算会计
借：固定资产　137 000 　贷：在建工程——建筑安装工程投资　137 000	—

• 剩余工程物资转为存货时，

财务会计		预算会计
借：库存物品	5 800	—
贷：工程物资	5 800	

【例4-70】某行政单位2×19年7月开始对一幢办公楼进行扩建，该办公楼账面余额8 000 000元，已计提折旧6 000 000元。7月至8月，工程先后支付施工单位工程价款1 000 000元，全部实行财政直接支付。办公楼扩建完工后直接交付使用。该行政单位的账务处理如下：

• 转入扩建时，

财务会计		预算会计
借：在建工程——建筑安装工程投资	2 000 000	—
固定资产累计折旧	6 000 000	
贷：固定资产	8 000 000	

• 支付工程价款时，

财务会计		预算会计	
借：在建工程——建筑安装工程投资	1 000 000	借：行政支出	1 000 000
贷：财政拨款收入	1 000 000	贷：财政拨款预算收入	1 000 000

• 扩建完工后直接交付使用时，

财务会计		预算会计
借：固定资产	3 000 000	—
贷：在建工程——建筑安装工程投资	3 000 000	

2. 设备投资

（1）行政单位购入设备时，财务会计按照购入成本，借记“在建工程——设备投资”科目，贷记“财政拨款收入”“零余额账户用款额度”“银行存款”等科目；预算会计按照实际支付的金额借记“行政支出”科目，贷记“财政拨款预算收入”“资金结存——零余额账户用款额度、货币资金”等科目。

采用预付款方式购入设备的，有关预付款的账务处理参照“在建工程”科目“建筑安装工程投资”明细科目的规定。

（2）设备安装完毕，办妥竣工验收交接手续交付使用时，财务会计按照设备投资成本（含设备安装工程成本和分摊的待摊投资），借记“固定资产”等科目，贷记

“在建工程——设备投资、建筑安装工程投资——安装工程”科目。将不需要安装的设备和达不到固定资产标准的工具、器具交付使用时，按照相关设备、工具、器具的实际成本，借记“固定资产”“库存物品”科目，贷记“在建工程——设备投资”科目。

【例4-71】某行政单位购入一批需要安装的技术设备，取得的增值税专用发票上记载的金额为2 00 000元、税额为32 000元，支付运输费1 100元（含税）；发生安装费用8 800元（含税）。所有款项通过单位零余额账户支付，该行政单位的账务处理如下：

● 支付设备价款和税费时，

财务会计	预算会计
借：在建工程——设备投资233 100	借：行政支出　233 100
贷：零余额账户用款额度　233 100	贷：资金结存——零余额账户用款额度　233 100

● 支付安装费用时，

财务会计	预算会计
借：在建工程——设备投资　8 800	借：行政支出　8 800
贷：零余额账户用款额度　8 800	贷：资金结存——零余额账户用款额度　8 800

● 设备安装完工交付使用时，

财务会计	预算会计
借：固定资产　241 900	—
贷：在建工程——设备投资　241 900	

3.待摊投资

行政单位建设工程发生的构成建设项目实际支出的，按照规定应当分摊计入有关工程成本和设备成本的各项间接费用和税费支出，先在本明细科目中归集；建设工程办妥竣工验收手续交付使用时，按照合理的分配方法，摊入相关工程成本、在安装设备成本等。

（1）行政单位发生的构成待摊投资的各类费用，财务会计按照实际发生金额，借记“在建工程——待摊投资”科目，贷记“财政拨款收入”“零余额账户用款额度”“银行存款”“其他应交税费”“固定资产累计折旧”“无形资产累计摊销”等科目；预算会计按照实际支付的金额借记“行政支出”科目，贷记“财政拨款预算收入”“资金结存——零余额账户用款额度、货币资金”等科目。

（2）对于建设过程中试生产、设备调试等产生的收入，财务会计按照取得的收入金额，借记“银行存款”等科目，按照依据有关规定应当冲减建设工程成本的部分，贷记“在建工程——待摊投资”科目，按照其差额贷记“应缴财政款”或“其他收入”科目；预算会计对不上缴财政的收入，按照其差额借记“资金结存——货币资金”科目，贷记“其他预算收入”科目。

（3）由于自然灾害、管理不善等原因造成的单项工程或单位工程报废或毁损，扣除残料价值和过失人或保险公司等赔款后的净损失，报经批准后计入继续施工的工程成本的，财务会计按照工程成本扣除残料价值和过失人或保险公司等赔款后的净损失，借记“在建工程——待摊投资”科目，按照残料变价收入、过失人或保险公司赔款等，借记“银行存款”“其他应收款”等科目，按照报废或毁损的工程成本，贷记“在建工程——建筑安装工程投资”科目。

（4）工程交付使用时，按照合理的分配方法分配待摊投资，财务会计借记“在建工程——建筑安装工程投资、设备投资”科目，贷记“在建工程——待摊投资”科目。

待摊投资的分配方法，可按照下列公式计算：

①按照实际分配率分配。适用于建设工期较短、整个项目的所有单项工程一次竣工的建设项目。

$$\text{实际分配率}=\text{待摊投资明细科目余额}\div(\text{建筑工程明细科目余额}+\text{安装工程明细科目余额}+\text{设备投资明细科目余额})\times100\%$$

②按照概算分配率分配。适用于建设工期长、单项工程分期分批建成投入使用的建设项目。

$$\text{概算分配率}=(\text{概算中各待摊投资项目的合计数}-\text{其中可直接分配部分})\div\text{概算中建筑工程、安装工程和设备投资合计}\times100\%$$

③某项固定资产应分配的待摊投资的计算。

$$\text{某项固定资产应分配的待摊投资}=\text{该项固定资产的建筑工程成本或该项固定资产(设备)的采购成本和安装成本合计}\times\text{分配率}$$

4.其他投资

（1）行政单位为建设工程发生的房屋购置支出，基本畜禽、林木等的购置、饲养、培育支出，办公生活用家具、器具购置支出，软件研发和不能计入设备投资的软件购置等支出，按照实际发生金额，财务会计借记“在建工程——其他投资”科目，贷记“财政拨款收入”“零余额账户用款额度”“银行存款”等科目；预算会计借记“行政支出”科目，贷记“财政拨款预算收入”“资金结存——零余额账户用款额度、货币资金”等科目。

（2）工程完成将形成的房屋、基本畜禽、林木等各种财产以及无形资产交付使用时，按照其实际成本，财务会计借记“固定资产”“无形资产”等科目，贷记“在建工程——其他投资”科目。

【例4-72】某行政单位经批准新建办公大楼，包括办公大楼、安装计算机设备系统和安装空调设备系统等三个工程。2×19年2月1日，该单位与甲建筑公司签订合同，将办公大楼工程出包给甲公司。双方约定，办公大楼的价款60 000 000元，安装计算机设备系统的价款7 000 000元，安装空调设备系统的价款5 000 000元。其他有关资料如下：

（1）2×19年2月1日，单位向甲公司预付办公大楼工程价款30 000 000元，款项采用财政直接支付方式支付。

（2）2×19年6月9日，单位购入需要安装的计算机设备，价款总计8 000 000元，款项采用财政直接支付方式支付。

（3）2×19年7月1日，单位向甲公司预付办公大楼工程价款30 000 000元，款项采用财政直接支付方式支付。

（4）2×19年10月20日，单位购入需要安装的空调设备，价款总计2 000 000元，款项采用财政授权支付方式支付。

（5）2×19年11月15日，单位将采购的计算机和空调设备运抵现场，交付甲公司安装。

（6）工程项目发生管理费用、设计费、监理费、招投标费共计164 000元，款项以银行存款支付。

（7）2×19年12月26日，所有工程完成，单位收到甲公司的有关工程结算单据后，补付剩余工程款，采用财政直接支付方式支付。

2×19年，该行政单位的账务处理如下：

• 2月1日，预付办公大楼工程款，

财务会计			预算会计		
借：预付账款	30 000 000		借：行政支出	30 000 000	
贷：财政拨款收入		30 000 000	贷：财政拨款预算收入		30 000 000

• 6月9日，购入计算机设备，

财务会计			预算会计		
借：工程物资——计算机设备	8 000 000		借：行政支出	8 000 000	
贷：财政拨款收入		8 000 000	贷：财政拨款预算收入		8 000 000

• 7月1日，预付办公大楼工程款，

财务会计			预算会计		
借：预付账款	30 000 000		借：行政支出	30 000 000	
贷：财政拨款收入		30 000 000	贷：财政拨款预算收入		30 000 000

• 10月20日，购入空调设备，

财务会计		预算会计	
借：工程物资——空调设备	2 000 000	借：行政支出	2 000 000
贷：零余额账户用款额度	2 000 000	贷：资金结存——零余额账户用款额度	2 000 000

• 11月15日，将计算机和空调交付安装，

财务会计		预算会计
借：在建工程——设备投资	10 000 000	—
贷：工程物资——计算机设备	8 000 000	
——空调设备	2 000 000	

• 支付工程项目发生的管理费用、设计费、监理费、招投标费，

财务会计		预算会计	
借：在建工程——待摊投资	164 000	借：行政支出	164 000
贷：银行存款	164 000	贷：资金结存——货币资金	164 000

• 12月26日，结算工程余款，

财务会计		预算会计	
借：在建工程——建筑安装工程投资——信息大楼	60 000 000	借：行政支出	12 000 000
——建筑安装工程投资——计算机设备安装	7 000 000	贷：财政拨款预算收入	12 000 000
——建筑安装工程投资——空调设备安装	5 000 000		
贷：财政拨款收入	12 000 000		
预付账款	60 000 000		

• 分摊待摊投资，

待摊投资分配率=164 000÷（60 000 000+7 000 000+ 5 000 000+10 000 000）×100%=0.2%

信息大楼应分摊的待摊投资=60 000 000×0.2%=120 000（元）

计算机设备安装应分摊的待摊投资=7 000 000×0.2%=14 000（元）

空调设备安装应分摊的待摊投资=5 000 000×0.2%=10 000（元）

计算机设备应分摊的待摊投资=8 000 000×0.2%=16 000（元）

空调设备应分摊的待摊投资=2 000 000×0.2%=4 000（元）

财务会计			预算会计
借：在建工程——建筑安装工程投资——信息大楼	120 000		—
——建筑安装工程投资——计算机设备安装	14 000		
——建筑安装工程投资——空调设备安装	10 000		
——设备投资——计算机设备	16 000		
——设备投资——空调设备	4 000		
贷：在建工程——待摊投资		164 000	

● 结转固定资产，

财务会计			预算会计
借：固定资产	82 164 000		—
贷：在建工程——建筑安装工程投资——信息大楼		60 120 000	
——建筑安装工程投资——计算机设备安装		7 014 000	
——建筑安装工程投资——空调设备安装		5 010 000	
——设备投资——计算机设备		8 016 000	
——设备投资——空调设备		2 004 000	

5. 待核销基建支出

（1）建设项目发生的江河清障、航道清淤、飞播造林、补助群众造林、水土保持、城市绿化等不能形成资产的各类待核销基建支出，按照实际发生金额，财务会计借记“在建工程——待核销基建支出”科目，贷记“财政拨款收入”“零余额账户用款额度”“银行存款”等科目；预算会计借记“行政支出”等科目，贷记“财政拨款预算收入”“资金结存——零余额账户用款额度、货币资金”等科目。

（2）取消的建设项目发生的可行性研究费，按照实际发生金额，财务会计借记“在建工程——待核销基建支出”科目，贷记“在建工程——待摊投资”科目。

（3）由于自然灾害等原因发生的建设项目整体报废所形成的净损失，报经批准后转入待核销基建支出，财务会计按照项目整体报废所形成的净损失，借记“在建工程——待核销基建支出”科目，按照报废工程回收的残料变价收入、保险公司赔款等，借记“银行存款”“其他应收款”等科目，按照报废的工程成本，贷记“在建工程——建筑安装工程投资等”科目。

（4）建设项目竣工验收交付使用时，对发生的待核销基建支出进行冲销，财务会计借记“资产处置费用”科目，贷记“在建工程——待核销基建支出”科目。

6. 基建转出投资

行政单位为建设项目配套而建成的、产权不归属本单位的专用设施，在项目竣工验收交付使用时，财务会计按照转出的专用设施的成本，借记“在建工程——基建转出投资”科目，贷记“在建工程——建筑安装工程投资”科目；同时，借记“无偿调拨净资产”科目，贷记“在建工程——基建转出投资”科目。

在建工程的主要账务处理汇总归纳如表4-15所示。

表4-15　**在建工程的主要账务处理**

会计事项		财务会计	预算会计
		在建工程	
建筑安装工程投资	将固定资产等转入改建、扩建时	借：在建工程——建筑安装工程投资、固定资产累计折旧等 贷：固定资产等	—
	发包工程预付工程款时	借：预付账款——预付工程款 贷：财政拨款收入/零余额账户用款额度/银行存款等	借：行政支出 贷：财政拨款预算收入/资金结存
	按照进度结算工程款时	借：在建工程——建筑安装工程投资 贷：预付账款——预付工程款 财政拨款收入/零余额账户用款额度/银行存款/应付账款等	借：行政支出［补付款项］ 贷：财政拨款预算收入/资金结存
	自行施工小型建筑安装工程发生支出时	借：在建工程——建筑安装工程投资 贷：工程物资/零余额账户用款额度/银行存款/应付职工薪酬等	借：行政支出［实际支付的款项］ 贷：资金结存等
	改扩建过程中替换（拆除）原资产某些组成部分的	借：待处理财产损溢 贷：在建工程——建筑安装工程投资	—
	工程竣工验收交付使用时	借：固定资产等 贷：在建工程——建筑安装工程投资	—
设备投资	购入设备时	借：在建工程——设备投资 贷：财政拨款收入/零余额账户用款额度/应付账款/银行存款等	借：行政支出［实际支付的款项］ 贷：财政拨款预算收入/资金结存
	安装完毕，交付使用时	借：固定资产等 贷：在建工程——设备投资——建筑安装工程投资——安装工程	—
	将不需要安装设备和达不到固定资产标准的工具器具交付使用时	借：固定资产/库存物品 贷：在建工程——设备投资	—

续表

会计事项		财务会计	预算会计
		在建工程	
待摊投资	发生构成待摊投资的各类费用时	借：在建工程——待摊投资 贷：财政拨款收入/零余额账户用款额度/银行存款/应付利息/长期借款/其他应交税费等	借：行政支出［实际支付的款项］ 贷：财政拨款预算收入/资金结存
	对于建设过程中试生产、设备调试等产生的收入	借：银行存款等 贷：在建工程——待摊投资［按规定冲减工程成本的部分］ 应缴财政款/其他收入［差额］	借：资金结存 贷：其他预算收入
	经批准将单项工程或单位工程报废净损失计入继续施工的工程成本的	借：在建工程——待摊投资 银行存款/其他应收款等［残料变价收入、赔款等］ 贷：在建工程——建筑安装工程投资［毁损报废工程成本］	—
	工程交付使用时，按照一定的分配方法进行待摊投资分配	借：在建工程——建筑安装工程投资 ——设备投资 贷：在建工程—待摊投资	—
其他投资	发生其他投资支出时	借：在建工程——其他投资 贷：财政拨款收入/零余额账户用款额度/银行存款等	借：行政支出［实际支付的款项］ 贷：财政拨款预算收入/资金结存
	资产交付使用时	借：固定资产/无形资产等 贷：在建工程——其他投资	—
基建转出投资	建造的产权不归属本单位的专用设施转出时	借：在建工程——基建转出投资 贷：在建工程——建筑安装工程投资	—
	冲销转出的在建工程时	借：无偿调拨净资产 贷：在建工程——基建转出投资	—

续表

会计事项		财务会计	预算会计
		在建工程	
待核销基建支出	发生各类待核销基建支出时	借：在建工程——待核销基建支出 贷：财政拨款收入/零余额账户用款额度/银行存款等	借：行政支出［实际支付的款项］ 贷：财政拨款预算收入/资金结存
	取消的项目发生的可行性研究费	借：在建工程——待核销基建支出 贷：在建工程——待摊投资	—
	由于自然灾害等原因发生的项目整体报废所形成的净损失	借：在建工程——待核销基建支出 银行存款/其他应收款等［残料变价收入、保险赔款等］ 贷：在建工程——建筑安装工程投资等	—
	经批准冲销待核销基建支出时	借：资产处置费用 贷：在建工程——待核销基建支出	—

四、无形资产

（一）无形资产的确认和计量

1.无形资产的概念

无形资产，是指行政单位控制的，没有实物形态的可辨认非货币性资产，如专利权、商标权、著作权、土地使用权、非专利技术等。

2.无形资产的确认条件

无形资产同时满足下列条件的，应当予以确认：

（1）与该无形资产相关的服务潜力很可能实现或者经济利益很可能流入行政单位。

（2）该无形资产的成本或者价值能够可靠地计量。

行政单位在判断无形资产的服务潜力或经济利益是否很可能实现或流入时，应当对无形资产在预计使用年限内可能存在的各种社会、经济、科技因素作出合理估计，并且应当有确凿的证据支持。

行政单位购入的不构成相关硬件不可缺少组成部分的软件，应当确认为无形资产。

行政单位自创商誉及内部产生的品牌、报刊名等，不应确认为无形资产。

行政单位非大批量购入、单价小于1 000元的无形资产，可以于购买的当期将其成本直接计入当期费用，不确认无形资产。

3.无形资产的计量

无形资产在取得时应当按照成本进行初始计量。不同方式取得的无形资产的成本确定参见无形资产取得的核算。

无形资产的后续计量包括无形资产的摊销和处置。具体计量方法参见无形资产摊销和处置的核算。

（二）无形资产核算的会计科目设置

财务会计系统下，行政单位应设置“无形资产”和“研发支出”科目。

“无形资产”科目，核算无形资产的原值。本科目应当按照无形资产的类别、项目等进行明细核算。本科目期末借方余额，反映单位无形资产的成本。

“研发支出”科目，核算自行研究开发项目研究阶段和开发阶段发生的各项支出。建设项目中的软件研发支出，应当通过“在建工程”科目核算，不通过本科目核算。本科目应当按照自行研究开发项目，分别“研究支出”“开发支出”进行明细核算。本科目期末借方余额，反映单位预计能达到预定用途的研究开发项目在开发阶段发生的累计支出数。

预算会计系统下，与“无形资产”和“研发支出”科目对应的是“行政支出”科目。

（三）无形资产的主要账务处理

1.无形资产取得

行政单位无形资产取得的方式主要包括外购、委托开发、自行研究开发、接受捐赠、无偿调入、置换取得。

无形资产取得时涉及增值税业务的，相关账务处理参见“应交增值税”科目。

（1）外购的无形资产

行政单位外购的无形资产，其成本包括购买价款、相关税费以及可归属于该项资产达到预定用途前所发生的其他支出。

行政单位外购的无形资产，财务会计按照确定的成本，借记“无形资产”科目，贷记“财政拨款收入”“零余额账户用款额度”“应付账款”“银行存款”等科目；预算会计按照实际支付的金额借记“行政支出”科目，贷记“财政拨款预算收入”“资金结存——零余额账户用款额度、货币资金”科目。

【例4-73】某行政单位因履职需要，通过单位零余额账户支用款项购买专利权一项，价值200 000元。该行政单位的账务处理如下：

财务会计		预算会计	
借：无形资产——专利权	200 000	借：行政支出	200 000
贷：零余额账户用款额度	200 000	贷：资金结存——零余额账户用款额度	200 000

【例4-74】某行政单位经批准取得500平方米的土地使用权用于办公楼的建设，价值2 000 000元，款项尚未支付。该行政单位的账务处理如下：

财务会计			预算会计
借：无形资产——土地使用权	2 000 000		—
贷：应付账款		2 000 000	

（2）委托开发的无形资产

行政单位委托软件公司开发的软件，视同外购无形资产确定其成本并进行账务处理。

合同中约定预付开发费用的，财务会计按照预付金额，借记“预付账款”科目，贷记“财政拨款收入”“零余额账户用款额度”“银行存款”等科目；软件开发完成交付使用并支付剩余或全部软件开发费用时，按照软件开发费用总额，借记“无形资产”科目，按照相关预付账款金额，贷记“预付账款”科目，按照支付的剩余金额，贷记“财政拨款收入”“零余额账户用款额度”“银行存款”等科目。预算会计按照实际支付的金额借记“行政支出”科目，贷记“财政拨款预算收入”“资金结存——零余额账户用款额度、货币资金”科目。

【例4-75】某行政单位委托软件公司开发财务软件，双方合同确定的开发费用总额为200 000元。按照合同约定，开发前预付开发费用100 000元，开发完成并交付使用时再付100 000元。全部款项采用财政直接支付。该行政单位的账务处理如下：

- 预付开发费用时，

财务会计			预算会计		
借：预付账款	100 000		借：行政支出	100 000	
贷：财政拨款收入		100 000	贷：财政拨款预算收入		100 000

- 软件开发完成交付使用并支付剩余开发费用时，

财务会计			预算会计		
借：无形资产——财务软件	200 000		借：行政支出	100 000	
贷：财政拨款收入		100 000	贷：财政拨款预算收入		100 000
预付账款		100 000			

（3）自行开发的无形资产

行政单位自行研究开发形成的无形资产，其成本包括自该项目进入开发阶段后至达到预定用途前所发生的支出总额。

行政单位自行研究开发项目的支出，应当区分研究阶段支出与开发阶段支出。

研究，是指为获取并理解新的科学或技术知识而进行的独创性的有计划的调查。行政单位自行研究开发项目研究阶段的支出，应当于发生时计入当期费用。

开发，是指在进行生产或使用前，将研究成果或其他知识应用于某项计划或设计，以生产出新的或具有实质性改进的材料、装置、产品等。行政单位自行研究开发项目开发阶段的支出，先按合理方法进行归集，如果最终形成无形资产的，应当确认为无形资产；如果最终未形成无形资产的，应当计入当期费用。行政单位自行研究开发项目尚未进入开发阶段，或者确实无法区分研究阶段支出和开发阶段支出，但按法律程序已申请取得无形资产的，应当将依法取得时发生的注册费、聘请律师费等费用确认为无形资产。

①自行研究开发项目研究阶段的支出，应当先在“研发支出”科目归集。按照从事研究及其辅助活动人员计提的薪酬，研究活动领用的库存物品，发生的与研究活动相关的管理费、间接费和其他各项费用，财务会计借记“研发支出——研究支出”科目，贷记“应付职工薪酬”“库存物品”“财政拨款收入”“零余额账户用款额度”“固定资产累计折旧”“银行存款”等科目；预算会计按照实际支付的各项费用金额借记“行政支出”科目，贷记“财政拨款预算收入”“资金结存——零余额账户用款额度、货币资金”科目。

期（月）末，应当将“研发支出”科目归集的研究阶段的支出金额转入当期费用，财务会计借记“业务活动费用”科目，贷记“研发支出——研究支出”科目。

②自行研究开发项目开发阶段的支出，先通过“研发支出”科目进行归集。按照从事开发及其辅助活动人员计提的薪酬，开发活动领用的库存物品，发生的与开发活动相关的管理费、间接费和其他各项费用，财务会计借记“研发支出——开发支出”科目，贷记“应付职工薪酬”“库存物品”“财政拨款收入”“零余额账户用款额度”“固定资产累计折旧”“银行存款”等科目。预算会计按照实际支付的各项费用金额借记“行政支出”科目，贷记“财政拨款预算收入”“资金结存——零余额账户用款额度、货币资金”科目。

自行研究开发项目完成，达到预定用途形成无形资产的，按照“研发支出”科目归集的开发阶段的支出金额（研究开发项目进入开发阶段后至达到预定用途前所发生的支出总额），财务会计借记“无形资产”科目，贷记“研发支出——开发支出”科目。

自行研究开发项目尚未进入开发阶段，或者确实无法区分研究阶段支出和开发阶段支出，但按照法律程序已申请取得无形资产的，按照依法取得时发生的注册费、聘请律师费等费用，财务会计借记“无形资产”科目，贷记“财政拨款收入”“零余额账户用款额度”“银行存款”等科目；按照依法取得前所发生的研究开发支出，借记“业务活动费用”科目，贷记“研发支出”科目。预算会计按照实际支付的注册费、聘请律师费等费用借记“行政支出”科目，贷记“财政拨款预算收入”“资金结存——零余额账户用款额度、货币资金”科目。

行政单位应于每年年度终了，评估研究开发项目是否能达到预定用途，如预计不能达到预定用途（如无法最终完成开发项目并形成无形资产的），应当将已发生的开发支出金额全部转入当期费用，借记“业务活动费用”科目，贷记“研发支出——开发支出”科目。

自行研究开发项目涉及增值税业务的，相关账务处理参见“应交增值税”科目。

【例4-76】2×19年2月1日某行政单位因履职需要自行研究开发某项非专利技术，在研究开发过程中发生材料费500 000元、人工工资100 000元、通过单位零余额账户支付其他费用200 000元，总计800 000元。其中属于开发阶段的支出600 000元。2×19年12月31日，该非专利技术开发完成，已经达到预定用途。该行政单位的账务处理如下：

• 发生研发支出时，

财务会计			预算会计	
借：研发支出——研究支出	200 000		借：行政支出	200 000
——开发支出	600 000		贷：资金结存零——零余额账户用款额度	200 000
贷：库存物品		500 000		
应付职工薪酬		100 000		
零余额账户用款额度		200 000		

• 非专利技术开发完成达到预定用途时，

财务会计			预算会计
借：业务活动费用	200 000		—
无形资产——非专利技术	600 000		
贷：研发支出——研究支出		200 000	
——开发支出		600 000	

（4）接受捐赠的无形资产

行政单位接受捐赠的无形资产，其成本按照有关凭据注明的金额加上相关税费确定；没有相关凭据可供取得，但按规定经过资产评估的，其成本按照评估价值加上相关税费确定；没有相关凭据可供取得、也未经资产评估的，其成本比照同类或类似资产的市场价格加上相关税费确定；没有相关凭据且未经资产评估、同类或类似资产的市场价格也无法可靠取得的，按照名义金额入账，相关税费计入当期费用。确定接受捐赠无形资产的初始入账成本时，应当考虑该项资产尚可为行政单位带来服务潜力或经济利益的能力。

行政单位接受捐赠的无形资产，财务会计按照确定的无形资产成本，借记“无形资产”科目，按照发生的相关税费等，贷记“零余额账户用款额度”“银行存款”等科目，按照其差额，贷记“捐赠收入”科目。接受捐赠的无形资产按照名义金额入账的，按照名义金额，借记“无形资产”科目，贷记“捐赠收入”科目；同时，按照发生的相关税费等，借记“其他费用”科目，贷记“零余额账户用款额度”“银行存款”等科目。预算会计按照实际支付的相关税费等借记“其他支出”科目，贷记“资金结存——零余额账户用款额度、货币资金”科目。

【例4-77】某行政单位获得一公司捐赠的一项专利权，价值70 000元。该行政单位的账务处理如下：

财务会计			预算会计
借：无形资产——专利权	700 000		—
贷：捐赠收入		700 000	

（5）无偿调入的无形资产

行政单位无偿调入的无形资产，其成本按照调出方账面价值加上相关税费确定。

行政单位无偿调入的无形资产，财务会计按照确定的无形资产成本，借记“无形资产”科目，按照发生的相关税费等，贷记“零余额账户用款额度”“银行存款”等科目，按照其差额，贷记“无偿调拨净资产”科目。预算会计按照实际支付的相关税费等借记“其他支出”科目，贷记“资金结存——零余额账户用款额度、货币资金”科目。

【例4-78】某行政单位获得政府无偿提供的5 000平方米的土地使用权，价格为每平方米7 000元。该行政单位的账务处理如下：

财务会计			预算会计
借：无形资产——土地使用权	35 000 000		—
贷：无偿调拨净资产		35 000 000	

（6）置换取得的无形资产

行政单位通过置换取得的无形资产，其成本按照换出资产的评估价值加上支付的补价或减去收到的补价，加上换入无形资产发生的其他相关支出确定。

行政单位置换取得的无形资产，参照“库存物品”科目中置换取得库存物品的相关规定进行账务处理。

2. 与无形资产有关的后续支出

与无形资产有关的后续支出，符合无形资产的确认条件的，应当计入无形资产成本；不符合无形资产的确认条件的，应当在发生时计入当期费用或者相关资产成本。

（1）符合无形资产确认条件的后续支出

行政单位为增加无形资产的使用效能对其进行升级改造或扩展其功能时，如需暂停对无形资产进行摊销的，按照无形资产的账面价值，财务会计借记“在建工程”科目，按照无形资产已摊销金额，借记“无形资产累计摊销”科目，按照无形资产的账面余额，贷记“无形资产”科目。

无形资产后续支出符合无形资产确认条件的，财务会计按照支出的金额，借记“无形资产”科目［无需暂停摊销的］或“在建工程”科目［需暂停摊销的］，贷记“财政拨款收入”“零余额账户用款额度”“银行存款”等科目；预算会计按照实际支付金额借记“行政支出”科目，贷记“财政拨款预算收入”“资金结存——零余额账户用款额度、货币资金”科目。

暂停摊销的无形资产升级改造或扩展功能等完成交付使用时，按照在建工程成本，财务会计借记“无形资产”科目，贷记“在建工程”科目。

（2）不符合无形资产确认条件的后续支出

为保证无形资产正常使用发生的日常维护等支出，财务会计借记“业务活动费用”科目，贷记“财政拨款收入”“零余额账户用款额度”“银行存款”等科目；预算会计借记“行政支出”科目，贷记“财政拨款预算收入”“资金结存——零余额账户用款额度、货币资金”科目。

3. 无形资产摊销

（1）无形资产摊销范围

无形资产摊销是指在无形资产使用年限内，按照确定的方法对应摊销金额进行系统分摊。

行政单位应当对使用年限有限的无形资产进行摊销，但已摊销完毕仍继续使用的无形资产和以名义金额计量的无形资产除外。

（2）无形资产使用年限的确定

行政单位应当于取得或形成无形资产时合理确定其使用年限。无形资产的使用年限为有限的，应当估计该使用年限；无法预见无形资产为行政单位提供服务潜力或者带来经济利益期限的，应当视为使用年限不确定的无形资产。

对于使用年限有限的无形资产，行政单位应当按照以下原则确定无形资产的摊销年限：①法律规定了有效年限的，按照法律规定的有效年限作为摊销年限；②法律没有规定有效年限的，按照相关合同或单位申请书中的受益年限作为摊销年限；③法律没有规定有效年限、相关合同或单位申请书也没有规定受益年限的，应根据无形资产为行政单位带来服务潜力或经济利益的实际情况，预计其使用年限；④非大批量购入、单价小于1 000元的无形资产，可以于购买的当期将其成本一次性全部转销。

（3）无形资产摊销的方法

行政单位应当按月对使用年限有限的无形资产进行摊销，并根据用途计入当期费用或者相关资产成本。使用年限不确定的无形资产不应摊销。

行政单位应当采用年限平均法或者工作量法对无形资产进行摊销，应摊销金额为其成本，不考虑预计残值。

年限平均法是指将无形资产的应摊销金额均衡地分摊到无形资产有限年限内的一种方法。采用这种方法计算的每期摊销金额相等。其计算公式如下：

年摊销额=无形资产原值÷预计使用年限

月摊销额=无形资产年摊销额÷12

工作量法是根据实际工作量计算每期应计提摊销额的一种方法。其计算公式如下：

单位工作量摊销额=无形资产原值÷预计总工作量

某项无形资产月摊销额=该项无形资产当月工作量×单位工作量摊销额

（4）无形资产摊销计提时点

行政单位应当自无形资产取得当月起，按月计提摊销；无形资产减少的当月，不再计提摊销。无形资产提足摊销后，无论能否继续带来服务潜力或经济利益，均不再计提摊销；核销的无形资产，如果未提足摊销，也不再补提摊销。因发生后续支出而增加无形资产成本的，应当按照重新确定的无形资产成本，重新计算摊销额。

行政单位因发生后续支出而增加无形资产成本的，对于使用年限有限的无形资产，应当按照重新确定的无形资产成本以及重新确定的摊销年限计算摊销额。

（5）无形资产摊销的核算

财务会计系统下，行政单位应设置“无形资产累计摊销”科目，核算对使用年限有限的无形资产计提的累计摊销。本科目应当按照所对应无形资产的明细分类进行明细核算。本科目期末贷方余额，反映行政单位计提的无形资产摊销累计数。

预算会计系统下，行政单位对无形资产摊销不进行会计核算。

行政单位按月对无形资产进行摊销时，按照应摊销金额，借记“业务活动费用”“加工物品”“在建工程”等科目，贷记“无形资产累计摊销”科目。

【例4-79】某行政单位采用年限平均法计提无形资产摊销额，按月计提摊销额63 000元。假设无记入“加工物品”“在建工程”科目的无形资产摊销，该行政单位账务处理如下：

财务会计			预算会计
借：业务活动费用	63 000		—
贷：无形资产累计摊销		63 000	

4.无形资产处置的核算

行政单位无形资产处置的方式主要包括出售、转让、对外捐赠、无偿调出、置换换出、对外投资、核销等。

无形资产处置时涉及增值税业务的，相关账务处理参见“应交增值税”科目。

（1）出售、转让的无形资产

行政单位按规定报经批准出售无形资产，应当将无形资产账面价值转销计入当期费用，并将处置收入大于相关处置税费后的差额按规定计入当期收入或者做应缴款项处理，将处置收入小于相关处置税费后的差额计入当期费用。

行政单位报经批准出售、转让无形资产，财务会计按照被出售、转让无形资产的账面价值，借记“资产处置费用”科目，按照无形资产已计提的摊销，借记“无形资产累计摊销”科目，按照无形资产账面余额，贷记“无形资产”科目；同时，按照收到的价款，借记“银行存款”等科目，按照处置过程中发生的相关费用，贷记“银行存款”等科目，按照其差额，贷记“应缴财政款”［按照规定应上缴无形资产转让净收入的］或“其他收入”［按照规定将无形资产转让收入纳入本单位预算管理的］科目。对于转让收入纳入本单位预算管理的，预算会计按照实际收到价款扣减处置过程中发生的相关费用的差额，借记“资金结存——货币资金”科目，贷记“其他预算收入”科目。

【例4-80】某行政单位经批准出售一项专利权，该专利权的账面余额为200 000元，已计提摊销120 000元，取得出售价款92 700元，款项已存入银行。该事业单位账务处理如下：

- 假设按照规定无形资产转让净收入上缴财政，

财务会计	预算会计
借：资产处置费用　80 000	
无形资产累计摊销　120 000	
贷：无形资产——专利权　200 000	
借：银行存款　92 700	—
贷：应交增值税　2 700	
其他应交税费　324	
应缴财政款　89 676	

- 假设按照规定应无形资产转让净收入纳入本单位预算管理，

财务会计	预算会计
借：资产处置费用　80 000	
无形资产累计摊销　120 000	—
贷：无形资产——专利权　200 000	
借：银行存款　92 700	借：资金结存——货币资金　92 700
贷：应交增值税　2 700	贷：其他预算收入　92 700
其他应交税费　324	
其他收入　89 676	

（2）对外捐赠、无偿调出的无形资产

行政单位按规定报经批准对外捐赠、无偿调出无形资产的，应当将无形资产的账面价值予以转销，对外捐赠、无偿调出中发生的归属于捐出方、调出方的相关费用应当计入当期费用。

行政单位报经批准对外捐赠无形资产，财务会计按照无形资产已计提的摊销，借记“无形资产累计摊销”科目，按照被处置无形资产账面余额，贷记“无形资产”科目，按照捐赠过程中发生的归属于捐出方的相关费用，贷记“银行存款”等科目，按照其差额，借记“资产处置费用”科目。预算会计按照实际支付的归属于捐出方的相关费用，借记“其他支出”科目，贷记“资金结存——货币资金”科目。

行政单位报经批准无偿调出无形资产，财务会计按照无形资产已计提的摊销，借记“无形资产累计摊销”科目，按照被处置无形资产账面余额，贷记”无形资产”科目，按照其差额，借记“无偿调拨净资产”科目；同时，按照无偿调出过程中发生的归属于调出方的相关费用，借记“资产处置费用”科目，贷记“银行存款”等科目。预算会计按照实际支付的归属于调出方的相关费用，借记“其他支出”科目，贷记“资金结存——零余额账户用款额度、货币资金”科目。

【例4-81】某行政单位经批准将一项非专利技术无偿调给兄弟单位，该非专利技术的账面余额为80 000元，已计提摊销64 000元。该行政单位的账务处理如下：

财务会计			预算会计
借：无偿调拨净资产	16 000		
无形资产累计摊销	64 000		—
贷：无形资产——非专利技术		80 000	

（3）置换换出的无形资产

行政单位报经批准置换换出无形资产，参照“库存物品”科目中置换换入库存物品的规定进行账务处理。

（4）核销的无形资产

无形资产预期不能为行政单位带来服务潜力或者经济利益的，应当在报经批准后将该无形资产的账面价值予以转销。

无形资产预期不能为行政单位带来服务潜力或经济利益，按照规定报经批准核销时，财务会计按照待核销无形资产的账面价值，借记“资产处置费用”科目，按照已计提摊销，借记“无形资产累计摊销”科目，按照无形资产的账面余额，贷记“无形资产”科目。

【例4-82】某行政单位经过调查研究及分析，预计六年前购入的一项专利权将不能再为该单位带来服务潜力，准备予以核销。该专利权的账面余额为300 000元，累计摊销180 000元。该行政单位的账务处理如下：

财务会计			预算会计
借：资产处置费用	120 000		
无形资产累计摊销	180 000		—
贷：无形资产——专利权		300 000	

（四）无形资产盘点的核算

行政单位应当定期对无形资产进行清查盘点，每年至少盘点一次。行政单位资产清查盘点过程中发现的无形资产盘盈、盘亏等，参照“固定资产”科目相关规定进行账务处理。

无形资产及其摊销的主要账务处理汇总归纳如表4-16所示。

表4-16　　**无形资产及其摊销的主要账务处理**

<table>
<tr><th colspan="4" rowspan="2">会计事项</th><th>财务会计</th><th>预算会计</th></tr>
<tr><th colspan="2">无形资产</th></tr>
<tr><td rowspan="8">无形资产取得</td><td colspan="3">外购</td><td>借：无形资产
贷：财政拨款收入/零余额账户用款额度/应付账款/银行存款等</td><td>借：行政支出
贷：财政拨款预算收入/资金结存</td></tr>
<tr><td rowspan="2">委托开发</td><td colspan="2">预付开发费时</td><td>借：预付账款
贷：财政拨款收入/零余额账户用款额度/银行存款等</td><td>借：行政支出［预付的款项］
贷：财政拨款预算收入/资金结存</td></tr>
<tr><td colspan="2">交付使用并支付余款时</td><td>借：无形资产［开发费总额］
贷：预付账款
财政拨款收入/零余额账户用款额度/银行存款等［支付的剩余款项］</td><td>借：行政支出［按照支付的剩余款项金额］
贷：财政拨款预算收入/资金结存</td></tr>
<tr><td rowspan="5">自行开发</td><td rowspan="2">自行研究开发项目研究阶段的支出</td><td>应当按照合理的方法先归集</td><td>借：研发支出——研究支出
贷：应付职工薪酬/库存物品/财政拨款收入/零余额账户用款额度/银行存款等</td><td>借：行政支出［实际支付的款项］
贷：财政拨款预算收入/资金结存</td></tr>
<tr><td>期（月）末转入当期费用</td><td>借：业务活动费用
贷：研发支出——研究支出</td><td>—</td></tr>
<tr><td colspan="2">自行研究开发项目开发阶段的支出</td><td>借：研发支出——开发支出
贷：应付职工薪酬
库存物品
财政拨款收入/零余额账户用款额度/银行存款等</td><td>借：行政支出［实际支付的款项］
贷：财政拨款预算收入/资金结存</td></tr>
<tr><td colspan="2">自行研究开发项目完成，达到预定用途形成无形资产</td><td>借：无形资产
贷：研发支出——开发支出</td><td>—</td></tr>
<tr><td colspan="2">年末经评估，研发项目预计不能达到预定用途</td><td>借：业务活动费用等
贷：研发支出——开发支出</td><td>—</td></tr>
</table>

续表

会计事项			财务会计 无形资产	预算会计
无形资产取得	自行开发	尚未进入开发阶段，或者确实无法区分研究阶段支出和开发阶段支出，但按照法律程序已申请取得无形资产	借：无形资产［依法取得时发生的注册费、聘请律师费等费用］ 贷：财政拨款收入/零余额账户用款额度/银行存款等	借：行政支出 贷：财政拨款预算收入/资金结存
	置换取得		参照“库存物品”科目中置换取得库存物品的相关规定进行账务处理	
	接受捐赠	接受捐赠时	借：无形资产 贷：银行存款/零余额账户用款额度等［发生的相关税费等］ 捐赠收入［差额］	借：其他支出［支付的相关税费等］ 贷：资金结存
		按照名义金额入账的	借：无形资产［名义金额］ 贷：捐赠收入 借：其他费用 贷：银行存款/零余额账户用款额度等［发生的相关税费等］	借：其他支出［支付的相关税费等］ 贷：资金结存
	无偿调入时		借：无形资产 贷：银行存款/零余额账户用款额度等［发生的相关税费等］ 无偿调拨净资产［差额］	借：其他支出［支付的相关税费等］ 贷：资金结存
与无形资产有关的后续支出	符合无形资产确认条件的后续支出（如为增加无形资产的使用效能而发生的后续支出）		借：在建工程 无形资产累计摊销 贷：无形资产 借：在建工程［需暂停计提摊销的］/无形资产［无需暂停计提摊销的］ 贷：财政拨款收入/零余额账户用款额度/银行存款等	借：行政支出［实际支付资金］ 贷：财政拨款预算收入/资金结存
	不符合无形资产确认条件的后续支出（为维护无形资产的正常使用而发生的后续支出）		借：业务活动费用 贷：财政拨款收入/零余额账户用款额度/银行存款等	借：行政支出 贷：财政拨款预算收入/资金结存

续表

会计事项		财务会计	预算会计
		无形资产	
无形资产处置	出售、转让无形资产	借：资产处置费用 　　无形资产累计摊销 　贷：无形资产	—
无形资产处置	出售、转让无形资产	借：银行存款等［收到的价款］ 　贷：银行存款等［发生的相关费用］ 　　　应缴财政款/其他收入	如转让收入按照规定纳入本单位预算 借：资金结存 　贷：其他预算收入
无形资产处置	对外捐赠无形资产	借：资产处置费用 　　无形资产累计摊销 　贷：无形资产［账面余额］ 　　　银行存款等［归属于捐出方的相关费用］	借：其他支出［归属于捐出方的相关费用］ 　贷：资金结存
无形资产处置	无偿调出无形资产	借：无偿调拨净资产 　　无形资产累计摊销 　贷：无形资产［账面余额］ 借：资产处置费用 　贷：银行存款等［相关费用］	借：其他支出［归属于调出方的相关费用］ 　贷：资金结存
无形资产处置	置换换出无形资产	参照“库存物品”科目中置换取得库存物品的规定进行账务处理	
无形资产处置	经批准核销无形资产	借：资产处置费用 　　无形资产累计摊销 　贷：无形资产［账面余额］	—
无形资产盘点		参照“固定资产”科目相关规定进行账务处理	
按月进行无形资产摊销时		借：业务活动费用/加工物品等 　贷：无形资产累计摊销	—

五、公共基础设施

（一）公共基础设施的确认和计量

1.公共基础设施的概念

公共基础设施，是指行政单位为满足社会公共需求而控制的，同时具有以下特征的有形资产：

（1）是一个有形资产系统或网络的组成部分。

（2）具有特定用途。

（3）一般不可移动。

公共基础设施主要包括市政基础设施（如城市道路、桥梁、隧道、公交场站、路灯、广场、公园绿地、室外公共健身器材，以及环卫、排水、供水、供电、供气、供热、污水处理、垃圾处理系统等）、交通基础设施（如公路、航道、港口等）、水利基础设施（如大坝、堤防、水闸、泵站、渠道等）和其他公共基础设施。

2.公共基础设施的确认

（1）公共基础设施确认的一般条件

公共基础设施同时满足下列条件的，应当予以确认：

①与该公共基础设施相关的服务潜力很可能实现或者经济利益很可能流入行政单位。

②该公共基础设施的成本或者价值能够可靠地计量。

（2）公共基础设施的确认主体

①通常情况下，符合公共基础设施确认条件的公共基础设施，应当由按规定对其负有管理维护职责的行政单位予以确认。

②多个行政单位共同管理维护的公共基础设施，应当由对该资产负有主要管理维护职责或者承担后续主要支出责任的行政单位予以确认。

③分为多个组成部分由不同行政单位分别管理维护的公共基础设施，应当由各个行政单位分别对其负责管理维护的公共基础设施的相应部分予以确认。

④负有管理维护公共基础设施职责的行政单位通过政府购买服务方式委托企业或其他会计主体代为管理维护公共基础设施的，该公共基础设施应当由委托方予以确认。

（3）公共基础设施确认的特殊情形

①通常情况下，对于自建或外购的公共基础设施，行政单位应当在该项公共基础设施验收合格并交付使用时确认；对于无偿调入、接受捐赠的公共基础设施，行政单位应当在开始承担该项公共基础设施管理维护职责时确认。

②行政单位应当根据公共基础设施提供公共产品或服务的性质或功能特征对其进行分类确认。

③公共基础设施的各组成部分具有不同使用年限或者以不同方式提供公共产品或服务，适用不同折旧率或折旧方法且可以分别确定各自原价的，应当分别将各组成部分确认为该类公共基础设施的一个单项公共基础设施。

④行政单位在购建公共基础设施时，能够分清购建成本中的构筑物部分与土地使用权部分的，应当将其中的构筑物部分和土地使用权部分分别确认为公共基础设施；不能分清购建成本中的构筑物部分与土地使用权部分的，应当整体确认为公共基础

设施。

此外，独立于公共基础设施、不构成公共基础设施使用不可缺少的组成部分的管理维护用房屋建筑物、设备、车辆等，属于文物文化资产的公共基础设施，以及采用政府和社会资本合作模式（即PPP模式）形成的公共基础设施，均不符合公共基础设施确认条件，不予确认为公共基础设施。

3.公共基础设施的计量

公共基础设施在取得时应当按照成本进行初始计量。不同取得方式下公共基础设施的成本的确定方法参见公共基础设施取得的核算。

公共基础设施的后续计量包括折旧（摊销）和处置，具体参见公共基础设施折旧（摊销）和公共基础设施处置的核算。

（二）公共基础设施核算的会计科目设置

财务会计系统下，行政单位应设置“公共基础设施”科目核算行政单位控制的公共基础设施的原值。本科目应当按照公共基础设施的类别、项目等进行明细核算。本科目期末借方余额，反映公共基础设施的原值。

预算会计系统下，与“公共基础设施”科目对应的是“行政支出”“其他支出”科目。

行政单位应当根据行业主管部门对公共基础设施的分类规定，制定适合于本单位管理的公共基础设施目录、分类方法，作为进行公共基础设施核算的依据。

（三）公共基础设的主要账务处理

1.公共基础设施取得

行政单位控制的公共基础设施的取得方式主要包括自行建造、无偿调入、接受捐赠、外购等。

（1）自行建造的公共基础设施

行政单位自行建造的公共基础设施，其成本包括完成批准的建设内容所发生的全部必要支出，包括建筑安装工程投资支出、设备投资支出、待摊投资支出和其他投资支出。在原有公共基础设施基础上进行改建、扩建等建造活动后的公共基础设施，其成本按照原公共基础设施账面价值加上改建、扩建等建造活动发生的支出，再扣除公共基础设施被替换部分的账面价值后的金额确定。为建造公共基础设施借入的专门借款的利息，属于建设期间发生的，计入该公共基础设施的在建工程成本；不属于建设期间发生的，计入当期费用。已交付使用但尚未办理竣工决算手续的公共基础设施，应当按照估计价值入账，待办理竣工决算后再按照实际成本调整原来的暂估价值。

行政单位自行建造的公共基础设施完工交付使用时，财务会计按照在建工程的成本，借记“公共基础设施”科目，贷记“在建工程”科目。已交付使用但尚未办理竣工决算手续的公共基础设施，按照估计价值入账，待办理竣工决算后再按照实际成本调整原来的暂估价值。

【例4-83】某行政单位自行建造公共照明设施完工并交付使用，设施总造价200 000元。该行政单位的账务处理如下：

财务会计	预算会计
借：公共基础设施——公共照明设施 200 000 　贷：在建工程　　200 000	—

（2）无偿调入的公共基础设施

行政单位接受其他会计主体无偿调入的公共基础设施，其成本按照该项公共基础设施在调出方的账面价值加上归属于调入方的相关费用确定。

行政单位接受其他单位无偿调入的公共基础设施，财务会计按照确定的成本，借记“公共基础设施”科目，按照发生的归属于调入方的相关费用，贷记“财政拨款收入”“零余额账户用款额度”“银行存款”等科目，按照其差额，贷记“无偿调拨净资产”科目。无偿调入的公共基础设施成本无法可靠取得的，按照发生的相关税费、运输费等金额，借记“其他费用”科目，贷记“财政拨款收入”“零余额账户用款额度”“银行存款”等科目。预算会计按照实际支付的归属于调入方的相关费用，借记“其他支出”科目，贷记“财政拨款预算收入”“资金结存——零余额账户用款额度、货币资金”科目。

【例4-84】某行政单位从某社区无偿调入文化广场，该社区文化广场的账面价值为5 000 000元。假设无其他相关费用发生，该行政单位的账务处理如下：

财务会计	预算会计
借：公共基础设施——文化广场 5 000 000 　贷：无偿调拨净资产　　5 000 000	—

（3）接受捐赠的公共基础设施

行政单位接受捐赠的公共基础设施，其成本按照有关凭据注明的金额加上相关费用确定；没有相关凭据可供取得，但按规定经过资产评估的，其成本按照评估价值加上相关费用确定；没有相关凭据可供取得、也未经资产评估的，其成本比照同类或类似资产的市场价格加上相关费用确定。如受赠的系旧的公共基础设施，在确定其初始入账成本时应当考虑该项资产的新旧程度。

行政单位接受捐赠的公共基础设施，财务会计按照确定的成本，借记“公共基础设施”科目，按照发生的相关费用，贷记“财政拨款收入”“零余额账户用款额度”“银行存款”等科目，按照其差额，贷记“捐赠收入”科目。接受捐赠的公共基础设施成本无法可靠取得的，按照发生的相关税费等金额，借记“其他费用”科目，贷记“财政拨款收入”“零余额账户用款额度”“银行存款”等科目。预算会计按照实际支付的归属于捐入方的相关费用，借记“其他支出”科目，贷记“财政拨款预算收入”“资金结存——零余额账户用款额度、货币资金”科目。

【例4-85】如果上例中的文化广场为接受捐赠设施，该行政单位的账务处理应为：

财务会计	预算会计
借：公共基础设施——文化广场 5 000 000	—
贷：捐赠收入 5 000 000	

（4）外购的公共基础设施

行政单位外购的公共基础设施，其成本包括购买价款、相关税费以及公共基础设施交付使用前所发生的可归属于该项资产的运输费、装卸费、安装费和专业人员服务费等。

行政单位外购的公共基础设施，财务会计按照确定的成本，借记“公共基础设施”科目，贷记“财政拨款收入”“零余额账户用款额度”“银行存款”等科目；预算会计按照实际支付的金额，借记“行政支出”科目，贷记“财政拨款预算收入”“资金结存——零余额账户用款额度、货币资金”科目。

【例4-86】某行政单位购入公共照明设施一批，取得增值税专用发票上记载的金额为500 000元、税额为80 000元，款项通过单位零余额账户支付。另以银行存款支付运输费用和安装费2 200元（含税）。该行政单位的账务处理如下：

财务会计	预算会计
借：公共基础设施——公共照明设施 582 200	借：行政支出 582 200
贷：零余额账户用款额度 580 000	贷：资金结存——零余额账户用款额度 580 000
银行存款 2 200	——货币资金 2 200

（5）其他情况

对于包括不同组成部分的公共基础设施，其只有总成本、没有单项组成部分成本的，行政单位可以按照各单项组成部分同类或类似资产的成本或市场价格比例对总成本进行分配，分别确定公共基础设施中各单项组成部分的成本。

对于成本无法可靠取得的公共基础设施，行政单位应当设置备查簿进行登记，待成本能够可靠确定后按照规定及时入账。

2. 与公共基础设施相关的后续支出

公共基础设施在使用过程中发生的后续支出，符合公共基础设施确认条件的，应当计入公共基础设施成本；不符合公共基础设施确认条件的，应当在发生时计入当期费用。通常情况下，为增加公共基础设施使用效能或延长其使用年限而发生的改建、扩建等后续支出，应当计入公共基础设施成本；为维护公共基础设施的正常使用而发生的日常维修、养护等后续支出，应当计入当期费用。

行政单位将公共基础设施转入改建、扩建时，财务会计按照公共基础设施的账面价值，借记“在建工程”科目，按照公共基础设施已计提折旧，借记“公共基础设施累计折旧（摊销）”科目，按照公共基础设施的账面余额，贷记“公共基础设施”科目。

为增加公共基础设施使用效能或延长其使用年限而发生的改建、扩建等后续支出，财务会计借记“在建工程”科目，贷记“财政拨款收入”“零余额账户用款额度”“银行存款”等科目。公共基础设施改建、扩建完成，竣工验收交付使用时，按照在建工程成本，借记“公共基础设施”科目，贷记“在建工程”科目。预算会计按照实际支付的改建、扩建等后续支出，借记“行政支出”科目，贷记“财政拨款预算收入”“资金结存——零余额账户用款额度、货币资金”科目。

为保证公共基础设施正常使用发生的日常维修等支出，借记“业务活动费用”“单位管理费用”等科目，贷记“财政拨款收入”“零余额账户用款额度”“银行存款”等科目。预算会计按照实际支付的日常维修等支出，借记“行政支出”科目，贷记“财政拨款预算收入”“资金结存——零余额账户用款额度、货币资金”科目。

3. 公共基础设施折旧（摊销）

（1）公共基础设施折旧（摊销）的范围

行政单位应当对公共基础设施计提折旧，但行政单位持续进行良好的维护使得其性能得到永久维持的公共基础设施和确认为公共基础设施的单独计价入账的土地使用权除外。

对于确认为公共基础设施的单独计价入账的土地使用权，行政单位应当按照《政府会计准则第4号——无形资产》的相关规定进行摊销。

（2）公共基础设施折旧的计提方法

公共基础设施应计提的折旧总额为其成本，计提公共基础设施折旧时不考虑预计净残值。行政单位应当对暂估入账的公共基础设施计提折旧，实际成本确定后不需调整原已计提的折旧额。

行政单位一般应当采用年限平均法或者工作量法计提公共基础设施折旧。在确定公共基础设施的折旧方法时，应当考虑与公共基础设施相关的服务潜力或经济利益的预期实现方式。公共基础设施折旧方法一经确定，不得随意变更。

（3）公共基础设施折旧年限的确定

行政单位应当根据公共基础设施的性质和使用情况，合理确定公共基础设施的折旧年限。

行政单位确定公共基础设施的折旧年限时应当考虑下列因素：

①设计使用年限或设计基准期。

②预计实现服务潜力或提供经济利益的期限。

③预计有形损耗和无形损耗。

④法律或者类似规定对资产使用的限制。公共基础设施的折旧年限一经确定，不

得随意变更，但暂停计提折旧的处于改建和扩建等建造活动期间的公共基础设施、因改建和扩建等原因而延长使用年限重新计算折旧额的公共基础设施除外。

对于行政单位接受无偿调入、捐赠的公共基础设施，应当考虑该项资产的新旧程度，按照其尚可使用的年限计提折旧。

（4）公共基础设施折旧计提时点

公共基础设施应当按月计提折旧，并计入当期费用。当月增加的公共基础设施，当月开始计提折旧；当月减少的公共基础设施，当月不再计提折旧。

处于改建、扩建等建造活动期间的公共基础设施，应当暂停计提折旧。因改建、扩建等原因而延长公共基础设施使用年限的，应当按照重新确定的公共基础设施的成本和重新确定的折旧年限计算折旧额，不需调整原已计提的折旧额。

公共基础设施提足折旧后，无论能否继续使用，均不再计提折旧；已提足折旧的公共基础设施，可以继续使用的，应当继续使用，并规范实物管理。提前报废的公共基础设施，不再补提折旧。

（5）公共基础设施折旧（摊销）的核算

财务会计系统下，行政单位应设置“公共基础设施累计折旧（摊销）”科目核算计提的公共基础设施累计折旧和累计摊销。本科目应当按照所对应公共基础设施的明细分类进行明细核算。本科目期末贷方余额，反映单位提取的公共基础设施折旧和摊销的累计数。

预算会计系统下，行政单位对计提公共基础设施折旧（摊销）不进行会计核算。

按月计提公共基础设施折旧时，按照应计提的折旧额，借记“业务活动费用”科目，贷记“公共基础设施累计折旧（摊销）”科目。

按月对确认为公共基础设施的单独计价入账的土地使用权进行摊销时，按照应计提的摊销额，借记“业务活动费用”科目，贷记“公共基础设施累计折旧（摊销）”科目。

【例4-87】某行政单位采用年限平均法计提公共基础设施折旧和确认为公共基础设施的单独计价入账的土地使用权摊销，计算确定的本月应计提折旧额2 000 000元、摊销额500 000元。该行政单位的账务处理如下：

	财务会计	预算会计
借：业务活动费用	2 500 000	
贷：公共基础设施累计折旧（摊销）——累计折旧	2 000 000	—
——累计摊销	500 000	

4.公共基础设施处置

行政单位公共基础设施处置的方式主要包括对外捐赠、无偿调出。

行政单位按规定报经批准无偿调出、对外捐赠公共基础设施的，应当将公共基础设施的账面价值予以转销，无偿调出、对外捐赠中发生的归属于调出方、捐出方的相关费用应当计入当期费用。

行政单位报经批准对外捐赠公共基础设施，财务会计按照公共基础设施已计提的折旧或摊销，借记“公共基础设施累计折旧（摊销）”科目，按照被处置公共基础设施账面余额，贷记“公共基础设施”科目，按照捐赠过程中发生的归属于捐出方的相关费用，贷记“银行存款”等科目，按照其差额，借记“资产处置费用”科目。预算会计按照实际支付的归属于捐出方的相关费用，借记“其他支出”科目，贷记“资金结存——零余额账户用款额度、货币资金”科目。

行政单位报经批准无偿调出公共基础设施，财务会计按照公共基础设施已计提的折旧或摊销，借记“公共基础设施累计折旧（摊销）”科目，按照被处置公共基础设施账面余额，贷记“公共基础设施”科目，按照其差额，借记“无偿调拨净资产”科目；同时，按照无偿调出过程中发生的归属于调出方的相关费用，借记“资产处置费用”科目，贷记“银行存款”等科目。预算会计按照实际支付的归属于调出方的相关费用，借记“其他支出”科目，贷记“资金结存——零余额账户用款额度、货币资金”科目。

【例4-88】某行政单位将一批室外健身器材捐赠给一社区，该批健身器材已计提折旧400 000元，账面余额200 000元。假设无其他相关费用发生，该行政单位的账务处理如下：

财务会计			预算会计
借：资产处置费用	200 000		
公共基础设施累计折旧（摊销）	400 000		—
贷：公共基础设施——室外健身器材		600 000	

假定上述室外健身器材无偿调给社区，该行政单位账务处理如下，

财务会计			预算会计
借：无偿调拨净资产	200 000		
公共基础设施累计折旧（摊销）	400 000		—
贷：公共基础设施——室外健身器材		600 000	

5.公共基础设施盘点

行政单位应当定期对公共基础设施进行清查盘点。对于发生的公共基础设施盘盈、盘亏、毁损或报废，应当先记入“待处理财产损溢”科目，按照规定报经批准后及时进行后续账务处理。

（1）盘盈的公共基础设施

盘盈的公共基础设施，其成本按照有关凭据注明的金额确定；没有相关凭据，但

按照规定经过资产评估的，其成本按照评估价值确定；没有相关凭据，也未经过评估的，其成本按照重置成本确定。盘盈的公共基础设施成本无法可靠取得的，单位应当设置备查簿进行登记，待成本确定后按照规定及时入账。

盘盈的公共基础设施，财务会计的账务处理如下：按照确定的入账成本，借记“公共基础设施”科目，贷记“待处理财产损溢”科目；按照规定报经批准后处理时，如属于本年度取得的，按照当年新取得公共基础设施进行账务处理；如属于以前年度取得的，按照前期差错处理，借记“待处理财产损溢”科目，贷记“以前年度盈余调整”科目。属于本年度取得的，预算会计按照当年新取得相关资产进行账务处理。

【例4-89】某行政单位年终在公共基础设施清查过程中发现有15台路灯没有入账，其中去年获得10台，有关凭据注明的金额为500 000元；今年获得的5台路灯，有关凭据注明的金额为200 000元，款项通过财政支付方式支付。该行政单位的账务处理如下：

● 转入待处理财产损溢时，

财务会计			预算会计		
借：公共基础设施——路灯	700 000		—		
贷：待处理财产损溢		700 000			

● 报经批准予以处理时，

财务会计			预算会计		
借：待处理财产损溢	700 000		借：行政支出	200 000	
贷：以前年度盈余调整		500 000	贷：财政拨款预算收入		200 000
财政拨款收入		200 000			

（2）盘亏、毁损或报废的公共基础设施

公共基础设施报废或遭受重大毁损的，行政单位应当在报经批准后将公共基础设施账面价值予以转销，并将报废、毁损过程中取得的残值变价收入扣除相关费用后的差额按规定做应缴款项处理（差额为净收益时）或计入当期费用（差额为净损失时）。

盘亏、毁损或报废的公共基础设施，财务会计的账务处理如下：按照待处理公共基础设施的账面价值，借记“待处理财产损溢——待处理财产价值”科目，按照已计提折旧，借记“公共基础设施累计折旧（摊销）”科目，按照公共基础设施的账面余额，贷记“公共基础设施”科目；报经批准处理时，借记“资产处置费用”科目，贷记“待处理财产损溢——待处理财产价值”科目。处理毁损、报废过程中取得的残值或残值变价收入、保险理赔和过失人赔偿等，借记“库存现金”“银行存款”“其他应收款”等科目，贷记“待处理财产损溢——处理净收入”科目；处理毁损、报废过程中发生的相关费用，借记“待处理财产损溢——处理净收入”科目，贷记“库存现金”“银行存款”等科目。处理收支结清，如果处理收入大于相关费用的，按照处理收入减去相关费用后的净收入，借记“待处理财产损溢——处理净收入”科目，贷记“应缴财政款”等科目；如果处理收入小于相关费用的，按照相关费用减去处理收入后的净支出，借记“资产处置费用”科目，贷记“待处理财产损溢——处理净收入”科目。预算会计对于支付的处理净支出，借记“其他支出”科目，贷记“资金结存——货币资金”科目。

【例4-90】某行政单位占有并直接负责维护管理的城市交通设施发生报废，该设施账面余额为5 000 000元，已计提折旧4 500 000元。在报废清理过程中发生变价收入80 000元，已存入银行；发生清理费用10 000元，以银行存款支付。假设不考虑相关税费，该行政单位的账务处理如下：

• 转入待处理财产损溢时，

财务会计			预算会计
借：待处理财产损溢——待处理财产价值	500 000		—
公共基础设施累计折旧（摊销）	4 500 000		
贷：公共基础设施——城市交通设施		5 000 000	

• 报经批准处理时，

财务会计			预算会计
借：资产处置费用	500 000		—
贷：待处理财产损溢——待处理财产价值		500 000	

• 取得变价收入时，

财务会计			预算会计
借：银行存款	80 000		—
贷：待处理财产损溢——处理净收入		80 000	

• 支付清理费用时，

财务会计			预算会计
借：待处理财产损溢——处理净收入	10 000		—
贷：银行存款		10 000	

• 处置净收入时，

财务会计			预算会计
借：待处理财产损溢——处理净收入	70 000		—
贷：应缴财政款		70 000	

公共基础设施及其折旧（摊销）的主要账务处理汇总归纳如表4–17所示。

表4–17　　**公共基础设施及其折旧（摊销）的主要账务处理**

会计事项		财务会计	预算会计
		公共基础设施	
公共基础设施取得	自行建造公共基础设施完工交付使用时	借：公共基础设施 　贷：在建工程	—
	接受无偿调入的公共基础设施	借：公共基础设施 　贷：无偿调拨净资产 　　　财政拨款收入/零余额账户用款额度/银行存款等［归属于调入方的相关费用］ 如无偿调入的公共基础设施成本无法可靠取得的 借：其他费用［归属于调入方的相关费用］ 　贷：财政拨款收入/零余额账户用款额度/银行存款等	借：其他支出［支付的归属于调入方的相关费用］ 　贷：财政拨款预算收入/资金结存
	接受捐赠的公共基础设施	借：公共基础设施 　贷：捐赠收入 　　　财政拨款收入/零余额账户用款额度/银行存款等［归属于捐入方的相关费用］ 如接受捐赠的公共基础设施成本无法可靠取得的 借：其他费用［归属于捐入方的相关费用］ 　贷：财政拨款收入/零余额账户用款额度/银行存款等	借：其他支出［支付的归属于捐入方的相关费用］ 　贷：财政拨款预算收入/资金结存
	外购的公共基础设施	借：公共基础设施 　贷：财政拨款收入/零余额账户用款额度/银行存款等	借：行政支出 　贷：财政拨款预算收入/资金结存
与公共基础设施有关的后续支出	为增加公共基础设施使用效能或延长其使用年限而发生的改建、扩建等后续支出	借：在建工程 　　公共基础设施累计折旧（摊销） 　贷：公共基础设施［账面余额］ 借：在建工程［发生的相关后续支出］ 　贷：财政拨款收入/零余额账户用款额度/银行存款等	借：行政支出［实际支付的款项］ 　贷：财政拨款预算收入/资金结存
	为维护公共基础设施的正常使用而发生的日常维修、养护等后续支出	借：业务活动费用 　贷：财政拨款收入/零余额账户用款额度/银行存款等	借：行政支出［实际支付的款项］ 　贷：财政拨款预算收入/资金结存

续表

<table>
<tr><td colspan="4" rowspan="2">会计事项</td><td>财务会计</td><td>预算会计</td></tr>
<tr><td>公共基础设施</td><td></td></tr>
<tr><td rowspan="2">公共基础设施处置</td><td colspan="3">对外捐赠公共基础设施</td><td>借：资产处置费用
　　公共基础设施累计折旧（摊销）
　贷：公共基础设施［账面余额］
　　　银行存款等［归属于捐出方的相关费用］</td><td>借：其他支出［归属于捐出方的相关费用］
　贷：资金结存等</td></tr>
<tr><td colspan="3">无偿调出公共基础设施</td><td>借：无偿调拨净资产
　　公共基础设施累计折旧（摊销）
　贷：公共基础设施［账面余额］
借：资产处置费用
　贷：银行存款等［归属于调出方的相关费用］</td><td>借：其他支出［归属于调出方的相关费用］
　贷：资金结存等</td></tr>
<tr><td rowspan="6">公共基础设施盘点清查</td><td rowspan="3">盘盈的公共基础设施</td><td colspan="2">转入待处理财产时</td><td>借：公共基础设施
　贷：待处理财产损溢</td><td>—</td></tr>
<tr><td rowspan="2">报经批准后处理时</td><td>本年取得的</td><td colspan="2">按照当年取得公共基础设施进行账务处理</td></tr>
<tr><td>以前年度取得的</td><td>借：待处理财产损溢
　贷：以前年度盈余调整</td><td>—</td></tr>
<tr><td rowspan="3">盘亏、毁损或报废的公共基础设施</td><td colspan="2">转入待处理财产时</td><td>借：待处理财产损溢［账面价值］
　　公共基础设施累计折旧（摊销）
　贷：公共基础设施［账面余额］</td><td>—</td></tr>
<tr><td colspan="2">报经批准处理时</td><td>借：资产处置费用
　贷：待处理财产损溢——待处理财产价值</td><td>—</td></tr>
<tr><td colspan="2">处理毁损、报废过程中取得的残值或残值变价收入、保险理赔或过失人赔偿等</td><td>借：库存现金/银行存款/其他应收款等
　贷：待处理财产损溢——处理净收入</td><td>—</td></tr>
</table>

续表

会计事项			财务会计	预算会计
			公共基础设施	
公共基础设施盘点清查	盘亏、毁损或报废的公共基础设施	处理毁损、报废过程中发生的相关费用	借：待处理财产损溢——处理净收入 贷：库存现金/银行存款等	—
		处理收支结清，处理收入大于相关费用的	借：待处理财产损溢——处理净收入 贷：应缴财政款	—
		处理收支结清，处理收入小于相关费用的	借：资产处置费用 贷：待处理财产损溢——处理净收入	借：其他支出 贷：资金结存［支付的处理净支出］
按月计提公共基础设施折旧或摊销时			借：业务活动费用 贷：公共基础设施累计折旧（摊销）	

六、政府储备物资

（一）政府储备物资的确认和计量

1.政府储备物资的概念

政府储备物资，是指行政单位为满足实施国家安全与发展战略、进行抗灾救灾、应对公共突发事件等特定公共需求而控制的，同时具有下列特征的有形资产：

（1）在应对可能发生的特定事件或情形时动用。

（2）其购入、存储保管、更新（轮换）、动用等由政府及相关部门发布的专门管理制度规范。

政府储备物资包括战略及能源物资、抢险抗灾救灾物资、农产品、医药物资和其他重要商品物资，通常情况下由行政单位委托承储单位存储。

2.政府储备物资的确认条件

政府储备物资同时满足下列条件的，应当予以确认：

（1）与该政府储备物资相关的服务潜力很可能实现或者经济利益很可能流入行政单位。

（2）该政府储备物资的成本或者价值能够可靠地计量。

通常情况下，符合政府储备物资确认条件的，应当由按规定对其负有行政管理职责的行政单位予以确认。其中行政管理职责主要指提出或拟定收储计划、更新（轮换）计划、动用方案等。相关行政管理职责由不同行政单位行使的政府储备物资，由负责提出收储计划的行政单位予以确认。

对政府储备物资不负有行政管理职责但接受委托具体负责执行其存储保管等工作

的行政单位，应当将受托代储的政府储备物资作为受托代理资产核算。

3.政府储备物资的计量

政府储备物资在取得时应当按照成本进行初始计量。不同取得方式下政府储备物资的成本的确定方法参见政府储备物资取得的核算。

政府储备物资的后续计量是政府储备物资的发出，具体参见政府储备物资发出的核算。

（二）政府储备物资核算的会计科目设置

财务会计系统下，行政单位应设置“政府储备物资”科目核算控制的政府储备物资的成本。对政府储备物资不负有行政管理职责但接受委托具体负责执行其存储保管等工作的单位，其受托代储的政府储备物资应当通过“受托代理资产”科目核算，不通过本科目核算。本科目应当按照政府储备物资的种类、品种、存放地点等进行明细核算。行政单位根据需要，可在本科目下设置“在库”“发出”等明细科目进行明细核算。本科目期末借方余额，反映政府储备物资的成本。

预算会计系统下，与“政府储备物资”科目对应的是“行政支出”科目。

（三）政府储备物资的主要账务处理

1.政府储备物资取得

行政单位政府储备物资取得的方式主要包括：购入、委托加工、接受捐赠、无偿调入。政府储备物资取得时，应当按照其成本入账。

但是，下列各项不计入政府储备物资成本：仓储费用、日常维护费用、不能归属于使政府储备物资达到目前场所和状态所发生的其他支出。

（1）购入的政府储备物资

行政单位购入的政府储备物资，其成本包括购买价款和行政单位承担的相关税费、运输费、装卸费、保险费、检测费以及使政府储备物资达到目前场所和状态所发生的归属于政府储备物资成本的其他支出。

购入的政府储备物资验收入库，财务会计按照确定的成本，借记“政府储备物资”科目，贷记“财政拨款收入”“零余额账户用款额度”“银行存款”等科目；预算会计按照实际支付的金额，借记“行政支出”科目，贷记“财政拨款预算收入”“资金结存——零余额账户用款额度、货币资金”科目。

【例4-91】某行政单位为地震灾区购入帐篷一批，取得的增值税专用发票上记载的金额为500 000元、税额为80 000元，支付运输费5 500元，款项实行财政直接支付。帐篷已验收入库，该行政单位的账务处理如下：

财务会计		预算会计	
借：政府储备物资——救灾帐篷	585 500	借：行政支出	585 500
贷：财政拨款收入	585 500	贷：财政拨款预算收入	585 500

（2）委托加工的政府储备物资

行政单位委托加工的政府储备物资，其成本包括委托加工前物料成本、委托加工成本（如委托加工费以及按规定应计入委托加工政府储备物资成本的相关税费等），以及行政单位承担的使政府储备物资达到目前场所和状态所发生的归属于政府储备物资成本的其他支出。

涉及委托加工政府储备物资业务的，相关账务处理参照“加工物品”科目。

（3）接受捐赠的政府储备物资

行政单位接受捐赠的政府储备物资，其成本按照有关凭据注明的金额加上政府会计主体承担的相关税费、运输费等确定；没有相关凭据可供取得，但按规定经过资产评估的，其成本按照评估价值加上行政单位承担的相关税费、运输费等确定；没有相关凭据可供取得、也未经资产评估的，其成本比照同类或类似资产的市场价格加上行政单位承担的相关税费、运输费等确定。

行政单位接受捐赠的政府储备物资验收入库，财务会计按照确定的成本，借记“政府储备物资”科目，按照单位承担的相关税费、运输费等，贷记“零余额账户用款额度”“银行存款”等科目，按照其差额，贷记“捐赠收入”科目；预算会计按实际支付的相关税费、运输费等，借记“其他支出”科目，贷记“资金结存——零余额账户用款额度、货币资金”科目。

【例4-92】某行政单位收到某公司为地震灾区捐赠的大米1 000袋，每袋市场价格100元，通过单位零余额账户支付运输费550元。大米已验收入库，该行政单位的账务处理如下：

财务会计		预算会计	
借：政府储备物资——救灾大米	100 550	借：其他支出	550
贷：零余额账户用款额度	550	贷：资金结存——货币资金	550
捐赠收入	100 000		

（4）无偿调入的政府储备物资

行政单位接受无偿调入的政府储备物资，其成本按照调出方账面价值加上归属于行政单位的相关税费、运输费等确定。

行政单位接受无偿调入的政府储备物资验收入库，财务会计按照确定的成本，借记“政府储备物资”科目，按照单位承担的相关税费、运输费等，贷记“零余额账户用款额度”“银行存款”等科目，按照其差额，贷记“无偿调拨净资产”科目。预算会计按实际支付的相关税费、运输费等，借记“其他支出”科目，贷记“资金结存——零余额账户用款额度、货币资金”科目。

【例4-93】某行政单位收到无偿调入的医药物资一批，调出方账面价值为500 000元，以现金支付运输费550元。医药物资已验收入库，该行政单位的账务处理如下：

财务会计		预算会计	
借：政府储备物资——医药物资	500 550	借：其他支出	550
贷：库存现金	550	贷：资金结存——货币资金	550
无偿调拨净资产	500 000		

2.政府储备物资的发出

行政单位政府储备物资发出的方式主要包括：动用、无偿调出、对外销售等。其中后两种方式属于政府储备物资处置。

行政单位应当根据实际情况采用先进先出法、加权平均法或者个别计价法确定政府储备物资发出的成本。计价方法一经确定，不得随意变更。对于性质和用途相似的政府储备物资，行政单位应当采用相同的成本计价方法确定发出物资的成本。对于不能替代使用的政府储备物资、为特定项目专门购入或加工的政府储备物资，行政单位通常应采用个别计价法确定发出物资的成本。

（1）动用的政府储备物资

行政单位因动用而发出无需收回的政府储备物资的，行政单位应当在发出物资时将其账面余额予以转销，计入当期费用。因动用而发出需要收回或者预期可能收回的政府储备物资的，行政单位应当在按规定的质量验收标准收回物资时，将未收回物资的账面余额予以转销，计入当期费用。

行政单位因动用而发出无需收回的政府储备物资的，财务会计按照发出物资的账面余额，借记“业务活动费用”科目，贷记“政府储备物资”科目。

行政单位因动用而发出需要收回或者预期可能收回的政府储备物资的，在发出物资时，财务会计按照发出物资的账面余额，借记“政府储备物资——发出”科目，贷记“政府储备物资——在库”科目；按照规定的质量验收标准收回物资时，按照收回物资原账面余额，借记“政府储备物资——在库”科目，按照未收回物资的原账面余额，借记“业务活动费用”科目，按照物资发出时登记在“政府储备物资”科目所属“发出”明细科目中的余额，贷记“政府储备物资——发出”科目。

【例4-94】某行政单位从本单位的仓库中发出一批防汛材料物资，该物资的账面余额为600 000元，发出后无需收回。该行政单位的账务处理如下：

财务会计		预算会计
借：业务活动费用	600 000	—
贷：政府储备物资——发出——防汛物资	600 000	

【例4-95】某行政单位从本单位的仓库中发出一批防汛车船设备物资，该物资账面余额为1 000 000元，发出后需要收回，假定收回时物资原账面余额500 000元，该行政单位的账务处理如下：

• 发出时，

	财务会计		预算会计
借：政府储备物资——发出——防汛物资	1 000 000		—
贷：政府储备物资——在库——防汛物资		1 000 000	

• 收回时，

	财务会计		预算会计
借：政府储备物资——在库——防汛物资	500 000		
业务活动费用	500 000		—
贷：政府储备物资——发出——防汛物资		1 000 000	

（2）无偿调出的政府储备物资

行政单位因行政管理主体变动等原因而将政府储备物资调拨给其他主体的，行政单位应当在发出物资时将其账面余额予以转销。

行政单位因行政管理主体变动等原因而将政府储备物资调拨给其他主体的，财务会计按照无偿调出政府储备物资的账面余额，借记“无偿调拨净资产”科目，贷记“政府储备物资”科目。

【例4-96】某行政单位经批准无偿调出医疗器械一批，该物资的账面余额500 000元。该行政单位的账务处理如下：

	财务会计		预算会计
借：无偿调拨净资产	500 000		—
贷：政府储备物资——医疗器械		500 000	

（3）对外销售的政府储备物资

行政单位对外销售政府储备物资的，应当在发出物资时将其账面余额转销计入当期费用，并按规定确认相关销售收入或将销售取得的价款大于所承担的相关税费后的差额做应缴款项处理。

行政单位对外销售政府储备物资并将销售收入纳入单位预算统一管理的，发出物资时，财务会计按照发出物资的账面余额，借记“业务活动费用”科目，贷记“政府储备物资”科目；实现销售收入时，按照确认的收入金额，借记“银行存款”“应收账款”等科目，贷记“其他收入”科目。预算会计按实际收到的价款，借记“资金结存——货币资金”科目，贷记“其他预算收入”科目。

行政单位对外销售政府储备物资并按照规定将销售净收入上缴财政的，发出物资时，财务会计按照发出物资的账面余额，借记“资产处置费用”科目，贷记“政府储备物资”科目；取得销售价款时，按照实际收到的款项金额，借记“银行存款”等科目，按照发生的相关税费，贷记“银行存款”等科目，按照销售价款大于所承担的相关税费后的差额，贷记“应缴财政款”科目。

【例4-97】某行政单位经批准将不需储备的救灾帐篷出售，该物资的账面余额为100 000元，出售价款92 700元。该行政单位的账务处理如下：

• 假定对外销售政府储备物资并将销售收入纳入单位预算统一管理时，

财务会计			预算会计		
借：业务活动费用	100 000		借：资金结存——货币资金	92 700	
贷：政府储备物资——救灾帐篷		100 000	贷：其他预算收入		92 700
借：银行存款	92 700				
贷：其他收入		90 000			
应交增值税		2 700			

• 假定对外销售政府储备物资并按照规定将销售净收入上缴财政时，

财务会计			预算会计
借：资产处置费用	100 000		
贷：政府储备物资——救灾帐篷		100 000	
借：银行存款	92 700		—
贷：应交增值税		2 700	
其他应交税费		324	
应缴财政款		89 676	

（4）更新（轮换）的政府储备物资

行政单位采取销售采购方式对政府储备物资进行更新（轮换）的，应当将物资轮出视为物资销售，按照对外销售政府储备物资处理；将物资轮入视为物资采购，按照购入的政府储备物资处理。

3.政府储备物资的盘点

行政单位应当定期对政府储备物资进行清查盘点，每年至少盘点一次。对于发生的政府储备物资盘盈、盘亏或者报废、毁损，应当先记入“待处理财产损溢”科目，按照规定报经批准后及时进行后续账务处理。

（1）盘盈的政府储备物资

行政单位盘盈的政府储备物资，其成本按照有关凭据注明的金额确定；没有相关凭据，但按规定经过资产评估的，其成本按照评估价值确定；没有相关凭据、也未经资产评估的，其成本按照重置成本确定。

盘盈的政府储备物资，财务会计的账务处理如下：转入待处理财产时，按照确定的入账成本，借记“政府储备物资”科目，贷记“待处理财产损溢”科目。按照规定报经批准后处理时，如属于本年度取得的，按照当年新取得相关资产进行账务处理；

如属于以前年度取得的，按照前期差错处理，借记“待处理财产损溢”科目，贷记“以前年度盈余调整”科目。属于本年度取得的，预算会计按照当年新取得相关资产进行账务处理。

【例4-98】某行政单位年终在政府储备物资清查过程中，发现今年取得的农产品物资没有入账，有关凭据注明的金额为1 200 000元，款项通过财政部门零余额账户支付；去年取得的救灾帐篷一批没有入账，有关凭据注明的金额为200 000元。该行政单位的账务处理如下：

- 转入待处理财产损溢时，

财务会计	预算会计
借：政府储备物资——农产品物资 1 200 000 ——救灾帐篷 200 000 贷：待处理财产损溢 1 400 000	—

- 报经批准予以处理时，

财务会计	预算会计
借：待处理财产损溢 1 400 000 贷：以前年度盈余调整 200 000 财政拨款收入 1 200 000	借：行政支出 1 200 000 贷：财政拨款预算收入 1 200 000

（2）盘亏或者毁损、报废的政府储备物资

政府储备物资盘亏的，行政单位应当按规定报经批准后将盘亏的政府储备物资的账面余额予以转销，确定追究相关赔偿责任的，确认应收款项；属于正常耗费或不可抗力因素造成的，计入当期费用。政府储备物资报废、毁损的，行政单位应当按规定报经批准后将报废、毁损的政府储备物资的账面余额予以转销，确认应收款项（确定追究相关赔偿责任的）或计入当期费用（因储存年限到期报废或非人为因素致使报废、毁损的）；同时，将报废、毁损过程中取得的残值变价收入扣除行政单位承担的相关费用后的差额按规定作应缴款项处理（差额为净收益时）或计入当期费用（差额为净损失时）。

盘亏、毁损或报废的政府储备物资，财务会计的账务处理如下：按照待处理政府储备物资的账面余额，借记“待处理财产损溢——待处理财产价值”科目，贷记“政府储备物资”科目；报经批准处理时，借记“资产处置费用”科目，贷记“待处理财产损溢——待处理财产价值”科目。处理毁损、报废过程中取得的残值或残值变价收入、保险理赔和过失人赔偿等，借记“库存现金”“银行存款”“其他应收款”等科目，贷记“待处理财产损溢——处理净收入”科目；处理毁损、报废过程中发生的相关费用，借记“待处理财产损溢——处理净收入”科目，贷记“库存现金”“银行存款”等科目。处理收支结清，如果处理收入大于相关费用的，按照处理收入减去相关费用后的净收入，借记“待处理财产损溢——处理净收入”科目，贷记“应缴财政款”等科目；如果处理收入小于相关费用的，按照相关费用减去处理收入后的净支出，借记“资产处置费用”科目，贷记“待处理财产损溢——处理净收入”科目。预算会计对于支付的处理净支出，借记“其他支出”科目，贷记“资金结存——货币资金”科目。

【例4-99】某行政单位在年终盘点政府储备物资时发现救灾医疗器械短缺一批，属于正常损耗，其账面余额为100 000元。该行政单位的账务处理如下：

● 转入待处理财产损溢时，

财务会计			预算会计
借：待处理财产损溢——待处理财产价值	100 000		—
贷：政府储备物资——医疗器材		100 000	

● 报经批准予以核销时，

财务会计			预算会计
借：资产处置费用	100 000		—
贷：待处理财产损溢——待处理财产价值		100 000	

【例4-100】某行政单位一批防汛设备因使用年限到期发生报废，该设备账面余额为500 000元，在报废清理过程中发生变价收入80 000元，已存入银行；发生清理费用10 000元，以银行存款支付。假设不考虑相关税费，该行政单位的账务处理如下：

● 转入待处理财产损溢时，

财务会计			预算会计
借：待处理财产损溢——待处理财产价值	500 000		—
贷：政府储备物资——防汛设备		500 000	

● 报经批准后处理时，

财务会计			预算会计
借：资产处置费用	500 000		—
贷：待处理财产损溢——待处理财产价值		500 000	

● 取得变价收入时，

财务会计			预算会计
借：银行存款	80 000		—
贷：待处理财产损溢——处理净收入		80 000	

• 支付清理费用时，

财务会计		预算会计
借：待处理财产损溢——处理净收入	10 000	—
贷：银行存款	10 000	

• 处置净收入时，

财务会计		预算会计
借：待处理财产损溢——处理净收入	70 000	—
贷：应缴财政款	70 000	

政府储备物资的主要账务处理汇总归纳如表4-18所示。

表4-18 **政府储备物资的主要账务处理**

会计事项		财务会计	预算会计
		政府储备物资	
政府储备物资的取得	购入政府储备物资	借：政府储备物资 贷：财政拨款收入/零余额账户用款额度/应付账款/银行存款等	借：行政支出 贷：财政拨款预算收入/资金结存
	接受捐赠的政府储备物资	借：政府储备物资 贷：捐赠收入 财政拨款收入/零余额账户用款额度/银行存款［捐入方承担的相关税费］	借：其他支出［捐入方承担的相关税费］ 贷：财政拨款预算收入/资金结存
	无偿调入的政府储备物资	借：政府储备物资 贷：无偿调拨净资产 财政拨款收入/零余额账户用款额度/银行存款［调入方承担的相关税费］	借：其他支出［调入方承担的相关税费］ 贷：财政拨款预算收入/资金结存
政府储备	动用发出无需收回的政府储备物资	借：业务活动费用 贷：政府储备物资［账面余额］	—
	动用发出需要收回或预期可能收回的政府储备物资	发出物资时 借：政府储备物资——发出 贷：政府储备物资——在库 按照规定的质量验收标准收回物资时 借：政府储备物资——在库［收回物资的账面余额］ 业务活动费用［未收回物资的账面余额］ 贷：政府储备物资——发出	—

续表

<table>
<tr><td colspan="4" rowspan="2">会计事项</td><td>财务会计</td><td>预算会计</td></tr>
<tr><td>政府储备物资</td><td></td></tr>
<tr><td rowspan="3">物资的发出</td><td colspan="3">因行政管理主体变动等原因而将政府储备物资调拨给其他主体的</td><td>借：无偿调拨净资产
　贷：政府储备物资［账面余额］</td><td>—</td></tr>
<tr><td rowspan="2">对外销售政府储备物资的</td><td colspan="2">销售收入纳入本单位预算</td><td>借：业务活动费用
　贷：政府储备物资
借：银行存款/应收账款等
　贷：其他收入
借：业务活动费用
　贷：银行存款等［发生的相关税费］</td><td>借：资金结存［收到的销售价款］
　贷：其他预算收入
借：行政支出
　贷：资金结存［支付的相关税费］</td></tr>
<tr><td colspan="2">销售收入扣除相关税费后上缴财政</td><td>借：资产处置费用
　贷：政府储备物资
借：银行存款等［收到的销售价款］
　贷：银行存款［发生的相关税费］
　　　应缴财政款</td><td>—</td></tr>
<tr><td rowspan="6">政府储备物资盘点清查</td><td rowspan="3">盘盈的政府储备物资</td><td colspan="2">转入待处理财产时</td><td>借：政府储备物资
　贷：待处理财产损溢</td><td>—</td></tr>
<tr><td rowspan="2">报经批准后处理时</td><td>本年取得的</td><td colspan="2">按照当年取得政府储备物资进行账务处理</td></tr>
<tr><td>以前年度取得的</td><td>借：待处理财产损溢
　贷：以前年度盈余调整</td><td>—</td></tr>
<tr><td rowspan="3">盘亏、毁损或报废的政府储备物资</td><td colspan="2">转入待处理财产时</td><td>借：待处理财产损溢［账面价值］
　　政府储备物资累计折旧
　贷：政府储备物资［账面余额］</td><td>—</td></tr>
<tr><td colspan="2">报经批准处理时</td><td>借：资产处置费用
　贷：待处理财产损溢——待处理财产价值</td><td>—</td></tr>
<tr><td colspan="2">处理毁损、报废过程中取得的残值或残值变价收入、保险理赔或过失人赔偿等</td><td>借：库存现金/银行存款/其他应收款等
　贷：待处理财产损溢——处理净收入</td><td>—</td></tr>
</table>

续表

会计事项			财务会计	预算会计
			政府储备物资	
政府储备物资盘点清查	盘亏、毁损或报废的政府储备物资	处理毁损、报废过程中发生的相关费用	借：待处理财产损溢——处理净收入 贷：库存现金/银行存款等	—
		处理收支结清，处理收入大于相关费用的	借：待处理财产损溢——处理净收入 贷：应缴财政款	—
		处理收支结清，处理收入小于相关费用的	借：资产处置费用 贷：待处理财产损溢——处理净收入	借：其他支出 贷：资金结存［支付的处理净支出］

七、文物文化资产

（一）文物文化资产的确认和计量

通常情况下，文物文化资产是指用于展览、教育或研究等目的的历史文物、艺术品以及其他具有文化或历史价值并作长期或永久保存的典藏等。

按照《政府会计制度》有关“文物文化资产”科目的规定，文物资产是指行政单位为满足社会公共需求而控制的文物文化资产，但不包括行政单位为满足自身开展业务活动或其他活动需要而控制的文物和陈列品。

（二）文物文化资产核算的会计科目设置

财务会计系统下，行政单位应设置“文物文化资产”科目核算为满足社会公共需求而控制的文物文化资产的成本。行政单位为满足自身开展业务活动或其他活动需要而控制的文物和陈列品，应当通过“固定资产”科目核算，不通过本科目核算。本科目应当按照文物文化资产的类别、项目等进行明细核算。本科目期末借方余额，反映文物文化资产的成本。

预算会计系统下，与“文物文化资产”科目对应的是“行政支出”“其他支出”科目。

（三）文物文化资产的主要账务处理

1.文物文化资产的取得

行政单位文物文化资产取得的主要方式包括：外购、无偿调入、接受捐赠。文物文化资产在取得时，应当按照其成本入账。对于成本无法可靠取得的文物文化资产，行政单位应当设置备查簿进行登记，待成本能够可靠确定后按照规定及时入账。

（1）外购的文物文化资产

行政单位外购的文物文化资产，其成本包括购买价款、相关税费以及可归属于该项资产达到预定用途前所发生的其他支出（如运输费、安装费、装卸费等）。

外购的文物文化资产，财务会计按照确定的成本，借记“文物文化资产”科目，贷记“财政拨款收入”“零余额账户用款额度”“银行存款”等科目。预算会计按照实际支付的金额，借记“行政支出”科目，贷记“财政拨款预算收入”“资金结存——零余额账户用款额度、货币资金”科目。

【例4-101】某行政单位从拍卖市场拍得佛教造像一尊用于研究，采用财政直接支付方式支付款项5 000 000元。通过单位零余额账户支付相关税费50 000元。该行政单位的账务处理如下：

财务会计		预算会计	
借：文物文化资产——佛教造像	5 050 000	借：行政支出	5 050 000
贷：财政拨款收入	5 000 000	贷：财政拨款预算收入	5 000 000
零余额账户用款额度	50 000	资金结存——零余额账户用款额度	50 000

（2）无偿调入的文物文化资产

行政单位接受其他单位无偿调入的文物文化资产，其成本按照该项资产在调出方的账面价值加上归属于调入方的相关费用确定。

无偿调入的文物文化资产，财务会计按照确定的成本，借记“文物文化资产”科目，按照发生的归属于调入方的相关费用，贷记“零余额账户用款额度”“银行存款”等科目，按照其差额，贷记“无偿调拨净资产”科目；无偿调入的文物文化资产成本无法可靠取得的，按照发生的归属于调入方的相关费用，借记“其他费用”科目，贷记“零余额账户用款额度”“银行存款”等科目。预算会计按照实际支付的归属于调入方的相关费用，借记“其他支出”科目，贷记“资金结存——零余额账户用款额度、货币资金”科目。

【例4-102】某行政单位从某省级博物馆无偿调入用于展览古代兵器一批，调出方账面价值为500 000元，以现金支付运输费500元。该行政单位的账务处理如下：

财务会计		预算会计	
借：文物文化资产——兵器	500 500	借：其他支出	500
贷：库存现金	500	贷：资金结存——货币资金	500
无偿调拨净资产	500 000		

（3）接受捐赠的文物文化资产

行政单位接受捐赠的文物文化资产，其成本按照有关凭据注明的金额加上相关费用确定；没有相关凭据可供取得，但按照规定经过资产评估的，其成本按照评估价值加上相关费用确定；没有相关凭据可供取得也未经评估的，其成本比照同类或类似资产的市场价格加上相关费用确定。

接受捐赠的文物文化资产，财务会计按照确定的成本，借记“文物文化资产”科目，按照发生的相关税费、运输费等金额，贷记“零余额账户用款额度”“银行存款”等科目，按照其差额，贷记“捐赠收入”科目。接受捐赠的文物文化资产成本无法可靠取得的，按照发生的相关税费、运输费等金额，借记“其他费用”科目，贷记“零余额账户用款额度”“银行存款”等科目。预算会计按照实际支付的相关税费、运输费等，借记“其他支出”科目，贷记“资金结存——零余额账户用款额度、货币资金”科目。

【例4-103】某行政单位收到一位民间收藏家捐赠的一幅宋代名画，该名画经过资产评估机构的资产评估价值为1 500 000元。通过单位零余额账户支付评估费2 000元。该行政单位的账务处理如下：

财务会计		预算会计	
借：文物文化资产——书画	1 502 000	借：其他支出	2 000
贷：零余额账户用款额度	2 000	贷：资金结存——货币资金	2 000
捐赠收入	1 500 000		

2. 与文物文化资产有关的后续支出

行政单位与文物文化资产有关的后续支出，参照“公共基础设施”科目相关规定进行处理。

3. 文物文化资产的处置

行政单位文物文化资产的处置方式主要包括：对外捐赠和无偿调出。

（1）对外捐赠文物文化资产

行政单位报经批准对外捐赠文物文化资产，按照被处置文物文化资产账面余额和捐赠过程中发生的归属于捐出方的相关费用合计数，借记“资产处置费用”科目，按照被处置文物文化资产账面余额，贷记“文物文化资产”科目，按照捐赠过程中发生的归属于捐出方的相关费用，贷记“银行存款”等科目。预算会计按照实际支付的归属于捐出方的相关费用，借记“其他支出”科目，贷记“资金结存——零余额账户用款额度、货币资金”科目。

（2）无偿调出文物文化资产

行政单位报经批准无偿调出文物文化资产，按照被处置文物文化资产账面余额，借记“无偿调拨净资产”科目，贷记“文物文化资产”科目；同时，按照无偿调出过程中发生的归属于调出方的相关费用，借记“资产处置费用”科目，贷记“银行存款”等科目。预算会计按照实际支付的归属于调出方的相关费用，借记“其他支出”科目，贷记“资金结存——零余额账户用款额度、货币资金”科目。

【例4-104】某行政单位经批准将一批体现某省地方古代生产方式的文物捐赠给该省博物馆，该批文物的账面余额为500 000元。假设不考虑相关税费，该行政单位的账务处理如下：

财务会计	预算会计
借：资产处置费用　　500 000 　贷：文物文化资产——生产工具　　500 000	—

如果上述文物属于无偿调出，

财务会计	预算会计
借：无偿调拨净资产　　500 000 　贷：文物文化资产——生产工具　　500 000	—

4.文物文化资产的盘点

行政单位应当定期对文物文化资产进行清查盘点，每年至少盘点一次。对于发生的文物文化资产盘盈、盘亏、毁损或报废等，参照“公共基础设施”科目相关规定进行账务处理。

文物文化资产的主要账务处理汇总归纳如表4-19所示。

表4-19　**文物文化资产的主要账务处理**

会计事项		财务会计	预算会计
		文物文化资产	
取得文物文化资产	外购的文物文化资产	借：文物文化资产 　贷：财政拨款收入/零余额账户用款额度/应付账款/银行存款等	借：行政支出 　贷：财政拨款预算收入/资金结存
	接受无偿调入的文物文化资产	借：文物文化资产 　贷：无偿调拨净资产 　　财政拨款收入/零余额账户用款额度/银行存款等［归属于调入方的相关费用］ 如无偿调入的文物文化资产成本无法可靠取得的 借：其他费用［归属于调入方的相关费用］ 　贷：财政拨款收入/零余额账户用款额度/银行存款等	借：其他支出［归属于调入方的相关费用］ 　贷：财政拨款预算收入/资金结存
	接受捐赠的文物文化资产	借：文物文化资产 　贷：捐赠收入 　　财政拨款收入/零余额账户用款额度/银行存款［归属于捐入方的相关费用］ 接受捐赠的文物文化资产成本无法可靠取得的 借：其他费用［归属于调入方的相关费用］ 　贷：财政拨款收入/零余额账户用款额度/银行存款等	借：其他支出［归属于捐入方的相关费用］ 　贷：资金结存等

续表

会计事项		财务会计	预算会计
		文物文化资产	
文物文化资产处置	对外捐赠文物文化资产	借：资产处置费用 　贷：文物文化资产［账面余额］ 　　　银行存款等［归属于捐出方的相关费用］	借：其他支出［归属于捐出方的相关费用］ 　贷：资金结存等
	无偿调出文物文化资产	借：无偿调拨净资产 　贷：文物文化资产［账面余额］ 借：资产处置费用 　贷：银行存款等［归属于调出方的相关费用］	借：其他支出［归属于调出方的相关费用］ 　贷：资金结存等
文物文化资产盘点		参照“公共基础设施”科目相关规定进行账务处理	

八、保障性住房

（一）保障性住房的确认和计量

通常情况下，保障性住房是指政府为中低收入住房困难家庭所提供的限定标准、限定价格或租金的住房，一般由廉租住房、经济适用住房、政策性租赁住房、定向安置房等构成，这种类型的住房有别于完全由市场形成价格的商品房。

按《政府会计制度》有关“保障性住房”科目的规定，保障性住房是指行政单位为满足社会公共需求而控制的保障性住房。按照《政府会计准则制度解释第1号》规定，《政府会计制度》中规定的“保障性住房”科目中的保障性住房，主要是指地方政府住房保障主管部门持有全部或部分产权份额，纳入城镇住房保障规划和年度计划、向符合条件的保障对象提供的住房。

（二）保障性住房核算的会计科目设置

财务会计系统下，行政单位应设置“保障性住房”科目核算为满足社会公共需求而控制的保障性住房的原值。本科目应当按照保障性住房的类别、项目等进行明细核算。本科目期末借方余额，反映保障性住房的原值。

预算会计系统下，与“保障性住房”科目对应的是“行政支出”“其他支出”科目。

（三）保障性住房的主要账务处理

1.保障性住房的取得

行政单位保障性住房取得的主要方式包括：外购、自行建造、无偿调入、接受捐赠、融资租赁等。保障性住房在取得时，应当按其成本入账。

（1）外购的保障性住房

行政单位外购的保障性住房，其成本包括购买价款、相关税费以及可归属于该项资产达到预定用途前所发生的其他支出。

外购的保障性住房，财务会计按照确定的成本，借记“保障性住房”科目，贷记

“财政拨款收入”“零余额账户用款额度”“银行存款”等科目。预算会计按照实际支付的金额，借记“行政支出”科目，贷记“财政拨款预算收入”“资金结存——零余额账户用款额度、货币资金”科目。

【例4-105】某行政单位为职工购入保障性廉租住房一栋，价值2 000万元，发生相关税费80万元。款项实行财政直接支付。该行政单位的账务处理如下：

财务会计			预算会计		
借：保障性住房——廉租住房	20 800 000		借：行政支出	20 800 000	
贷：财政拨款收入		20 800 000	贷：财政拨款预算收入		20 800 000

（2）自行建造的保障性住房

自行建造的保障性住房交付使用时，按照在建工程成本，借记“保障性住房”科目，贷记“在建工程”科目。已交付使用但尚未办理竣工决算手续的保障性住房，按照估计价值入账，待办理竣工决算后再按照实际成本调整原来的暂估价值。

【例4-106】某行政单位以出包方式自行建造的定向安置房工程完工交付使用。该定向安置房在自行建造过程中共发生实际支出50 000 000元。该行政单位的账务处理如下：

财务会计			预算会计
借：保障性住房——定向安置房	50 000 000		—
贷：在建工程		50 000 000	

（3）无偿调入的保障性住房

行政单位接受其他单位无偿调入的保障性住房，其成本按照该项资产在调出方的账面价值加上归属于调入方的相关费用确定。

无偿调入的保障性住房，财务会计按照确定的成本，借记“保障性住房”科目，按照发生的归属于调入方的相关费用，贷记“零余额账户用款额度”“银行存款”等科目，按照其差额，贷记“无偿调拨净资产”科目。预算会计按照实际支付的归属于调入方的相关费用，借记“其他支出”科目，贷记“资金结存——零余额账户用款额度、货币资金”科目。

【例4-107】某行政单位经批准从其他单位无偿调入政策性租赁住房100套，该批政策性租赁住房调出方账面价值为1 200 000元，以银行存款支付相关费用5 000元。该行政单位的账务处理如下：

财务会计			预算会计		
借：保障性住房——政策性租赁住房	1 205 000		借：其他支出	5 000	
贷：银行存款		5 000	贷：资金结存——货币资金		5 000
无偿调拨净资产		1 200 000			

（4）接受捐赠、融资租赁取得的保障性住房

接受捐赠、融资租赁取得的保障性住房，参照“固定资产”科目相关规定进行处理。

2. 与保障性住房有关的后续支出

行政单位与保障性住房有关的后续支出，参照“固定资产”科目相关规定进行处理。

3. 保障性住房折旧

行政单位应当参照《政府会计准则第3号——固定资产》及其应用指南的相关规定，按月对其控制的保障性住房计提折旧。

财务会计系统下，行政单位应设置“保障性住房累计折旧”科目核算计提的保障性住房的累计折旧。本科目应当按照所对应保障性住房的类别进行明细核算。本科目期末贷方余额，反映单位计提的保障性住房折旧累计数。

预算会计系统下，行政单位对保障性住房折旧不进行会计核算。

按月计提保障性住房折旧时，按照应计提的折旧额，借记“业务活动费用”科目，贷记“保障性住房累计折旧”科目。

【例4-108】某行政单位采用年限平均法计提保障性住房折旧，本月计提折旧额为100 000元。该行政单位账务处理如下：

财务会计			预算会计
借：业务活动费用	100 000		—
贷：保障性住房累计折旧		100 000	

4. 保障性住房的出租

行政单位按照规定出租保障性住房并将出租收入上缴同级财政，财务会计按照收取的租金金额，借记“银行存款”等科目，贷记“应缴财政款”科目。

【例4-109】某行政单位按季度收取廉租住房租金105 000元。每季度收到租金收入时，该行政单位账务处理如下：

财务会计			预算会计
借：银行存款	105 000		—
贷：应交增值税		5 000	
其他应交税费		600	
应缴财政款		99 400	

5. 保障性住房的处置

行政单位保障性住房处置的主要方式有两种：无偿调出和对外出售。

（1）无偿调出保障性住房

行政单位报经批准无偿调出保障性住房，财务会计按照保障性住房已计提的

折旧，借记“保障性住房累计折旧”科目，按照被处置保障性住房账面余额，贷记“保障性住房”科目，按照其差额，借记“无偿调拨净资产”科目；同时，按照无偿调出过程中发生的归属于调出方的相关费用，借记“资产处置费用”科目，贷记“银行存款”等科目。预算会计按照实际支付的归属于调出方的相关费用，借记“其他支出”科目，贷记“资金结存——零余额账户用款额度、货币资金”科目。

【例4-110】某行政单位报经批准将20套不需用的廉租住房无偿调出给其他单位，该批廉租住房的账面余额为400 000元，已计提折旧100 000元。该行政单位的账务处理如下：

财务会计			预算会计
借：保障性住房累计折旧	100 000		
资产处置费用	300 000		—
贷：保障性住房——廉租住房		400 000	

（2）对外出售的保障性住房

行政单位报经批准出售保障性住房，按照被出售保障性住房的账面价值，借记“资产处置费用”科目，按照保障性住房已计提的折旧，借记“保障性住房累计折旧”科目，按照保障性住房账面余额，贷记“保障性住房”科目；同时，按照收到的价款，借记“银行存款”等科目，按照出售过程中发生的相关费用，贷记“银行存款”等科目，按照其差额，贷记“应缴财政款”科目。

【例4-111】某行政单位经上级批准将2016年3月取得的30套政策性租赁住房出售，30套住房的账面价值为4 000 000元，已计提折旧3 000 000元，取得出售价款1 260 000元，款项已存入银行。另以银行存款支付相关费用20 000元。该行政单位的账务处理如下：

财务会计			预算会计
借：资产处置费用	4 000 000		
保障性住房累计折旧	3 000 000		
贷：保障性住房——政策性租赁住房		7 000 000	
借：银行存款	1 260 000		—
贷：应交增值税		60 000	
其他应交税费		7 200	
银行存款		20 000	
应缴财政款		1 172 800	

6.保障性住房的盘点

行政单位应当定期对保障性住房进行清查盘点。对于发生的保障性住房盘盈、盘亏、毁损或报废等，参照“固定资产”科目相关规定进行账务处理。

保障性住房及其折旧的主要账务处理汇总归纳如表4-20所示。

表4-20　**保障性住房及其折旧的主要账务处理**

会计事项		财务会计	预算会计
		保障性住房	
保障性住房取得	外购的保障性住房	借：保障性住房 　贷：财政拨款收入/零余额账户用款额度/银行存款等	借：行政支出 　贷：财政拨款预算收入/资金结存
	自行建造的保障性住房，工程完工交付使用时	借：保障性住房 　贷：在建工程	—
	无偿调入的保障性住房	借：保障性住房 　贷：银行存款/零余额账户用款额度等［相关费用］ 　　无偿调拨净资产［差额］	借：其他支出［支付的相关税费］ 　贷：资金结存等
保障性住房出租	按照收取或应收的租金金额	借：银行存款/应收账款 　贷：应缴财政款	—
保障性住房处置	出售保障性住房	借：资产处置费用 　　保障性住房累计折旧 　贷：保障性住房［账面余额］	—
	无偿调出保障性住房	借：无偿调拨净资产 　　保障性住房累计折旧 　贷：保障性住房［账面余额］	—
		借：资产处置费用 　贷：银行存款等［归属于调出方的相关费用］	借：其他支出 　贷：资金结存等
保障性住房盘点		参照“固定资产”科目相关规定进行账务处理	
按月计提保障性住房折旧时		借：业务活动费用 　贷：保障性住房累计折旧	—

九、长期待摊费用

（一）长期待摊费用的确认和计量

长期待摊费用是指行政单位已经支出，但应由本期和以后各期负担的分摊期限在

1年以上（不含1年）的各项费用，如以经营租赁方式租入的固定资产发生的改良支出等。长期待摊费用在发生时确认，按照已经支出的金额计量。

（二）长期待摊费用核算的会计科目设置

财务会计系统下，行政单位应设置“长期待摊费用”科目，核算长期待摊费用。本科目应当按照费用项目进行明细核算。本科目期末借方余额，反映单位尚未摊销完毕的长期待摊费用。

预算会计系统下，与“长期待摊费用”科目对应的是“行政支出”科目。

（三）长期待摊费用的主要账务处理

1.发生长期待摊费用时，按照支出金额，财务会计借记“长期待摊费用”科目，贷记“财政拨款收入”“零余额账户用款额度”“银行存款”等科目。预算会计借记“行政支出”科目，贷记“财政拨款预算收入”“资金结存——零余额账户用款额度、货币资金”科目。

2.按照受益期间摊销长期待摊费用时，财务会计按照摊销金额，借记“业务活动费用”科目，贷记“长期待摊费用”科目。

3.如果某项长期待摊费用已经不能使单位受益，应当将其摊余金额一次全部转入当期费用。财务会计按照摊销金额，借记“业务活动费用”科目，贷记“长期待摊费用”科目。

【例4-112】某行政单位因履职需要租入办公用房，租期两年，该单位只在协议规定的期限内拥有对该办公用房的使用权。在使用前，该单位对办公用房进行了装修，共计支出24 000元，款项通过单位零余额账户支付。该行政单位账务处理如下：

● 发生装修费用时，

财务会计		预算会计	
借：长期待摊费用	24 000	借：行政支出	24 000
贷：零余额账户用款额度	24 000	贷：资金结存——零余额账户用款额度	24 000

● 2年内每月平均分摊装修费时，

财务会计		预算会计
借：业务活动费用	1 000	—
贷：长期待摊费用	1 000	

长期待摊费用的主要账务处理汇总归纳如表4-21所示。

十、资产清查

资产清查盘点，是指行政单位对其控制的现金、实物资产和无形资产进行清查，以查明行政单位的资产盘盈、盘亏、报废和毁损等情况的行为。

表4-21　　长期待摊费用的主要账务处理

会计事项	财务会计	预算会计
	长期待摊费用	
发生长期待摊费用	借：长期待摊费用 　贷：财政拨款收入/零余额账户用款额度/银行存款等	借：行政支出 　贷：财政拨款预算收入/资金结存
按期摊销或一次转销长期待摊费用剩余账面余额	借：业务活动费用 　贷：长期待摊费用	—

（一）资产清查核算的会计科目设置

财务会计系统下，行政单位应设置“待处理财产损溢”科目以核算在资产清查过程中查明的各种资产盘盈、盘亏和报废、毁损的价值。本科目应当按照待处理的资产项目进行明细核算；对于在资产处理过程中取得收入或发生相关费用的项目，还应当设置“待处理财产价值”“处理净收入”明细科目，进行明细核算。本科目期末如为借方余额，反映尚未处理完毕的各种资产的净损失；期末如为贷方余额，反映尚未处理完毕的各种资产净溢余。年末，经批准处理后，本科目一般应无余额。

预算会计系统下，与“待处理财产损溢”科目对应的主要是“其他预算收入”“其他支出”科目。

（二）待处理财产损溢的主要账务处理

行政单位资产清查中查明的资产盘盈、盘亏、报废和毁损，一般应当先记入“待处理财产损溢”科目，按照规定报经批准后及时进行账务处理。年末结账前一般应处理完毕。

1.账款核对时发现的库存现金短缺或溢余

（1）每日账款核对中发现现金短缺或溢余，属于现金短缺，按照实际短缺的金额，借记“待处理财产损溢”科目，贷记“库存现金”科目；属于现金溢余，按照实际溢余的金额，借记“库存现金”科目，贷记“待处理财产损溢”科目。

（2）如为现金短缺，属于应由责任人赔偿或向有关人员追回的，借记“其他应收款”科目，贷记“待处理财产损溢”科目；属于无法查明原因的，报经批准核销时，借记“资产处置费用”科目，贷记“待处理财产损溢”科目。

（3）如为现金溢余，属于应支付给有关人员或单位的，借记“待处理财产损溢”科目，贷记“其他应付款”科目；属于无法查明原因的，报经批准后，借记“待处理财产损溢”科目，贷记“其他收入”科目。

2.资产清查过程中发现的存货、固定资产、无形资产、公共基础设施、政府储备物资、文物文化资产、保障性住房等各种资产盘盈、盘亏或报废、毁损

（1）盘盈的各类资产

转入待处理资产时，按照确定的成本，借记“库存物品”“固定资产”“无形资产”“公共基础设施”“政府储备物资”“文物文化资产”“保障性住房”等科目，贷记“待处理财产损溢”科目。

按照规定报经批准后处理时，对于盘盈的流动资产，借记“待处理财产损溢”科目，贷记“业务活动费用”科目。对于盘盈的非流动资产，如属于本年度取得的，按照当年新取得相关资产进行账务处理；如属于以前年度取得的，按照前期差错处理，借记“待处理财产损溢”科目，贷记“以前年度盈余调整”科目。

（2）盘亏或者毁损、报废的各类资产

转入待处理资产时，借记“待处理财产损溢——待处理财产价值”科目［盘亏、毁损、报废固定资产、无形资产、公共基础设施、保障性住房的，还应借记“固定资产累计折旧”“无形资产累计摊销”“公共基础设施累计折旧（摊销）”“保障性住房累计折旧”科目］，贷记“库存物品”“固定资产”“无形资产”“公共基础设施”“政府储备物资”“文物文化资产”“保障性住房”“在建工程”等科目（涉及增值税业务的，相关账务处理参见“应交增值税”科目）。报经批准处理时，借记“资产处置费用”科目，贷记“待处理财产损溢——待处理财产价值”科目。

处理毁损、报废实物资产过程中取得的残值或残值变价收入、保险理赔和过失人赔偿等，借记“库存现金”“银行存款”“库存物品”“其他应收款”等科目，贷记“待处理财产损溢——处理净收入”科目；处理毁损、报废实物资产过程中发生的相关费用，借记“待处理财产损溢——处理净收入”科目，贷记“库存现金”“银行存款”等科目。

处理收支结清，如果处理收入大于相关费用的，按照处理收入减去相关费用后的净收入，借记“待处理财产损溢——处理净收入”科目，贷记“应缴财政款”等科目；如果处理收入小于相关费用的，按照相关费用减去处理收入后的净支出，借记“资产处置费用”科目，贷记“待处理财产损溢——处理净收入”科目。

上述业务的相关举例参见库存现金、存货、固定资产、无形资产、政府储备物资、公共基础设施、文物文化资产、保障性住房等资产盘盈、盘亏或报废毁损的核算。

待处理财产损溢的主要账务处理归纳如表4-22所示。

表4-22　　　　　　　　**待处理财产损溢的主要账务处理**

<table>
<tr><td colspan="2" rowspan="2">会计事项</td><td>财务会计</td><td rowspan="2">预算会计</td></tr>
<tr><td>待处理财产损溢</td></tr>
<tr><td colspan="2">账款核对时发现的现金短缺或溢余</td><td colspan="2">参见“库存现金”科目的账务处理</td></tr>
<tr><td>盘盈的非现金资产</td><td>转入待处理财产时</td><td>借：库存物品/固定资产/无形资产/公共基础设施/政府储备物资/文物文化资产/保障性住房等
贷：待处理财产损溢</td><td>—</td></tr>
<tr><td rowspan="2">报经批准后处理时</td><td>对于流动资产</td><td>借：待处理财产损溢
贷：业务活动费用</td><td>—</td></tr>
<tr><td>对于非流动资产</td><td>借：待处理财产损溢
贷：以前年度盈余调整</td><td>—</td></tr>
<tr><td rowspan="6">盘亏或毁损、报废的非现金资产</td><td>转入待处理财产时</td><td>借：待处理财产损溢——待处理财产价值
固定资产累计折旧/公共基础设施累计折旧（摊销）/无形资产累计摊销/保障性住房累计折旧
贷：库存物品/固定资产/公共基础设施/无形资产/政府储备物资/文物文化资产/保障性住房等</td><td>—</td></tr>
<tr><td>报经批准处理时</td><td>借：资产处置费用
贷：待处理财产损溢——待处理财产价值</td><td>—</td></tr>
<tr><td>处理毁损、报废实物资产过程中取得的残值或残值变价收入、保险理赔或过失人赔偿等</td><td>借：库存现金/银行存款/库存物品/其他应收款等
贷：待处理财产损溢——处理净收入</td><td>—</td></tr>
<tr><td>处理毁损、报废实物资产过程中发生的相关费用</td><td>借：待处理财产损溢——处理净收入
贷：库存现金/银行存款等</td><td>—</td></tr>
<tr><td>处理收支结清，处理收入大于相关费用的</td><td>借：待处理财产损溢——处理净收入
贷：应缴财政款</td><td>—</td></tr>
<tr><td>处理收支结清，处理收入小于相关费用的</td><td>借：资产处置费用
贷：待处理财产损溢——处理净收入</td><td>借：其他支出［支付的净支出］
贷：资金结存</td></tr>
</table>

第四节　受托代理资产

一、受托代理资产的概念和确认

受托代理资产是行政单位接受委托方委托管理的各项资产，包括受托指定转赠的物资、受托储存管理的物资等。受托代理资产应当在行政单位收到受托代理的资产时确认。

二、受托代理资产核算的会计科目设置

财务会计系统下，行政单位应设置“受托代理资产”科目核算接受委托方委托管理的各项资产。行政单位管理的罚没物资也应当通过本科目核算。行政单位收到的受托代理资产为现金和银行存款的，不通过本科目核算，应当通过“库存现金”“银行存款”科目进行核算。本科目应当按照资产的种类和委托人进行明细核算；属于转赠资产的，还应当按照受赠人进行明细核算。本科目期末借方余额，反映单位受托代理实物资产的成本。

预算会计系统下，行政单位对受托代理资产不进行会计核算。但是，如果行政单位作为受托方按照受托协议约定承担相关税费、运输费等的，将实际支付的相关税费、运输费等记入“其他支出”科目。

三、受托代理资产的主要账务处理

（一）受托转赠物资

1.行政单位接受委托人委托需要转赠给受赠人的物资，其成本按照有关凭据注明的金额确定。接受委托转赠的物资验收入库，财务会计按照确定的成本，借记“受托代理资产”科目，贷记“受托代理负债”科目。受托协议约定由受托方承担相关税费、运输费等的，按照实际支付的相关税费、运输费等金额，财务会计借记“其他费用”科目，贷记“银行存款”等科目；预算会计借记“其他支出”科目，贷记“资金结存——货币资金”等科目。

2.行政单位将受托转赠物资交付受赠人时，按照转赠物资的成本，财务会计借记“受托代理负债”科目，贷记“受托代理资产”科目。

3.行政单位转赠物资的委托人取消了对捐赠物资的转赠要求，且不再收回捐赠物资的，应当将转赠物资转为单位的存货、固定资产等。按照转赠物资的成本，财务会计借记“受托代理负债”科目，贷记“受托代理资产”科目；同时，借记“库存物品”“固定资产”等科目，贷记“其他收入”科目。

【例4-113】某行政单位接受某基金会的委托，将一批地震灾区所需的药品转赠给地震灾区。该批药品有关凭据注明的金额为50 000元，并已验收入库。该行政单位的账务处理如下：

财务会计	预算会计
借：受托代理资产——救灾药品——某基金会50 000 贷：受托代理负债 50 000	—

该行政单位将上述药品交付受赠人时，

财务会计	预算会计
借：受托代理负债 50 000 贷：受托代理资产——救灾药品——某基金会 50 000	—

如果上述基金会取消了转赠要求，且不再收回转赠物资时，

财务会计	预算会计
借：受托代理负债 50 000 贷：受托代理资产——救灾药品——某基金会 50 000 借：库存物品 50 000 贷：其他收入 50 000	—

（二）*受托存储保管物资*

1. 行政单位接受委托人委托存储保管的物资，其成本按照有关凭据注明的金额确定。接受委托储存的物资验收入库，按照确定的成本，财务会计借记“受托代理资产”科目，贷记“受托代理负债”科目。

2. 行政单位发生由受托单位承担的与受托存储保管的物资相关的运输费、保管费等费用时，按照实际发生的费用金额，财务会计借记“其他费用”等科目，贷记“银行存款”等科目；预算会计借记“其他支出”科目，贷记“资金结存——货币资金”等科目。

3. 行政单位根据委托人要求交付或发出受托存储保管的物资时，按照发出物资的成本，财务会计借记“受托代理负债”科目，贷记“受托代理资产”科目。

【例4-114】某行政单位接受上级单位的委托储存救灾物资，该物资发票金额为80 000元，并已验收入库。另外，以现金支付运输费900元。该行政单位的账务处理如下：

财务会计	预算会计
借：受托代理资产——救灾物资 80 000 贷：受托代理负债 80 000 借：其他费用 900 贷：库存现金 900	借：其他支出 900 贷：资金结存——货币资金 900

如果上级单位要求该单位交付受托储存管理的物资，

财务会计	预算会计
借：受托代理负债　　80 000 　贷：受托代理资产——救灾物资 80 000	—

（三）罚没物资

1. 行政单位取得罚没物资时，其成本按照有关凭据注明的金额确定。罚没物资验收（入库），按照确定的成本，财务会计借记“受托代理资产”科目，贷记“受托代理负债”科目。罚没物资成本无法可靠确定的，单位应当设置备查簿进行登记。

2. 行政单位按照规定处置或移交罚没物资时，按照罚没物资的成本，财务会计借记“受托代理负债”科目，贷记“受托代理资产”科目；处置时取得款项的，按照实际取得的款项金额，借记“银行存款”等科目，贷记“应缴财政款”等科目。

【例4-115】某行政单位行政执法没收三辆汽车，有关凭据注明金额为500 000元。该行政单位的账务处理如下：

财务会计	预算会计
借：受托代理资产 　——罚没物资　　500 000 　贷：受托代理负债　　500 000	—

【例4-116】上例中的行政单位将没收的汽车进行拍卖，取得价款450 000元。假设不考虑相关税费，该行政单位的账务处理如下：

财务会计	预算会计
借：受托代理负债　　500 000 　贷：受托代理资产　　500 000 借：银行存款　　450 000 　贷：应缴财政款　　450 000	—

（四）受托代理的其他实物资产

行政单位受托代理的其他实物资产，参照“受托代理资产”科目有关受托转赠物资、受托存储保管物资的规定进行账务处理。

受托代理的主要账务处理汇总归纳如表4-23所示。

表4-23　　**受托代理的主要账务处理**

<table>
<tr><th colspan="2" rowspan="2">会计事项</th><th>财务会计</th><th>预算会计</th></tr>
<tr><th>受托代理资产</th><th></th></tr>
<tr><td rowspan="4">受托转赠物资</td><td>接受委托人委托需要转赠给受赠人的物资</td><td>借：受托代理资产
　贷：受托代理负债</td><td>—</td></tr>
<tr><td>受托协议约定由受托方承担相关税费、运输费的</td><td>借：其他费用
　贷：财政拨款收入/零余额账户用款额度/银行存款等</td><td>借：其他支出［实际支付的相关税费、运输费等］
　贷：财政拨款预算收入/资金结存</td></tr>
<tr><td>将受托转赠物资交付受赠人时</td><td>借：受托代理负债
　贷：受托代理资产</td><td>—</td></tr>
<tr><td>转赠物资的委托人取消了对捐赠物资的转赠要求，且不再收回捐赠物资的</td><td>借：受托代理负债
　贷：受托代理资产
借：库存物品/固定资产等
　贷：其他收入</td><td>—</td></tr>
<tr><td rowspan="3">受托储存保管物资</td><td>接受委托人委托储存保管的物资</td><td>借：受托代理资产
　贷：受托代理负债</td><td>—</td></tr>
<tr><td>支付由受托单位承担的与受托储存保管的物资相关的运输费、保管费等</td><td>借：其他费用等
　贷：财政拨款收入/零余额账户用款额度/银行存款等</td><td>借：其他支出等［实际支付的运输费、保管费等］
　贷：财政拨款预算收入/资金结存</td></tr>
<tr><td>根据委托人要求交付受托储存保管的物资时</td><td>借：受托代理负债
　贷：受托代理资产</td><td>—</td></tr>
<tr><td rowspan="2">罚没物资</td><td>取得罚没物资时</td><td>借：受托代理资产
　贷：受托代理负债</td><td>—</td></tr>
<tr><td>按照规定处置罚没物资时</td><td>借：受托代理负债
　贷：受托代理资产
处置时取得款项的
借：银行存款等
　贷：应缴财政款</td><td>—</td></tr>
</table>

第五章

行政单位负债的核算

第一节 负债概述

一、负债的定义、确认和计量

（一）负债定义和分类

负债是指行政单位过去的经济业务或者事项形成的，预期会导致经济资源流出行政单位的现时义务。其中，现时义务，是指行政单位在现行条件下已承担的义务，未来发生的经济业务或者事项形成的义务不属于现时义务，不应当确认为负债。负债是行政单位财务会计要素之一。

按照流动性，行政单位的负债分为流动负债和非流动负债。

（二）负债的确认和计量

1.负债确认条件

符合负债定义的义务，在同时满足以下条件时，确认为负债：

（1）履行该义务很可能导致含有服务潜力或者经济利益的经济资源流出行政单位。

（2）该义务的金额能够可靠地计量。

符合负债定义和负债确认条件的项目，应当列入行政单位资产负债表。

2.负债计量属性

行政单位负债的计量属性主要包括历史成本、现值和公允价值。

历史成本计量下，负债按照因承担现时义务而实际收到的款项或者资产的金额，或者承担现时义务的合同金额，或者按照为偿还负债预期需要支付的现金计量。

在现值计量下，负债按照预计期限内需要偿还的未来净现金流出量的折现金额计量。

在公允价值计量下，负债按照市场参与者在计量日发生的有序交易中转移负债所需支付的价格计量。

行政单位在对负债进行计量时，一般应当采用历史成本。采用现值、公允价值计量的，应当保证所确定的负债金额能够持续、可靠计量。

二、负债类会计科目及其核算内容

行政单位负债类会计科目有11个，各负债类会计科目及其核算内容如表5-1所示。

表5-1 **行政单位负债类会计科目及其核算内容**

科目名称	科目核算内容
财务会计——负债类	
应交增值税	核算行政单位按照税法规定计算应交纳的增值税
其他应交税费	核算行政单位按照税法等规定计算应交纳的除增值税以外的各种税费，包括城市维护建设税、教育费附加、地方教育费附加、车船税、房产税、城镇土地使用税和企业所得税等
应缴财政款	核算行政单位取得或应收的按照规定应当上缴财政的款项，包括应缴国库的款项和应缴财政专户的款项
应付职工薪酬	核算行政单位按照有关规定应付给职工（含长期聘用人员）及为职工支付的各种薪酬，包括基本工资、国家统一规定的津贴补贴、规范津贴补贴（绩效工资）、改革性补贴、社会保险费（如职工基本养老保险费、职业年金、基本医疗保险费等）、住房公积金等
应付账款	核算行政单位因购买物资、接受服务、开展工程建设等而应付的偿还期限在1年以内（含1年）的款项
应付政府补贴	核算负责发放政府补贴的行政单位，按照规定应当支付给政府补贴接受者的各种政府补贴
其他应付款	核算行政单位除应交增值税、其他应交税费、应缴财政款、应付职工薪酬、应付票据、应付账款、应付政府补贴款、应付利息、预收账款以外，其他各项偿还期限在1年内（含1年）的应付及暂收款项，如收取的押金、存入保证金、已经报销但尚未偿还银行的本单位公务卡欠款等
预提费用	核算行政单位预先提取的已经发生但尚未支付的费用，如预提租金费用等
长期应付款	核算行政单位发生的偿还期限超过1年（不含1年）的应付款项，如以融资租赁方式取得固定资产应付的租赁费等
预计负债	核算行政单位对因或有事项所产生的现时义务而确认的负债，如对未决诉讼等确认的负债
受托代理负债	核算行政单位接受委托取得受托代理资产时形成的负债

第二节　流动负债

流动负债是指预计在1年内（含1年）偿还的负债。行政单位的负债包括应交增值税、其他应交税费、应缴财政款、应付职工薪酬、应付账款和其他应付款。

一、应交增值税

（一）应交增值税的确认和计量

应交增值税是行政单位按照税法规定计算应交纳的增值税。

增值税是对销售货物或者提供应税劳务以及进口货物的单位和个人，按其实现的增值额征收的一种税。增值税的纳税人分为一般纳税人和小规模纳税人。一般纳税人实行凭增值税专用发票扣税的计征方法；小规模纳税人则实行按征收率计算应纳税额的简易办法，且不得抵扣进项税额。

应交增值税应当在行政单位发生纳税义务事项时确认，并按税法规定计算的应交增值税金额计量。

（二）应交增值税核算的会计科目设置

财务会计系统下，行政单位应设置“应交增值税”科目核算按照税法规定计算应交纳的增值税。本科目期末贷方余额，反映单位应交未交的增值税；期末如为借方余额，反映单位尚未抵扣或多交的增值税。

1.属于增值税一般纳税人的行政单位

属于增值税一般纳税人的行政单位，应当在“应交增值税”科目下设置“应交税金”“未交税金”“预交税金”“待抵扣进项税额”“待认证进项税额”“待转销项税额”“简易计税”“代扣代交增值税”等明细科目。

（1）“应交税金”明细账内应当设置“进项税额”“已交税金”“转出未交增值税”“减免税款”“销项税额”“进项税额转出”“转出多交增值税”等专栏。

其中：

①“进项税额”专栏，记录行政单位购进货物、加工修理修配劳务、服务、无形资产或不动产而支付或负担的、准予从当期销项税额中抵扣的增值税额。

②“已交税金”专栏，记录单位当月已交纳的应交增值税额。

③“转出未交增值税”和“转出多交增值税”专栏，分别记录一般纳税人月度终了转出当月应交未交或多交的增值税额。

④“减免税款”专栏，记录行政单位按照现行增值税制度规定准予减免的增值税额。

⑤“销项税额”专栏，记录行政单位销售货物、加工修理修配劳务、服务、无形资产或不动产应收取的增值税额。

⑥“进项税额转出”专栏，记录行政单位购进货物、加工修理修配劳务、服务、

无形资产或不动产等发生非正常损失以及其他原因而不应从销项税额中抵扣、按照规定转出的进项税额。

（2）“未交税金”明细科目，核算行政单位月度终了从“应交税金”或“预交税金”明细科目转入当月应交未交、多交或预缴的增值税额，以及当月交纳以前期间未交的增值税额。

（3）“预交税金”明细科目，核算行政单位转让不动产、提供不动产经营租赁服务等，以及其他按照现行增值税制度规定应预缴的增值税额。

（4）“待抵扣进项税额”明细科目，核算行政单位已取得增值税扣税凭证并经税务机关认证，按照现行增值税制度规定准予以后期间从销项税额中抵扣的进项税额。

（5）“待认证进项税额”明细科目，核算行政单位由于未经税务机关认证而不得从当期销项税额中抵扣的进项税额。包括：一般纳税人已取得增值税扣税凭证并按规定准予从销项税额中抵扣，但尚未经税务机关认证的进项税额；一般纳税人已申请稽核但尚未取得稽核相符结果的海关缴款书进项税额。

（6）“待转销项税额”明细科目，核算行政单位销售货物、加工修理修配劳务、服务、无形资产或不动产，已确认相关收入（或利得）但尚未发生增值税纳税义务而需于以后期间确认为销项税额的增值税额。

（7）“简易计税”明细科目，核算行政单位采用简易计税方法发生的增值税计提、扣减、预缴、缴纳等业务。

（8）“代扣代交增值税”明细科目，核算行政单位购进在境内未设经营机构的境外单位或个人在境内的应税行为代扣代缴的增值税。

2. 属于增值税小规模纳税人的行政单位

属于增值税小规模纳税人的行政单位，只需在“应交增值税”科目下设置“代扣代交增值税”明细科目。

预算会计系统下，与“应交增值税”科目对应的是“行政支出”“其他支出”科目。

（三）应交增值税的主要账务处理[①]

1. 取得资产或接受劳务等业务

（1）采购等业务进项税额允许抵扣

一般纳税人行政单位购买用于增值税应税项目的资产或服务等时，财务会计按照应计入相关成本费用或资产的金额，借记“业务活动费用”“在途物品”“库存物品”“工程物资”“在建工程”“固定资产”“无形资产”等科目，按照当月已认证的可抵扣增值税额，借记“应交增值税——应交税金——进项税额”科目，按照当月未认证的可抵扣增值税额，借记“应交增值税——待认证进项税额”科目，按照应付或实际支付的金额，贷记“应付账款”“银行存款”“零余额账户用款额度”等科目。预算会计

① 应交增值税的主要账务处理的举例，均以一般纳税人行政单位为会计主体，不再一一说明。小规模纳税人行政单位的相关举例参见第二章至第四章的相关例题。

按照实际支付的金额，借记“行政支出”科目，贷记“资金结存——零余额账户用款额度、货币资金”等科目。发生退货的，如原增值税专用发票已做认证，应根据税务机关开具的红字增值税专用发票做相反的会计分录；如原增值税专用发票未做认证，应将发票退回并做相反的会计分录。

小规模纳税人行政单位购买资产或服务等时不能抵扣增值税，发生的增值税计入资产成本或相关成本费用。

【例5-1】某行政单位购买办公用电脑，取得的增值税专用发票上记载的金额为200 000元、税额为32 000元，款项实行财政授权支付。另以银行存款支付运输费用1 000元、税额100元。电脑直接交付使用。该行政单位的账务处理如下：

财务会计		预算会计	
借：固定资产	201 000	借：行政支出	233 100
应交增值税——应交税金——进项税额	32 100	贷：资金结存——零余额账户用款额度	233 100
贷：零余额账户用款额度	233 100		

【例5-2】某行政单位采购甲材料，取得的增值税专用发票上记载的金额为100 000元、税额为16 000元，款项以银行存款付讫，材料已验收入库。该行政单位的账务处理如下：

财务会计		预算会计	
借：库存物品	100 000	借：行政支出	116 000
应交增值税——应交税金——进项税额	16 000	贷：资金结存——货币资金	116 000
贷：银行存款	116 000		

【例5-3】如果上例中的行政单位取得的增值税发票尚未认证抵扣。该行政单位的账务处理如下：

• 收到材料时，

财务会计		预算会计	
借：库存物品	100 000	借：行政支出	116 000
应交增值税——待认证进项税额	16 000	贷：资金结存——货币资金	116 000
贷：银行存款	116 000		

• 增值税发票经过认证后，

财务会计		预算会计
借：应交增值税——应交税金——进项税额	16 000	—
贷：应交增值税——待认证进项税额	16 000	

（2）采购等业务进项税额不得抵扣

一般纳税人行政单位购进资产或服务等，用于简易计税方法的计税项目、免征增值税项目、集体福利或个人消费等，其进项税额按照现行增值税制度规定不得从销项税额中抵扣的，取得增值税专用发票时，财务会计应按照增值税发票注明的金额，借记相关成本费用或资产科目，按照待认证的增值税进项税额，借记“应交增值税——待认证进项税额”科目，按照实际支付或应付的金额，贷记“银行存款”“应付账款”“零余额账户用款额度”等科目；预算会计按照实际支付的金额，借记“行政支出”科目，贷记“资金结存——零余额账户用款额度、货币资金”等科目。

经税务机关认证为不可抵扣进项税时，财务会计借记“应交增值税——应交税金——进项税额”科目，贷记“应交增值税——待认证进项税额”科目，同时，将进项税额转出，借记相关成本费用科目，贷记“应交增值税——应交税金——进项税额转出”科目。

【例5-4】某行政单位为职工购买运动会服装，取得增值税专用发票，发票注明金额50 000元，税额8 000元，款项以银行存款支付。该行政单位的账务处理如下：

• 收到运动服时，

财务会计			预算会计		
借：业务活动费用	50 000		借：行政支出	58 000	
应交增值税——待认证进项税额	8 000		贷：资金结存——货币资金		58 000
贷：银行存款		58 000			

• 经税务机关认证为不可抵扣进项税时，

财务会计			预算会计
借：应交增值税——应交税金——进项税额	8 000		—
贷：应交增值税——待认证进项税额		8 000	
借：业务活动费用	8 000		
贷：应交增值税——应交税金——进项税额转出		8 000	

（3）购进不动产或不动产在建工程按照规定进项税额分年抵扣

一般纳税人行政单位取得应税项目为不动产或者不动产在建工程，其进项税额按照现行增值税制度规定自取得之日起分两年从销项税额中抵扣的，财务会计应当按照取得成本，借记“固定资产”“在建工程”等科目，按照当期可抵扣的增值税额，借记“应交增值税——应交税金——进项税额”科目，按照以后期间可抵扣的增值税额，借记“应交增值税——待抵扣进项税额”科目，按照应付或实际支付的金额，贷记“应付账款”“银行存款”“零余额账户用款额度”等科目；预算会计按照实际支付的金额，借记“行政支出”科目，贷记“资金结存——零余额账户用款额度、货币资金”等科目。

尚未抵扣的进项税额待以后期间允许抵扣时，财务会计按照允许抵扣的金额，借记“应交增值税——应交税金——进项税额”科目，贷记“应交增值税——待抵扣进项税额”科目。

【例5-5】某行政单位2×19年6月购进办公楼一栋，取得增值税专用发票上记载的金额为2 000万元、税额为200万元，款项采用财政直接支付。该行政单位的账务处理如下：

● 2×19年6月取得增值税专用发票抵扣60%时，

财务会计		预算会计	
借：固定资产	20 000 000	借：行政支出	22 000 000
应交增值税——应交税金——进项税额	1 200 000	贷：财政拨款预算收入	22 000 000
应交增值税——待抵扣进项税额	800 000		
贷：财政拨款收入	22 000 000		

● 2×20年6月抵扣剩余40%时，

财务会计		预算会计
借：应交增值税——应交税金——进项税额	800 000	—
贷：应交增值税——待抵扣进项税额	800 000	

（4）进项税额抵扣情况发生改变

一般纳税人行政单位因发生非正常损失或改变用途等，原已计入进项税额、待抵扣进项税额或待认证进项税额，但按照现行增值税制度规定不得从销项税额中抵扣的，财务会计借记"待处理财产损溢""固定资产""无形资产"等科目，贷记"应交增值税——应交税金——进项税额""应交增值税——待抵扣进项税额"科目或"应交增值税——待认证进项税额"科目；原不得抵扣且未抵扣进项税额的固定资产、无形资产等，因改变用途等用于允许抵扣进项税额的应税项目的，应按照允许抵扣的进项税额，借记"应交增值税——应交税金——进项税额"科目，贷记"固定资产""无形资产"等科目。固定资产、无形资产等经上述调整后，应按照调整后的账面价值在剩余尚可使用年限内计提折旧或摊销。

一般纳税人行政单位购进时已全额计入进项税额的货物或服务等转用于不动产在建工程的，对于结转以后期间的进项税额，财务会计借记"应交增值税——待抵扣进项税额"科目，贷记"应交增值税——应交税金——进项税额转出"科目。

【例5-6】某行政单位购进的甲材料100 000元（不含税）因火灾全部报废。将甲材料转入待处理财产损溢时，该行政单位的账务处理如下：

财务会计		预算会计	
借：待处理财产损溢	116 000	借：行政支出	116 000
贷：库存物品	100 000	贷：资金结存——货币资金	116 000
应交增值税——应交税金——进项税额转出	16 000		

（5）购买方作为扣缴义务人

按照现行增值税的制度规定，境外单位或个人在境内发生应税行为，在境内未设有经营机构的，以购买方为增值税扣缴义务人。境内一般纳税人购进服务或资产时，财务会计按照应计入相关成本费用或资产的金额，借记“业务活动费用”“在途物品”“库存物品”“工程物资”“在建工程”“固定资产”“无形资产”等科目，按照可抵扣的增值税额，借记“应交增值税——应交税金——进项税额”科目［小规模纳税人应借记相关成本费用或资产科目］，按照应付或实际支付的金额，贷记“银行存款”“应付账款”等科目，按照应代扣代缴的增值税额，贷记“应交增值税——代扣代交增值税”科目。实际缴纳代扣代缴增值税时，按照代扣代缴的增值税额，借记“应交增值税——代扣代交增值税”科目，贷记“银行存款”“零余额账户用款额度”等科目。预算会计按照实际支付的金额，借记“行政支出”科目，贷记“资金结存——零余额账户用款额度、货币资金”等科目。

2. 销售资产或提供服务等业务

行政单位销售货物或提供服务，财务会计应当按照应收或已收的金额，借记“应收账款”“银行存款”等科目，按照确认的收入金额，贷记“应缴财政款”（按照规定应缴财政的净收入）或“其他收入”（按照规定取得收入纳入本单位预算管理）科目，按照现行增值税制度规定计算的销项税额（或采用简易计税方法计算的应纳增值税额），贷记“应交增值税——应交税金——销项税额”科目或“应交增值税——简易计税”科目［小规模纳税人应贷记“应交增值税”科目］。对于按照规定取得的收入纳入本单位预算管理，预算会计按照实际收到的金额，借记“资金结存——货币资金”等科目，贷记“其他预算收入”科目。发生销售退回的，应根据按照规定开具的红字增值税专用发票做相反的会计分录。

按照《政府会计制度》及相关政府会计准则确认收入的时点早于按照增值税制度确认增值税纳税义务发生时点的，应将相关销项税额记入“应交增值税——待转销项税额”科目，待实际发生纳税义务时再转入“应交增值税——应交税金——销项税额”科目或“应交增值税——简易计税”科目。按照增值税制度确认增值税纳税义务发生时点早于按照《政府会计制度》及相关政府会计准则确认收入的时点的，财务会计应按照应纳增值税额，借记“应收账款”科目，贷记“应交增值税——应交税金——销项税额”科目或“应交增值税——简易计税”科目。

【例5-7】某行政单位实行简易计税，其非独立核算的打印室对外提供有偿服务，取得复印费收入5 150元，款项收到已存入银行。假设该收入纳入本单位预算管理，该行政单位的账务处理如下：

财务会计			预算会计		
借：银行存款	5 150		借：资金结存——货币资金	5 150	
贷：其他收入		5 000	贷：其他预算收入		5 150
应交增值税——简易计税		150			

【例5-8】如果上例中复印费尚未收到，该行政单位的账务处理如下：

财务会计			预算会计	
借：应收账款	5 150			
贷：其他收入		5 000	—	
应交增值税——简易计税		150		

【例5-9】某行政单位将暂时闲置的库房出租给一企业，租期一个月，取得租金收入5 800元（含税），已存入银行。假设该租金收入不上缴财政，该行政单位的账务处理如下：

财务会计			预算会计		
借：银行存款	5 800		借：资金结存——货币资金	5 800	
贷：租金收入		5 000	贷：其他预算收入		5 800
应交增值税——应交税金——销项税额		800			

3. 月末转出多交增值税和未交增值税

月度终了，行政单位应当将当月应交未交或多交的增值税自“应交税金”明细科目转入“未交税金”明细科目。对于当月应交未交的增值税，财务会计借记“应交增值税——应交税金——转出未交增值税”科目，贷记“应交增值税——未交税金”科目；对于当月多交的增值税，财务会计借记“应交增值税——未交税金”科目，贷记“应交增值税——应交税金——转出多交增值税”科目。

【例5-10】某行政单位，月末“应交增值税——应交税金——销项税额”科目贷方余额5 000元，“应交增值税——应交税金——进项税额”科目借方余额3 000元。该行政单位账务处理如下：

财务会计			预算会计
借：应交增值税——应交税金——转出未交增值税	2 000		—
贷：应交增值税——未交税金		2 000	

4. 交纳增值税

（1）交纳当月应交增值税

行政单位交纳当月应交的增值税，财务会计借记“应交增值税——应交税金——已交税金”科目［小规模纳税人借记“应交增值税”科目］，贷记“银行存款”等科目；预算会计借记“行政支出”等科目，贷记“资金结存——货币资金”等科目。

（2）交纳以前期间未交增值税

行政单位交纳以前期间未交的增值税，财务会计借记“应交增值税——未交税金”科目［小规模纳税人借记“应交增值税”科目］，贷记“银行存款”等科目；预算会计借记“行政支出”等科目，贷记“资金结存——货币资金”等科目。

（3）预交增值税

行政单位预交增值税时，财务会计借记“应交增值税——预交税金”科目，贷记“银行存款”等科目；预算会计借记“行政支出”等科目，贷记“资金结存——货币资金”等科目。

月末，行政单位应将“预交税金”明细科目余额转入“未交税金”明细科目，财务会计借记“应交增值税——未交税金”科目，贷记“应交增值税——预交税金”科目。

【例5-11】某行政单位经确认本月实际应交纳增值税110 000元，以银行存款付讫。该行政单位的账务处理如下：

财务会计		预算会计	
借：应交增值税——已交税金	110 000	借：行政支出	110 000
贷：银行存款	110 000	贷：资金结存——货币资金	110 000

5.减免增值税

对于当期直接减免的增值税，财务会计借记“应交增值税——应交税金——减免税款”科目，贷记“业务活动费用”“经营费用”等科目。

按照现行增值税制度规定，行政单位初次购买增值税税控系统专用设备支付的费用以及缴纳的技术维护费允许在增值税应纳税额中全额抵减的，按照规定抵减的增值税应纳税额，财务会计借记“应交增值税——应交税金——减免税款”科目［小规模纳税人借记“应交增值税”科目］，贷记“业务活动费用”“经营费用”等科目。

【例5-12】某行政单位以银行存款初次购买增值税税控系统专用设备1 160元（含税价），购买打印机2 320元，缴纳技术维护费500元，并取得增值税专用发票，其上记载金额3 500元、税额480元。该行政单位的账务处理如下：

财务会计		预算会计	
借：业务活动费用	1 660	借：行政支出	3 980
固定资产	2 000	贷：资金结存——货币资金	3 980
应交增值税——应交税金——进项税额	320		
贷：银行存款	3 980		
借：应交增值税——应交税金——减免税款	1 660		
贷：业务活动费用	1 660		

应交增值税的主要账务处理汇总归纳如表5-2所示。

二、其他应交税费

（一）其他应交税费的确认和计量

其他应交税费，是指行政单位按照税法等规定计算应交纳的除增值税以外的各种税费，包括城市维护建设税、教育费附加、地方教育费附加、车船税、房产税、城镇土地使用税和企业所得税等。其中，城市维护建设税、教育费附加、地方教育费附加是对缴纳增值税、消费税的单位和个人，按其实际缴纳的增值税、消费税的税额征收

表5-2 **应交增值税的主要账务处理**

<table>
<tr><th colspan="3" rowspan="2">会计事项</th><th>财务会计</th><th>预算会计</th></tr>
<tr><th>应交增值税</th><th></th></tr>
<tr><td rowspan="9">增值税一般纳税人</td><td rowspan="9">购入资产或接受劳务</td><td>购入应税资产或服务时</td><td>借：业务活动费用/在途物品/库存物品/工程物资/在建工程/固定资产等
应交增值税——应交税金——进项税额［当月已认证可抵扣］
应交增值税——待认证进项税额［当月未认证可抵扣］
贷：银行存款/零余额账户用款额度等［实际支付的金额］/应付账款等［应付的金额］</td><td>借：行政支出等
贷：资金结存等［实际支付金额］</td></tr>
<tr><td>经税务机关认证为不可抵扣进项税时</td><td>借：应交增值税——应交税金——进项税额
贷：应交增值税——待认证进项税额
借：业务活动费用
贷：应交增值税——应交税金——进项税额转出</td><td>—</td></tr>
<tr><td>购进应税不动产或在建工程按规定分年抵扣进项税额的</td><td>借：固定资产/在建工程等
应交增值税——应交税金——进项税额［当期可抵扣］
应交增值税——待抵扣进项税额［以后期间可抵扣］
贷：银行存款/零余额账户用款额度等［实际支付的金额］/应付账款等［应付的金额］</td><td>借：行政支出等
贷：资金结存等［实际支付金额］</td></tr>
<tr><td>尚未抵扣的进项税额以后期间抵扣时</td><td>借：应交增值税——应交税金——进项税额
贷：应交增值税——待抵扣进项税额</td><td>—</td></tr>
<tr><td>购进属于增值税应税项目的资产后，发生非正常损失或改变用途的</td><td>借：待处理财产损溢/固定资产/无形资产等［按照现行增值税制度规定不得从销项税额中抵扣的进项税额］
贷：应交增值税——应交税金——进项税额转出/应交增值税——待认证进项税额/应交增值税——待抵扣进项税额</td><td>—</td></tr>
<tr><td>原不得抵扣且未抵扣进项税额的固定资产、无形资产等，因改变用途等用于允许抵扣进项税额的应税项目</td><td>借：应交增值税——应交税金——进项税额［可以抵扣的进项税额］
贷：固定资产/无形资产等</td><td>—</td></tr>
<tr><td>购进时已全额计入进项税额的货物或服务等转用于不动产在建工程的，对于结转以后期间的进项税额</td><td>借：应交增值税——待抵扣进项税额
贷：应交增值税——应交税金——进项税额</td><td>—</td></tr>
<tr><td>购进资产或服务时作为扣缴义务人</td><td>借：业务活动费用/在途物品/库存物品/工程物资/固定资产/无形资产等
应交增值税——应交税金——进项税额［当期可抵扣］
贷：银行存款［实际支付的金额］
应付账款等
应交增值税——代扣代交增值税</td><td>借：行政支出
贷：资金结存［实际支付金额］</td></tr>
<tr><td>实际缴纳代扣代缴增值税时</td><td>借：应交增值税——代扣代交增值税
贷：银行存款/零余额账户用款额度等</td><td>借：行政支出等
贷：资金结存［实际支付金额］</td></tr>
</table>

续表

会计事项			财务会计 应交增值税	预算会计
增值税一般纳税人	销售应税产品或提供应税服务时		借：银行存款/应收账款［包含增值税的价款总额］ 贷：其他收入［扣除增值税销项税额后的价款］ 应交增值税——应交税金——销项税额/应交增值税——简易计税	借：资金结存［实际收到含税金额］ 贷：其他预算收入
	月末转出多交和未交增值税	月末转出本月未交增值税	借：应交增值税——应交税金——转出未交增值税 贷：应交增值税——未交税金	—
		月末转出本月多交增值税	借：应交增值税——未交税金 贷：应交增值税——应交税金——转出多交增值税	—
	缴纳增值税	本月缴纳本月增值税时	借：应交增值税——应交税金——已交税金 贷：银行存款/零余额账户用款额度等	借：行政支出 贷：资金结存
		本月缴纳以前期间未交增值税	借：应交增值税——未交税金 贷：银行存款/零余额账户用款额度等	借：行政支出 贷：资金结存
		按规定预缴增值税	预缴时， 借：应交增值税——预交税金 贷：银行存款/零余额账户用款额度等 月末， 借：应交增值税——未交税金 贷：应交增值税——预交税金	借：行政支出 贷：资金结存
		当期直接减免的增值税应纳税额	借：应交增值税——应交税金——减免税款 贷：业务活动费用/经营费用等	—
增值税小规模纳税人	购入应税资产或服务	购入应税资产或服务	借：业务活动费用/在途物品/库存物品等［按价税合计金额］ 贷：银行存款等［实际支付的金额］/应付账款等［应付的金额］	借：行政支出 贷：资金结存［实际支付金额］
		购进资产或服务时作为扣缴义务人	借：在途物品/库存物品/固定资产/无形资产等 贷：应付账款/银行存款等 应交增值税——代扣代交增值税 实际缴纳增值税时参见一般纳税人的账务处理	借：行政支出 贷：资金结存［实际支付金额］
	销售应税资产或提供应税服务		借：银行存款/应收账款［包含增值税的价款总额］ 贷：其他收入［扣除增值税金额后的价款］ 应交增值税	借：资金结存［实际收到含税金额］ 贷：其他预算收入
	缴纳增值税时		借：应交增值税 贷：银行存款等	借：行政支出 贷：资金结存
	减免增值税		借：应交增值税 贷：业务活动费用	—

的一种税费；车船税是对依法应当在车船登记管理部门登记的机动车辆和船舶以及依法不需要在车船登记管理部门登记的在单位内部场所行驶或者作业的机动车辆和船舶的所有人或者管理人，按规定的年税额征收的一种税；房产税是以房产为征税对象，按房产的计税价值或租金收入向产权所有人征收的一种税；城镇土地使用税是对在城市、县城、建制镇、工矿区范围内使用土地的单位和个人，以其实际占用的土地面积为计税依据并按规定税额征收的一种税；企业所得税是指对在中国境内的企业和其他取得收入的组织，就其生产经营所得和其他所得征收的一种税。

其他应交税费应当在行政单位发生纳税义务事项时，按照税法规定计算的应交税费金额予以确认和计量。

（二）其他应交税费核算的会计科目设置

财务会计系统下，行政单位应设置“其他应交税费”科目核算行政单位按照税法等规定计算应交纳的除增值税以外的各种税费。行政单位代扣代缴的个人所得税，也通过本科目核算。行政单位应交纳的印花税不需要预提应交税费，直接通过“业务活动费用”科目核算，不通过本科目核算。本科目应当按照应交纳的税费种类进行明细核算。本科目期末贷方余额，反映单位应交未交的除增值税以外的税费金额；期末如为借方余额，反映单位多交纳的除增值税以外的税费金额。

预算会计系统下，与“其他应交税费”科目对应的是“行政支出”科目。

（三）其他应交税费的主要账务处理

1.发生城市维护建设税、教育费附加、地方教育费附加、车船税、房产税、城镇土地使用税等纳税义务的，财务会计按照税法规定计算的应缴税费金额，借记“业务活动费用”科目，贷记“其他应交税费——应交城市维护建设税、应交教育费附加、应交地方教育费附加、应交车船税、应交房产税、应交城镇土地使用税等”科目。

2.按照税法规定计算应代扣代缴职工（含长期聘用人员）的个人所得税，财务会计借记“应付职工薪酬”科目，贷记“其他应交税费——应交个人所得税”科目。按照税法规定计算应代扣代缴支付给职工（含长期聘用人员）以外人员劳务费的个人所得税，借记“业务活动费用”科目，贷记“其他应交税费——应交个人所得税”科目。相关举例参见“应付职工薪酬”科目【例5-16】。

3.行政单位实际交纳上述各种税费时，财务会计借记“其他应交税费——应交城市维护建设税、应交教育费附加、应交地方教育费附加、应交车船税、应交房产税、应交城镇土地使用税等”科目，贷记“财政拨款收入”“零余额账户用款额度”“银行存款”等科目；预算会计借记“行政支出”科目，贷记“财政拨款预算收入”“资金结存——零余额账户用款额度、货币资金”科目。

【例5-13】某行政单位月末按规定计算出的各项税费如表5-3所示。

表5-3　**月末各项税费明细**　单位：元

税费种类	合　计
城市维护建设税	1 330
教育费附加	570
地方教育费附加	380
车船税	95 000
房产税	190 000
城镇土地使用税	320 000
合　计	607 280

根据上述资料，该行政单位的账务处理如下：

财务会计			预算会计
借：业务活动费用	607 280		—
贷：其他应交税费——应交城市维护建设税		1 330	
——应交教育费附加		570	
——应交地方教育费附加		380	
——应交车船税		95 000	
——应交房产税		190 000	
——应交城镇土地使用税		320 000	

【例5-14】上例中的行政单位以银行存款上缴各项税费。该行政单位的账务处理如下：

财务会计		预算会计	
借：其他应交税费——应交城市维护建设税	1 330	借：行政支出	607 280
——应交教育费附加	570	贷：资金结存——货币资金	607 280
——应交地方教育费附加	380		
——应交车船税	95 000		
——应交房产税	190 000		
——应交城镇土地使用税	320 000		
贷：银行存款	607 280		

其他应交税费的主要账务处理汇总归纳如表5-4所示。

表5-4 **其他应交税费的主要账务处理**

会计事项		财务会计 其他应交税费	预算会计
城市维护建设税、教育费附加、地方教育费附加、车船税、房产税、城镇土地使用税等	发生时，按照税法规定计算的应缴税费金额	借：业务活动费用 贷：其他应交税费——应交城市维护建设税等	—
	实际交纳时	借：其他应交税费——应交城市维护建设税等 贷：银行存款等	借：行政支出 贷：资金结存
代扣代缴职工个人所得税	计算应代扣代缴职工的个人所得税金额	借：应付职工薪酬 贷：其他应交税费——应交个人所得税	—
	计算应代扣代缴职工以外其他人员个人所得税	借：业务活动费用 贷：其他应交税费——应交个人所得税	—
	实际缴纳时	借：其他应交税费——应交个人所得税 贷：财政拨款收入/零余额账户用款额度/银行存款等	借：行政支出 贷：财政拨款预算收入/资金结存

三、应缴财政款

（一）应缴财政款的确认和计量

应缴财政款是指行政单位取得或应收的按照规定应当上缴财政的款项。

行政单位取得或应收的按照规定应当上缴财政的款项主要包括罚没收入、行政事业性收费、政府性基金、国有资产处置收入、出租收入等款项。其中：罚没收入是行政单位依法收缴的罚款（罚金）、没收款、赃款、没收物资、赃物的变价收入；行政事业性收费是行政单位根据国家法律、法规行使其管理职能，向公民、法人和其他组织收取的各项费用，包括管理性、资源性收费和证照性收费，如工本费、证件费、考务费等；政府性基金是行政单位按照国家法律、法规的规定，向公民、法人和其他组织征收的具有专项用途的财政资金，如广电部门征收的国家电影事业发展专项资金收入、铁路运输部门征收的铁路建设基金收入等；国有资产处置收入，是指行政单位国有资产产权的转移或核销所产生的收入，包括国有资产的出售收入、出让收入、置换差价收入、报废报损残值变价收入等；国有资产出租收入，是指行政单位在保证完成正常工作的前提下，经审批同意出租、出借国有资产所取得的收入。

应缴财政款应当在实际收到相关款项或取得相关应缴款的收款权利时，按照相关规定计算确定的上缴金额予以确认和计量。

（二）应缴财政款核算的会计科目设置

财务会计系统下，行政单位应设置“应缴财政款”科目核算行政单位取得或应收的按照规定应当上缴财政的款项。行政单位按照国家税法等的有关规定应当缴纳的各种税费，通过“应交增值税”“其他应交税费”科目核算，不在本科目核算。本科目应当按照应缴财政款项的类别进行明细核算。本科目贷方余额，反映行政单位应当上缴财政但尚未缴纳的款项。年终清缴后，本科目一般应无余额。

预算会计系统下，行政单位对应缴财政款不进行会计核算。

（三）应缴财政款的主要账务处理

行政单位取得或应收的按照规定应缴财政款项时，借记“银行存款”“应收账款”等科目，贷记“应缴财政款”科目；上缴应缴财政的款项时，按照实际上缴的金额，借记“应缴财政款”科目，贷记“银行存款”科目。

行政单位处置资产取得的应上缴财政的处置净收入的账务处理，参见“待处理财产损溢”等科目。相关举例参见“库存物品”“固定资产”“无形资产”等科目。

【例5-15】某行政单位按照规定征收政府性基金收入5 000元，该款项以集中汇缴方式上缴国库。该行政单位的账务处理如下：

财务会计			预算会计
借：银行存款	5 000		—
贷：应缴财政款——政府性基金收入		5 000	

上述单位上缴政府性基金收入时，账务处理如下，

财务会计	预算会计
借：应缴财政款——政府性基金收入　5 000 　贷：银行存款　5 000	—

应缴财政款的主要账务处理汇总归纳如表5-5所示。

表5-5　**应缴财政款的主要账务处理**

会计事项	财务会计	预算会计
	应缴财政款	
取得或应收按照规定应缴财政的款项时	借：银行存款/应收账款等 　贷：应缴财政款	—
处置资产取得应上缴财政的处置净收入的	参照“待处理财产损溢”科目的相关账务处理	—
上缴财政款项时	借：应缴财政款 　贷：银行存款等	—

四、应付职工薪酬

（一）应付职工薪酬的确认和计量

应付职工薪酬是指行政单位按照有关规定应付给职工（含长期聘用人员）及为职工支付的各种薪酬，包括基本工资、国家统一规定的津贴补贴、规范津贴补贴（绩效工资）、改革性补贴、社会保险费（如职工基本养老保险费、职业年金、基本医疗保险费等）、住房公积金等。

应付职工薪酬应当在职工为其提供服务的会计期间按照有关规定将应付给职工（含长期聘用人员）及为职工支付的各种薪酬予以确认和计量。

（二）应付职工薪酬核算的会计科目设置

财务会计系统下，行政单位应设置“应付职工薪酬”科目。核算按照有关规定应付给职工及为职工支付的各种薪酬。本科目应当根据国家有关规定，按照“基本工资（含离退休费）”“国家统一规定的津贴补贴”“规范津贴补贴（绩效工资）”“改革性补贴”“社会保险费”“住房公积金”“其他个人收入”等进行明细核算。其中“社会保险费”和“住房公积金”明细科目核算内容包括单位从职工工资中代扣代缴的社会保险费、住房公积金，以及单位为职工计算缴纳的社会保险费、住房公积金。本科目期末贷方余额，反映单位应付未付的职工薪酬。

预算会计系统下，与“应付职工薪酬”科目对应的是“行政支出”科目。

（三）应付职工薪酬的主要账务处理

1.应付职工薪酬的计提

行政单位计算确认当期应付职工薪酬（含单位为职工计算缴纳的社会保险费、住房公积金）时，财务会计账务处理如下：

（1）计提从事专业及其辅助活动人员的职工薪酬，借记“业务活动费用”科目，贷记“应付职工薪酬”科目。

（2）计提应由在建工程、加工物品、自行研发无形资产负担的职工薪酬，借记“在建工程”“加工物品”“研发支出”等科目，贷记“应付职工薪酬”科目。

（3）因解除与职工的劳动关系而给予的补偿，借记“业务活动费用”科目，贷记“应付职工薪酬”科目。

2.支付职工薪酬

行政单位向职工支付工资、津贴补贴等薪酬时，按照实际支付的金额，财务会计借记“应付职工薪酬”科目，贷记“财政拨款收入”“零余额账户用款额度”“银行存款”等科目；预算会计借记“行政支出”科目，贷记“财政拨款预算收入”“资金结存——零余额账户用款额度、货币资金”等科目。

3.代扣各种款项

行政单位代扣各种款项时，财务会计账务处理如下：

（1）按照税法规定代扣职工个人所得税时，借记“应付职工薪酬——基本工资”科目，贷记“其他应交税费——应交个人所得税”科目。

（2）从应付职工薪酬中代扣为职工垫付的水电费、房租等费用时，按照实际扣除的金额，借记“应付职工薪酬——基本工资”科目，贷记“其他应收款”等科目。

（3）从应付职工薪酬中代扣社会保险费和住房公积金，按照代扣的金额，借记“应付职工薪酬——基本工资”科目，贷记“应付职工薪酬——社会保险费、住房公积金”科目。

4.缴纳职工社会保险费和住房公积金

行政单位按照国家有关规定缴纳职工社会保险费和住房公积金时，按照实际支付的金额，财务会计借记“应付职工薪酬——社会保险费、住房公积金”科目，贷记“财政拨款收入”“零余额账户用款额度”“银行存款”等科目；预算会计借记“行政支出”科目，贷记“财政拨款预算收入”“资金结存——零余额账户用款额度、货币资金”等科目。

5.支付其他款项

行政单位从应付职工薪酬中支付的其他款项，财务会计借记“应付职工薪酬”科目，贷记“零余额账户用款额度”“银行存款”等科目；预算会计借记“行政支出”科目，贷记“资金结存——零余额账户用款额度、货币资金”等科目。

【例5-16】某行政单位计算出本月应付职工基本工资总额450 000元、津贴300 000元，应付离退休人员离退休费50 000元，其他个人收入25 000元。其中，代扣个人所得税150 000元，代扣由职工个人承担的住房公积金54 000元，单位配套补贴住房公积金54 000元。该行政单位的账务处理如下：

财务会计			预算会计
借：业务活动费用	879 000		—
贷：应付职工薪酬——基本工资（含离退休费）		500 000	
——国家统一规定的津贴补贴		300 000	
——其他个人收入		25 000	
——住房公积金		54 000	
借：应付职工薪酬——基本工资	204 000		
贷：应付职工薪酬——住房公积金		54 000	
其他应交税费——应交个人所得税		150 000	

【例5-17】上例中的行政单位通过财政直接支付方式将应付职工薪酬款项分别转入个人工资账户、住房公积金账户和国库单一账户。该行政单位的账务处理如下：

财务会计			预算会计		
借：应付职工薪酬——基本工资（含离退休费）	356 000		借：行政支出	879 000	
——国家统一规定的津贴补贴	240 000		贷：财政拨款预算收入		879 000
——其他个人收入	25 000				
其他应交税费——应交个人所得税	150 000				
应付职工薪酬——住房公积金	108 000				
贷：财政拨款收入		879 000			

应付职工薪酬的主要账务处理汇总归纳如表5-6所示。

五、应付账款

（一）应付账款的确认和计量

应付账款是行政单位因购买物资、接受服务、开展工程建设等而应付的偿还期限在1年以内（含1年）的款项。

应付账款应当在取得资产、接受劳务，或外包工程完成规定进度时，按照应付未付款项的金额予以确认和计量。

（二）应付账款核算的会计科目设置

财务会计系统下，行政单位应设置“应付账款”科目核算行政单位因购买物资、接受服务、开展工程建设等而应付的偿还期限在1年以内（含1年）的款项。本科目应当按照债权单位（或个人）进行明细核算。对于建设项目，还应设置“应付器材款”“应付工程款”等明细科目，并按照具体项目进行明细核算。本科目期末贷方余额，反映行政单位尚未支付的应付账款。

预算会计系统下，与“应付账款”科目对应的是“行政支出”科目。

（三）应付账款的主要账务处理

1.收到所购材料、物资、设备或服务以及确认完成工程进度但尚未付款时，根据发票及账单等有关凭证，财务会计按照应付未付款项的金额，借记“库存物品”“固定资产”“在建工程”等科目，贷记“应付账款”科目（涉及增值税业务的，相关账务处理参见“应交增值税”科目）。

表5-6　　**应付职工薪酬的主要账务处理**

<table>
<tr><th colspan="2" rowspan="2">会计事项</th><th>财务会计</th><th>预算会计</th></tr>
<tr><th>应付职工薪酬</th><th></th></tr>
<tr><td rowspan="3">计算确认当期应付职工薪酬</td><td>从事专业及其辅助活动人员的职工薪酬</td><td>借：业务活动费用
贷：应付职工薪酬</td><td>—</td></tr>
<tr><td>应由在建工程、加工物品、自行研发无形资产负担的职工薪酬</td><td>借：在建工程/加工物品/研发支出等
贷：应付职工薪酬</td><td>—</td></tr>
<tr><td>因解除与职工的劳动关系而给予的补偿</td><td>借：业务活动费用
贷：应付职工薪酬</td><td>—</td></tr>
<tr><td colspan="2">向职工支付工资、津贴补贴等薪酬</td><td>借：应付职工薪酬
贷：财政拨款收入/零余额账户用款额度/银行存款等</td><td>借：行政支出
贷：财政拨款预算收入/资金结存</td></tr>
<tr><td rowspan="3">从职工薪酬中代扣各种款项</td><td>代扣代缴个人所得税</td><td>借：应付职工薪酬——基本工资
贷：其他应交税费——应交个人所得税</td><td>—</td></tr>
<tr><td>代扣社会保险费和住房公积金</td><td>借：应付职工薪酬——基本工资
贷：应付职工薪酬——社会保险费/住房公积金</td><td>—</td></tr>
<tr><td>代扣为职工垫付的水电费、房租等费用时</td><td>借：应付职工薪酬——基本工资
贷：其他应收款等</td><td>—</td></tr>
<tr><td colspan="2">按照规定缴纳职工社会保险费和住房公积金</td><td>借：应付职工薪酬——社会保险费/住房公积金
贷：财政拨款收入/零余额账户用款额度/银行存款等</td><td>借：行政支出
贷：财政拨款预算收入/资金结存</td></tr>
<tr><td colspan="2">从应付职工薪酬中支付其他款项</td><td>借：应付职工薪酬
贷：零余额账户用款额度/银行存款等</td><td>借：行政支出
贷：资金结存等</td></tr>
</table>

2.偿付应付账款时，按照实际支付的金额，财务会计借记“应付账款”科目，贷记“财政拨款收入”“零余额账户用款额度”“银行存款”等科目；预算会计借记“行政支出”科目，贷记“财政拨款预算收入”“资金结存——零余额账户用款额度、货币资金”等科目。

3.无法偿付或债权人豁免偿还的应付账款，应当按照规定报经批准后进行账务处理。经批准核销时，财务会计借记“应付账款”科目，贷记“其他收入”科目。

核销的应付账款应在备查簿中保留登记。

【例5-18】某行政单位收到向甲公司采购的办公用计算机一批，取得的增值税专用发票上记载的金额为500 000元、税额为80 000元，款项在两个月后支付。计算机直接交付使用。假设该行政单位为小规模纳税人，其账务处理如下：

财务会计		预算会计
借：固定资产	580 000	—
贷：应付账款——甲公司	580 000	

【例5-19】上例中的行政单位两个月后通过单位零余额账户偿付计算机款项580 000元。该行政单位的账务处理如下：

财务会计		预算会计	
借：应付账款——甲公司	580 000	借：行政支出	580 000
贷：零余额账户用款额度	580 000	贷：资金结存——零余额账户用款额度	580 000

如果假定甲公司对计算机采购款予以豁免，账务处理如下，

财务会计		预算会计
借：应付账款——甲公司	580 000	—
贷：其他收入	580 000	

应付账款的主要账务处理汇总归纳如表5-7所示。

表5-7 **应付账款的主要账务处理**

会计事项	财务会计	预算会计
	应付账款	
购入物资、设备或服务以及完成工程进度但尚未付款	借：库存物品/固定资产/在建工程等 贷：应付账款	—
偿付应付账款	借：应付账款 贷：财政拨款收入/零余额账户用款额度/银行存款等	借：行政支出 贷：财政拨款预算收入/资金结存
无法偿付或债权人豁免偿还的应付账款	借：应付账款 贷：其他收入	—

六、其他应付款

（一）其他应付款的确认和计量

其他应付款是指行政单位除应交增值税、其他应交税费、应缴财政款、应付职工薪酬、应付票据、应付账款、应付利息、预收账款以外，其他各项偿还期限在1年内（含1年）的应付及暂收款项，如收取的押金、存入保证金、已经报销但尚未偿还银行的本单位公务卡欠款等。

其他应付款应当在相关义务满足负债的定义和确认条件时，按照确定应承担的负债金额予以确认和计量。

（二）其他应付款核算的会计科目设置

财务会计系统下，行政单位应设置“其他应付款”科目核算除应交增值税、其他

应交税费、应缴财政款、应付职工薪酬、应付票据、应付账款、应付政府补贴款、应付利息、预收账款以外，其他各项偿还期限在1年内（含1年）的应付及暂收款项。同级政府财政部门预拨的下期预算款和没有纳入预算的暂付款项，以及采用实拨资金方式通过本单位转拨给下属单位的财政拨款，也通过本科目核算。本科目应当按照其他应付款的类别以及债权人等进行明细核算。本科目期末贷方余额，反映单位尚未支付的其他应付款金额。

预算会计系统下，与“其他应付款”科目对应的是“资金结存”“行政支出”科目。

（三）其他应付款的主要账务处理

1.发生其他应付及暂收款项时，财务会计借记“银行存款”等科目，贷记“其他应付款”科目；支付（或退回）其他应付及暂收款项时，借记“其他应付款”科目，贷记“银行存款”等科目。将暂收款项转为收入时，财务会计借记“其他应付款”科目，贷记“其他收入”等科目；预算会计借记“资金结存——货币资金”科目；贷记“其他预算收入”等科目。相关举例参见第二章和第三章相关内容。

2.收到同级政府财政部门预拨的下期预算款和没有纳入预算的暂付款项，财务会计按照实际收到的金额，借记“银行存款”等科目，贷记“其他应付款”科目。待到下一预算期或批准纳入预算时，财务会计借记“其他应付款”科目，贷记“财政拨款收入”科目；预算会计借记“资金结存——货币资金”科目，贷记“财政拨款预算收入”科目。

采用实拨资金方式通过本单位转拨给下属单位的财政拨款，财务会计按照实际收到的金额，借记“银行存款”科目，贷记“其他应付款”科目；向下属单位转拨财政拨款时，按照转拨的金额，借记“其他应付款”科目，贷记“银行存款”科目。

【例5-20】某行政单位2×19年12月收到同级政府财政部门预拨的下年度1月份预算款100 000元，款项已存入银行。该行政单位的账务处理如下：

● 2×19年12月收到预拨款时，

财务会计			预算会计
借：银行存款	100 000		—
贷：其他应付款——同级财政部门		100 000	

● 2×20年1月到预算期时，

财务会计			预算会计		
借：其他应付款——同级财政部门	100 000		借：资金结存——货币资金	100 000	
贷：财政拨款收入		100 000	贷：财政拨款预算收入		100 000

【例5-21】某行政单位属于主管会计单位，采用实拨资金方式通过本单位转拨给下属单位财政拨款，2×19年12月1日收到同级政府财政部门拨给其下级单位的款项100 000元，12月2日将款项转拨给下级单位。该行政单位的账务处理如下：

● 2×19年12月1日收到拨款时，

财务会计		预算会计
借：银行存款	100 000	—
贷：其他应付款——同级财政部门	100 000	

• 2×19年12月2日转拨款项时，

财务会计		预算会计
借：其他应付款——同级财政部门	100 000	—
贷：银行存款	100 000	

3. 本单位公务卡持卡人报销时，按照审核报销的金额，借记“业务活动费用”“单位管理费用”等科目，贷记“其他应付款”科目；偿还公务卡欠款时，借记“其他应付款”科目，贷记“零余额账户用款额度”等科目；预算会计借记“行政支出”科目，贷记“资金结存——零余额账户用款额度”等科目。

【例5-22】某行政单位职工持公务卡报销，经审核的报销金额共计为50 000元。该行政单位的账务处理如下：

财务会计		预算会计
借：业务活动费用	50 000	—
贷：其他应付款——公务卡	50 000	

该行政单位通过单位零余额账户偿还公务卡欠款50 000元时，

财务会计		预算会计	
借：其他应付款——公务卡	50 000	借：行政支出	50 000
贷：零余额账户用款额度	50 000	贷：资金结存——零余额账户用款额度	50 000

4. 涉及质保金形成其他应付款的，相关账务处理参见“固定资产”科目。

5. 无法偿付或债权人豁免偿还的其他应付款项，应当按照规定报经批准后进行账务处理。经批准核销时，财务会计借记“其他应付款”科目，贷记“其他收入”科目。核销的其他应付款应在备查簿中保留登记。

【例5-23】某行政单位因履行某项业务收取申请者押金5 000元，款项已存入银行。该行政单位的账务处理如下：

财务会计		预算会计
借：银行存款	5 000	—
贷：其他应付款——押金	5 000	

【例5-24】上例中的行政单位该项业务活动已经结束，因一直无法联系到申请者，其中押金500元无法退还。报经批准后，该行政单位的账务处理如下：

财务会计		预算会计	
借：其他应付款——押金	500	借：资金结存——货币资金	500
贷：其他收入	500	贷：其他预算收入	500

其他应付款的主要账务处理汇总归纳如表5-8所示。

表5-8　　其他应付款的主要账务处理

会计事项		财务会计	预算会计
		其他应付款	
发生暂收款项	取得暂收款项时	借：银行存款等 贷：其他应付款	—
	确认收入时	借：其他应付款 贷：其他收入	借：资金结存 贷：其他预算收入
	退回（转拨）暂收款时	借：其他应付款 贷：银行存款等	—
收到同级财政部门预拨的下期预算款和没有纳入预算的暂付款项	按照实际收到的金额	借：银行存款等 贷：其他应付款	—
	待到下一预算期或批准纳入预算时	借：其他应付款 贷：财政拨款收入	借：资金结存 贷：财政拨款预算收入
发生其他应付义务	确认其他应付款项时	借：业务活动费用 贷：其他应付款	—
	支付其他应付款项	借：其他应付款 贷：银行存款等	借：行政支出 贷：资金结存
无法偿付或债权人豁免偿还的其他应付款项		借：其他应付款 贷：其他收入	—

七、预提费用

（一）预提费用的确认和计量

预提费用是指行政单位预先提取的已经发生但尚未支付的费用，如预提租金费用等。

预提费用按照预先提取的已经发生但尚未支付金额予以确认和计量。

（二）预提费用核算的会计科目设置

财务会计系统下，行政单位应设置“预提费用”科目核算预先提取的已经发生但尚未支付的费用。本科目应当按照预提费用的种类进行明细核算。本科目期末贷方余额，反映单位已预提但尚未支付的各项费用。

预算会计系统下，与“预提费用”科目对应的是“行政支出”科目。

（三）预提费用的主要账务处理

行政单位按期预提租金等费用时，财务会计按照预提的金额，借记“业务活动费用”科目，贷记“预提费用”科目。

实际支付款项时，按照支付金额，财务会计借记“预提费用”科目，贷记“零余额账户用款额度”“银行存款”等科目；预算会计借记“行政支出”科目，贷记“资金结存——零余额账户用款额度、货币资金”科目。

【例5-25】某行政单位2×19年3月1日因履职需要租入一台技术设备，租期6个月，每月租金8 000元，租期满时一次性通过单位零余额账户支付。该行政单位的账务处理如下：

• 2×19年3月至8月每月预提租金时，

财务会计		预算会计
借：业务活动费用	8 000	—
贷：预提费用	8 000	

• 2×19年9月1日实际支付租金时，

财务会计		预算会计	
借：预提费用	48 000	借：行政支出	48 000
贷：零余额账户用款额度	48 000	贷：资金结存——零余额账户用款额度	48 000

预提费用的主要账务处理汇总归纳如表5-9所示。

表5-9 **预提费用的主要账务处理**

会计事项	财务会计	预算会计
	预提费用	
按照规定预提每期租金等费用	借：业务活动费用 贷：预提费用	—
实际支付款项时	借：预提费用 贷：银行存款等	借：行政支出 贷：资金结存

第三节 非流动负债

非流动负债是指流动负债以外的负债。行政单位的非流动负债主要包括长期应付款和预计负债。

一、长期应付款

（一）长期应付款的确认和计量

长期应付款是指行政单位发生的偿还期限超过1年（不含1年）的应付款项，如以融资租赁方式取得固定资产应付的租赁费等。

长期应付款应当在取得资产、接受劳务，或外包工程完成规定进度时，按照应付未付款项的金额予以确认和计量。

（二）长期应付款核算的会计科目设置

财务会计系统下，行政单位应设置“长期应付款”科目核算行政单位发生的偿还期限超过1年（不含1年）的应付款项，如以融资租赁方式取得固定资产应付的租赁费等。本科目应当按照长期应付款的类别以及债权人进行明细核算。本科目期末贷方余额，反映单位尚未支付的长期应付款金额。

预算会计系统下，与“长期应付款”科目对应的是“行政支出”科目。

（三）长期应付款的主要账务处理

1.发生长期应付款时，财务会计借记“固定资产”“在建工程”等科目，贷记“长期应付款”科目。

2.支付长期应付款时，按照实际支付的金额，财务会计借记“长期应付款”科目，贷记“财政拨款收入”“零余额账户用款额度”“银行存款”等科目（涉及增值税业务的，相关账务处理参见“应交增值税”科目）；预算会计借记“行政支出”科目，贷记“财政拨款预算收入”“资金结存——零余额账户用款额度、货币资金”等科目。

3.无法偿付或债权人豁免偿还的长期应付款，应当按照规定报经批准后进行账务处理。经批准核销时，财务会计借记“长期应付款”科目，贷记“其他收入”科目。核销的长期应付款应在备查簿中保留登记。

4.涉及质保金形成长期应付款的，相关账务处理参见“固定资产”科目。

【例5-26】某行政单位2×19年9月30日购入办公设备一批，取得增值税专用发票上记载的金额为500 000元、税额80 000元。与供货方约定设备货款分三次支付，每半年支付一次。采用财政直接支付方式分别于2×19年9月30日（收到设备）和2×20年3月30日各支付货款50%和40%。2×20年9月30日之后几经努力无法联系到供货商，剩余10%货款58 000元无法偿付。2×20年10月报经批准后予以核销。该行政单位的账务处理如下，

- 2×19年9月30日收到专用设备并支付50%的货款时，

财务会计			预算会计		
借：固定资产	580 000		借：行政支出	290 000	
贷：财政拨款收入		290 000	贷：财政拨款预算收入		290 000
长期应付款		290 000			

- 2×20年3月30日支付40%货款时，

财务会计			预算会计		
借：长期应付款	232 000		借：行政支出	232 000	
贷：财政拨款收入		232 000	贷：财政拨款预算收入		232 000

- 2×20年10月报经批准后核销10%货款时，

财务会计			预算会计
借：长期应付款	58 000		—
贷：其他收入		58 000	

长期应付款的主要账务处理汇总归纳如表5-10所示。

表5-10 **长期应付款的主要账务处理**

会计事项	财务会计	预算会计
	长期应付款	
发生长期应付款时	借：固定资产/在建工程等 　贷：长期应付款	—
支付长期应付款	借：长期应付款 　贷：财政拨款收入/零余额账户用款额度/银行存款	借：行政支出 　贷：财政拨款预算收入/资金结存
无法偿付或债权人豁免偿还的长期应付款	借：长期应付款 　贷：其他收入	—

二、预计负债

（一）预计负债的确认和计量

预计负债是指行政单位对因或有事项所产生的现时义务而确认的负债。其中，或有事项，是指由过去的经济业务或者事项形成的，其结果须由某些未来事项的发生或不发生才能决定的不确定事项。未来事项是否发生不在行政单位控制范围内。行政单位常见的或有事项主要是未决诉讼或未决仲裁。

预计负债应当按照履行相关现时义务所需支出的最佳估计数进行初始计量。

（二）预计负债核算的会计科目设置

财务会计系统下，行政单位应设置“预计负债”科目核算行政单位对因或有事项所产生的现时义务而确认的负债。本科目应当按照预计负债的项目进行明细核算。本科目期末贷方余额，反映单位已确认但尚未支付的预计负债金额。

预算会计系统下，与“预计负债”科目对应的是“行政支出”“其他支出”科目。

（三）预计负债的主要账务处理

1.确认预计负债时，财务会计按照预计的金额，借记“业务活动费用”“其他费用”等科目，贷记“预计负债”科目。

2.实际偿付预计负债时，按照偿付的金额，财务会计借记“预计负债”科目，贷记“银行存款”“零余额账户用款额度”等科目；预算会计借记“行政支出”“其他支出”科目，贷记“资金结存——零余额账户用款额度、货币资金”科目。

3.根据确凿证据需要对已确认的预计负债账面余额进行调整的，财务会计按照调整增加的金额，借记有关科目，贷记“预计负债”科目；按照调整减少的金额，借记“预计负债”科目，贷记有关科目。

【例5-27】某行政单位2×19年3月1日在依法履职时因侵犯人身权被受害人起诉，12月31日法院尚未作出判决。根据单位法律顾问的职业判断，单位败诉的可能性为90%。如果败诉，单位需要赔偿20万元。该行政单位的账务处理如下：

财务会计		预算会计	
借：业务活动费用	200 000	—	
贷：预计负债	200 000		

假定2×20年2月1日法院作出判决，单位败诉，赔偿受害人20万元，以银行存款付讫，则：

财务会计		预算会计	
借：预计负债	200 000	借：行政支出	200 000
贷：银行存款	200 000	贷：资金结存——货币资金	200 000

预计负债的主要账务处理汇总归纳如表5-11所示。

表5-11　**预计负债的主要账务处理**

会计事项	财务会计	预算会计
	预计负债	
确认预计负债	借：业务活动费用/其他费用 　贷：预计负债	—
实际偿付预计负债	借：预计负债 　贷：银行存款等	借：行政支出/其他支出 　贷：资金结存
对预计负债账面余额进行调整的	借：业务活动费用/其他费用 　贷：预计负债 或做相反会计分录	—

第四节　受托代理负债

受托代理负债是指行政单位接受委托取得受托代理资产时形成的负债。

财务会计系统下，行政单位应设置“受托代理负债”科目核算接受委托取得受托代理资产时形成的负债。本科目期末贷方余额，反映行政单位尚未交付或发出受托代理资产时形成的负债金额。

预算会计系统下，行政单位对受托代理负债不进行会计核算。

“受托代理负债”科目的主要账务处理及举例参照“库存现金”“银行存款”“受托代理资产”科目。

第六章

行政单位净资产和预算结余的核算

第一节 净资产

一、净资产概述

（一）净资产的定义和内容

净资产，是行政单位资产扣除负债后的净额。净资产是行政单位财务会计要素之一。

行政单位净资产包括本期盈余、累计盈余、无偿调拨净资产等。

1. 本期盈余是本期各项收入与费用相抵后的余额，其计算公式如下：

本期盈余=本期收入–本期费用

本期收入=财政拨款收入+非同级财政拨款收入+捐赠收入+利息收入+租金收入+其他收入

本期费用=业务活动费用+资产处置费用+其他费用

2. 累计盈余是行政单位历年实现的盈余扣除盈余分配后滚存的金额，以及因无偿调入调出资产产生的净资产变动额。其计算公式如下：

本年年末累计盈余=本年年初余额±本年变动金额

本年年初余额=上年年末余额±以前年度盈余调整

本年变动金额=本年未分配盈余变动额+本年无偿调拨净资产变动额+从其他单位调入财政拨款结转结余–上缴、缴回、向其他单位调出财政拨款结转结余

年末，由于“本年盈余分配”、“以前年度盈余调整”和“无偿调拨净资产”科目的年末余额均转入“累计盈余”科目，所以，行政单位净资产总额等于累计盈余

总额。

（二）净资产的确认和计量

行政单位净资产金额取决于资产和负债的计量。

净资产项目应当列入行政单位资产负债表。

（三）净资产类会计科目及其核算内容

行政单位净资产类会计科目有5个，各净资产类会计科目及其核算内容如表6-1所示。

表6-1　　行政单位净资产类会计科目及其核算内容

科目名称	科目核算内容
财务会计——净资产类	
累计盈余	核算行政单位历年实现的盈余扣除盈余分配后滚存的金额，以及因无偿调入调出资产产生的净资产变动额
本期盈余	核算行政单位本期各项收入、费用相抵后的余额
本年盈余分配	核算行政单位本年度盈余分配的情况和结果
无偿调拨净资产	核算行政单位无偿调入或调出非现金资产所引起的净资产变动金额
以前年度盈余调整	核算行政单位本年度发生的调整以前年度盈余的事项，包括本年度发生的重要前期差错，更正涉及调整以前年度盈余的事项

二、本期盈余

（一）本期盈余核算的会计科目设置

财务会计系统下，行政单位应设置“本期盈余”科目核算本期各项收入和费用相抵后的余额。本科目期末如为贷方余额，反映单位自年初至当期期末累计实现的盈余；如为借方余额，反映单位自年初至当期期末累计发生的亏损。年末结账后，本科目应无余额。

预算会计系统下，行政单位对本期盈余不进行会计核算。

（二）本期盈余的主要账务处理

1.期末，财务会计将各类收入科目本期发生额转入本期盈余，借记“财政拨款收入”“非同级财政拨款收入”“捐赠收入”“利息收入”“租金收入”“其他收入”科目，贷记“本期盈余”科目；各类费用科目本期发生额转入本期盈余，借记“本期盈余”科目，贷记“业务活动费用”“资产处置费用”“其他费用”科目。

2.年末，完成上述结转后，财务会计将“本期盈余”科目余额转入“本年盈余分配”科目，借记或贷记“本期盈余”科目，贷记或借记“本年盈余分配”科目。

【例6-1】甲行政单位2×19年11月30日“本期盈余”科目贷方余额58 000元，同年12月各项收入和费用的本月发生额如表6-2所示。

表6-2　　**12月各项收入和费用的本月发生额**　　单位：元

收入科目名称	12月发生额	费用科目名称	12月发生额
财政拨款收入	170 000	业务活动费用	167 600
非同级财政拨款收入	10 000	资产处置费用	5 000
捐赠收入	5 000	其他费用	15 000
利息收入	1 000		
租金收入	2 500		
其他收入	5 000		

注：假设该行政单位租金收入经批准后不上缴财政。

根据上述资料，该行政单位的账务处理如下：

• 结转12月各项收入和费用时，

财务会计			预算会计
借：财政拨款收入	170 000		
非同级财政拨款收入	10 000		
捐赠收入	5 000		
利息收入	1 000		
租金收入	2 500		
其他收入	5 000		—
贷：本期盈余		193 500	
借：本期盈余	187 600		
贷：业务活动费用		167 600	
资产处置费用		5 000	
其他费用		15 000	

• 年末，结转“本期盈余”科目余额时，

“本期盈余”科目贷方余额=58 000+（193 500−187 600）=63 900（元）

财务会计			预算会计
借：本期盈余	63 900		—
贷：本年盈余分配		63 900	

本期盈余的主要账务处理汇总归纳如表6-3所示。

表6-3 **本期盈余的主要账务处理**

<table>
<tr><td colspan="2" rowspan="2">会计事项</td><td>财务会计</td><td>预算会计</td></tr>
<tr><td>本期盈余</td><td></td></tr>
<tr><td rowspan="2">期末结转</td><td>结转收入</td><td>借：财政拨款收入
非同级财政拨款收入
捐赠收入
利息收入
租金收入
其他收入
贷：本期盈余
投资收益科目为发生额借方净额时，做相反会计分录</td><td>—</td></tr>
<tr><td>结转费用</td><td>借：本期盈余
贷：业务活动费用
资产处置费用
其他费用</td><td>—</td></tr>
<tr><td rowspan="2">年末结转</td><td>“本期盈余”科目为贷方余额时</td><td>借：本期盈余
贷：本年盈余分配</td><td>—</td></tr>
<tr><td>“本期盈余”科目为借方余额时</td><td>借：本年盈余分配
贷：本期盈余</td><td>—</td></tr>
</table>

三、本年盈余分配

（一）本年盈余分配核算的会计科目设置

财务会计系统下，行政单位应设置“本年盈余分配”科目核算本年度盈余分配的情况和结果。年末结账后，本科目应无余额。

预算会计系统下，行政单位对本年盈余分配不进行会计核算。

（二）本年盈余分配的主要账务处理

1.年末，财务会计将“本期盈余”科目余额转入“本年盈余分配”科目，借记或贷记“本期盈余”科目，贷记或借记“本年盈余分配”科目。举例参见【例6-1】。

2.年末，按照规定完成上述处理后，财务会计将“本年盈余分配”科目余额转入累计盈余，借记或贷记“本年盈余分配”科目，贷记或借记“累计盈余”科目。

【例6-2】沿用上例资料，甲行政单位2×19年12月31日“本年盈余分配”科目贷方余额为63 900元。年末结转“本年盈余分配”科目贷方余额时，该行政单位的账务处理如下：

	财务会计		预算会计
借：本年盈余分配	63 900		—
贷：累计盈余		63 900	

本年盈余分配的主要账务处理汇总归纳如表6-4所示。

表6-4　　本年盈余分配的主要账务处理

<table>
<tr><td colspan="2" rowspan="2">会计事项</td><td>财务会计</td><td rowspan="2">预算会计</td></tr>
<tr><td>本年盈余分配</td></tr>
<tr><td rowspan="2">年末，将本期盈余科目余额转入</td><td>“本期盈余”科目为贷方余额时</td><td>借：本期盈余
　贷：本年盈余分配</td><td>—</td></tr>
<tr><td>“本期盈余”科目为借方余额时</td><td>借：本年盈余分配
　贷：本期盈余</td><td>—</td></tr>
<tr><td rowspan="2">年末，将“本年盈余分配”科目余额转入累计盈余</td><td>“本年盈余分配”科目为贷方余额时</td><td>借：本年盈余分配
　贷：累计盈余</td><td>—</td></tr>
<tr><td>“本年盈余分配”科目为借方余额时</td><td>借：累计盈余
　贷：本年盈余分配</td><td>—</td></tr>
</table>

四、无偿调拨净资产

（一）无偿调拨净资产核算的会计科目设置

财务会计系统下，行政单位应设置“无偿调拨净资产”科目核算无偿调入或调出非现金资产所引起的净资产变动金额。年末结账后，本科目应无余额。

预算会计系统下，行政单位对无偿调拨净资产不进行会计核算。

（二）无偿调拨净资产的主要账务处理

1.按照规定取得无偿调入的存货、固定资产、无形资产、公共基础设施、政府储备物资、文物文化资产、保障性住房等，财务会计按照确定的成本，借记“库存物品”“固定资产”“无形资产”“公共基础设施”“政府储备物资”“文物文化资产”“保障性住房”等科目，按照调入过程中发生的归属于调入方的相关费用，贷记“零余额账户用款额度”“银行存款”等科目，按照其差额，贷记“无偿调拨净资产”科目；预算会计按照实际支付的归属于调入方的相关费用借记“其他支出”科目，贷记“资金结存——零余额账户用款额度、货币资金”等科目。

2.按照规定经批准无偿调出存货、固定资产、无形资产、公共基础设施、政府储备物资、文物文化资产、保障性住房等，财务会计按照调出资产的账面余额或账面价值，借记“无偿调拨净资产”科目，按照固定资产累计折旧、无形资产累计摊销、公共基础设施累计折旧或摊销、保障性住房累计折旧的金额，借记“固定资产累计折旧”“无形资产累计摊销”“公共基础设施累计折旧（摊销）”“保障性住房累计折旧”科目，按照调出资产的账面余额，贷记“库存物品”“固定资产”“无形资产”“公共基础设施”“政府储备物资”“文物文化资产”“保障性住房”等科目；同时，按照调出过程中发生的归属于调出方的相关费用，借记“资产处置费用”科目，贷记“零余额账户用款额度”“银行存款”等科目。预算会计按照实际支付的归属于调出方的相关费用借记“其他支出”科目，贷记“资金结存——零余额账户用款额度、货币资金”等科目。

上述业务核算的举例参见第四章相关资产的核算。

3.年末，财务会计将“无偿调拨净资产”科目余额转入累计盈余，借记或贷记“无偿调拨净资产”科目，贷记或借记“累计盈余”科目。

【例6-3】甲行政单位2×19年12月31日“无偿调拨净资产”科目贷方余额100 000元。年末结转“无偿调拨净资产”科目贷方余额时，该行政单位的账务处理如下：

	财务会计		预算会计
借：无偿调拨净资产	100 000		—
贷：累计盈余		100 000	

无偿调拨净资产的主要账务处理汇总归纳如表6-5所示。

表6-5　**无偿调拨净资产的主要账务处理**

<table>
<tr><td colspan="2" rowspan="2">会计事项</td><td>财务会计</td><td>预算会计</td></tr>
<tr><td>无偿调拨净资产</td><td></td></tr>
<tr><td colspan="2">取得无偿调入的资产时</td><td>借：库存物品/固定资产/无形资产/公共基础设施/政府储备物资/保障性住房等
　贷：无偿调拨净资产
　　零余额账户用款额度/银行存款等［归属于调入方的相关费用］</td><td>借：其他支出［归属于调入方的相关费用］
　贷：资金结存等</td></tr>
<tr><td colspan="2">经批准无偿调出资产时</td><td>借：无偿调拨净资产
　固定资产累计折旧/无形资产累计摊销/公共基础设施累计折旧（摊销）/保障性住房累计折旧
　贷：库存物品/固定资产/无形资产/公共基础设施/政府储备物资等［账面余额］
借：资产处置费用
　贷：银行存款/零余额账户用款额度等［归属于调出方的相关费用］</td><td>借：其他支出［归属于调出方的相关费用］
　贷：资金结存等</td></tr>
<tr><td rowspan="2">年末，将“无偿调拨净资产”科目余额转入累计盈余</td><td>科目余额在贷方时</td><td>借：无偿调拨净资产
　贷：累计盈余</td><td>—</td></tr>
<tr><td>科目余额在借方时</td><td>借：累计盈余
　贷：无偿调拨净资产</td><td>—</td></tr>
</table>

五、以前年度盈余调整

（一）以前年度盈余调整核算的会计科目设置

财务会计系统下，行政单位应设置“以前年度盈余调整”科目核算行政单位本年度发生的调整以前年度盈余的事项，包括本年度发生的重要前期差错更正涉及调整以前年度盈余的事项。本科目结转后应无余额。

预算会计系统下，与“以前年度盈余调整”科目对应的是“财政拨款结转”“财政拨款结余”“非财政拨款结转”“非财政拨款结余”等科目。

（二）以前年度盈余调整的主要账务处理

1.调整增加以前年度收入时，财务会计按照调整增加的金额，借记有关科目，贷记“以前年度盈余调整”科目；预算会计按照实际收到的金额，借记“资金结存——财政应返还额度、零余额账户用款额度、货币资金”等科目，贷记“财政拨款结转——年初余额调整”“财政拨款结余——年初余额调整”“非财政拨款结转——年初余额调整”“非财政拨款结余——年初余额调整”科目。调整减少的，做相反会计分录。

2.调整增加以前年度费用时，财务会计按照调整增加的金额，借记“以前年度盈余调整”科目，贷记有关科目；预算会计按照实际支付的金额，借记“财政拨款结转——年初余额调整”“财政拨款结余——年初余额调整”“非财政拨款结转——年初余额调整”“非财政拨款结余——年初余额调整”科目；贷记“资金结存——财政应返还额度、零余额账户用款额度、货币资金”等科目。调整减少的，做相反会计分录。

【例6-4】甲行政单位2×19年10月通过日常检查发现2×18年多计提预提费用10 900元，予以冲销。该行政单位的账务处理如下：

财务会计			预算会计
借：预收账款	10 900		—
贷：以前年度盈余调整		10 900	

3.盘盈的以前年度各种非流动资产，报经批准后处理时，财务会计借记“待处理财产损溢”科目，贷记“以前年度盈余调整”科目。

上述业务核算的更多相关举例参见【例6-6】至【例6-9】，【例6-14】至【例6-15】。

4.经上述调整后，财务会计应将“以前年度盈余调整”科目的余额转入累计盈余，借记或贷记“累计盈余”科目，贷记或借记“以前年度盈余调整”科目。

【例6-5】根据【例6-4】、【例6-6】至【例6-9】、【例6-14】和【例6-15】的资料，甲行政单位2×19年12月31日“以前年度盈余调整”科目贷方余额10 900元。年末结转“以前年度盈余调整”科目贷方余额时，该行政单位的账务处理如下：

财务会计			预算会计
借：以前年度盈余调整	10 900		—
贷：累计盈余		10 900	

以前年度盈余调整的主要账务处理汇总归纳如表6-6所示。

表6-6 以前年度盈余调整的主要账务处理

<table>
<tr><th colspan="2" rowspan="2">会计事项</th><th>财务会计</th><th>预算会计</th></tr>
<tr><th>以前年度盈余调整</th><th></th></tr>
<tr><td rowspan="2">调整以前年度收入</td><td>增加以前年度收入时</td><td>借：有关资产或负债科目
贷：以前年度盈余调整</td><td>借：资金结存［实际收到金额］
贷：财政拨款结转/财政拨款结余/非财政拨款结转/非财政拨款结余［年初余额调整］</td></tr>
<tr><td>减少以前年度收入时</td><td>借：以前年度盈余调整
贷：有关资产或负债科目</td><td>借：财政拨款结转/财政拨款结余/非财政拨款结转/非财政拨款结余［年初余额调整］
贷：资金结存［实际支付金额］</td></tr>
<tr><td rowspan="2">调整以前年度费用</td><td>增加以前年度费用时</td><td>借：以前年度盈余调整
贷：有关资产或负债科目</td><td>借：财政拨款结转/财政拨款结余/非财政拨款结转/非财政拨款结余［年初余额调整］
贷：资金结存［实际支付金额］</td></tr>
<tr><td>减少以前年度费用时</td><td>借：有关资产或负债科目
贷：以前年度盈余调整</td><td>借：资金结存［实际收到金额］
贷：财政拨款结转/财政拨款结余/非财政拨款结转/非财政拨款结余［年初余额调整］</td></tr>
<tr><td>盘盈非流动资产</td><td>报经批准处理时</td><td>借：待处理财产损溢
贷：以前年度盈余调整</td><td>—</td></tr>
<tr><td rowspan="2">将“以前年度盈余调整”科目余额转入累计盈余</td><td>科目为借方余额时</td><td>借：累计盈余
贷：以前年度盈余调整</td><td>—</td></tr>
<tr><td>科目为贷方余额时</td><td>借：以前年度盈余调整
贷：累计盈余</td><td>—</td></tr>
</table>

六、累计盈余

（一）累计盈余核算的会计科目设置

财务会计系统下，行政单位应设置“累计盈余”科目核算单位历年实现的盈余扣除盈余分配后滚存的金额，以及因无偿调入调出资产产生的净资产变动额。按照规定上缴、缴回、单位间调剂结转结余资金产生的净资产变动额，以及对以前年度盈余的调整金额，也通过本科目核算。本科目期末余额，反映单位未分配盈余（或未弥补亏损）的累计数以及截至上年末无偿调拨净资产变动的累计数。本科目年末余额，反映单位未分配盈余（或未弥补亏损）以及无偿调拨净资产变动的累计数。

预算会计系统下，与“累计盈余”科目对应的是“财政拨款结转”“财政拨款结余”“非财政拨款结转”等科目。

（二）累计盈余的主要账务处理

1.年末，财务会计将“本年盈余分配”科目的余额转入累计盈余，借记或贷记“本年盈余分配”科目，贷记或借记“累计盈余”科目。相关举例参见【例6–2】。

2.年末，财务会计将“无偿调拨净资产”科目的余额转入累计盈余，借记或贷记“无偿调拨净资产”科目，贷记或借记“累计盈余”科目。相关举例参见【例6–3】。

3.按照规定上缴财政拨款结转结余、缴回非财政拨款结转资金、向其他单位调出财政拨款结转资金时，按照实际上缴、缴回、调出金额，财务会计借记“累计盈余”科目，贷记“财政应返还额度”“零余额账户用款额度”“银行存款”等科目。按照规定从其他单位调入财政拨款结转资金时，按照实际调入金额，借记“零余额账户用款额度”“银行存款”等科目，贷记“累计盈余”科目。预算会计的账务处理参照“财政拨款结转”“财政拨款结余”“非财政拨款结转”等科目的账务处理进行。相关举例参见【例6–7】至【例6–9】，【例6–14】和【例6–15】。

4.财务会计将“以前年度盈余调整”科目的余额转入“累计盈余”科目，借记或贷记“以前年度盈余调整”科目，贷记或借记“累计盈余”科目。相关举例参见【例6–4】。

累计盈余的主要账务处理汇总归纳如表6–7所示。

表6–7 **累计盈余的主要账务处理**

会计事项	财务会计	预算会计
	累计盈余	
年末，将“本年盈余分配”科目余额转入	借：本年盈余分配 　贷：累计盈余 或做相反会计分录	—
年末，将“无偿调拨净资产”科目余额转入	借：无偿调拨净资产 　贷：累计盈余 或做相反会计分录	—
按照规定上缴财政拨款结转结余、缴回非财政拨款结转资金、向其他单位调出财政拨款结转资金时	借：累计盈余 　贷：财政应返还额度/零余额账户用款额度/银行存款等	参照“财政拨款结转”“财政拨款结余”“非财政拨款结转”等科目进行账务处理
按照规定从其他单位调入财政拨款结转资金时	借：零余额账户用款额度/银行存款等 　贷：累计盈余	借：资金结存——零余额账户用款额度/货币资金 　贷：财政拨款结转——归集调入
将“以前年度盈余调整”科目的余额转入	借：以前年度盈余调整 　贷：累计盈余 或做相反会计分录	—

第二节　预算结余

一、预算结余概述

（一）预算结余的定义和内容

预算结余，是指行政单位预算年度内预算收入扣除预算支出后的资金余额，以及历年滚存的资金余额。预算结余是行政单位预算会计要素之一。

预算结余包括结余资金和结转资金。结余资金是指年度预算执行终了，预算收入实际完成数扣除预算支出和结转资金后剩余的资金。结转资金是指预算安排项目的支出年终尚未执行完毕或者因故未执行，且下年需要按原用途继续使用的资金。

按照资金性质，预算结余分为财政拨款结转结余、其他资金结转结余。财政拨款结转结余，是指财政拨款预算收入和财政拨款支出相抵以后的差额，包括财政拨款结转和财政拨款结余。其他资金结转结余是行政单位除了财政拨款结转结余以外的各项非财政拨款预算收入和非财政拨款支出相抵以后的差额，包括其他结余、经营结余、专用结余、非财政拨款结转、非财政拨款结余。

（二）预算结余的确认和计量

预算结余的确认主要依赖于预算收入和预算支出的确认。

符合预算结余定义及其确认条件的项目应当列入预算会计预算结转结余变动报表。

（三）预算结余类会计科目及其核算内容

行政单位预算结余类会计科目有6个，各预算结余类会计科目及其核算内容如表6-8所示。

表6-8　**行政单位预算结余类会计科目及其核算内容**

科目名称	科目核算内容
预算会计——预算结余类	
资金结存	核算行政单位纳入部门预算管理的资金的流入、流出、调整和滚存等情况
财政拨款结转	核算行政单位取得的同级财政拨款结转资金的调整、结转和滚存情况
财政拨款结余	核算行政单位取得的同级财政拨款项目支出结余资金的调整、结转和滚存情况
非财政拨款结转	核算行政单位除财政拨款收支、经营收支以外各非同级财政拨款专项资金的调整、结转和滚存情况
非财政拨款结余	核算行政单位历年滚存的非限定用途的非同级财政拨款结余资金，主要为非财政拨款结余扣除结余分配后滚存的金额
其他结余	核算行政单位本年度除财政拨款收支、非同级财政专项资金收支和经营收支以外各项收支相抵后的余额

二、资金结存

（一）资金结存的概念

资金结存，是指行政单位纳入部门预算管理的资金的流入、流出、调整和滚存等情况。此处行政单位纳入部门预算管理的资金包括货币资金（以库存现金、银行存款、其他货币资金形态存在的资金）、零余额账户用款额度和财政应返还额度。

（二）资金结存核算的会计科目设置

预算会计系统下，行政单位应设置“资金结存”科目核算纳入部门预算管理的资金的流入、流出、调整和滚存等情况。本科目年末借方余额，反映单位预算资金的累计滚存情况。

“资金结存”科目应当设置下列明细科目：

1. “零余额账户用款额度”。本明细科目核算实行国库集中支付的单位根据财政部门批复的用款计划收到和支用的零余额账户用款额度。年末结账后，本明细科目应无余额。

2. “货币资金”。本明细科目核算单位以库存现金、银行存款、其他货币资金形态存在的资金。本明细科目年末借方余额，反映单位尚未使用的货币资金。

3. “财政应返还额度”。本明细科目核算实行国库集中支付的单位可以使用的以前年度财政直接支付资金额度和财政应返还的财政授权支付资金额度。本明细科目下可设置“财政直接支付”“财政授权支付”两个明细科目进行明细核算。本明细科目年末借方余额，反映单位应收财政返还的资金额度。

财务会计系统下，与“资金结存”科目对应的是“财政应返还额度”“零余额账户用款额度”“银行存款”“库存现金”等科目。

（三）资金结存的主要账务处理

1.财政授权支付方式

行政单位根据代理银行转来的财政授权支付额度到账通知书，按照通知书中的授权支付额度，财务会计借记“零余额账户用款额度”科目，贷记“财政拨款收入”科目；预算会计借记“资金结存——零余额账户用款额度”科目，贷记“财政拨款预算收入”科目。

行政单位发生相关支出时，按照实际支付的金额，财务会计借记“业务活动费用”“应付职工薪酬”“库存物品”“固定资产”等科目，贷记“零余额账户用款额度”科目；预算会计借记“行政支出”科目，贷记“资金结存——零余额账户用款额度”科目。

行政单位从零余额账户提取现金时，财务会计借记“库存现金”科目，贷记“零余额账户用款额度”科目；预算会计借记“资金结存——货币资金”科目，贷记“资金结存——零余额账户用款额度”科目。退回现金时，做相反会计分录。

行政单位使用以前年度财政直接支付额度发生支出时，按照实际支付金额，财务会计借记“业务活动费用”“应付职工薪酬”“库存物品”“固定资产”等科目，贷记“财政应返还额度”科目；预算会计借记“行政支出”科目，贷记“资金结存——财政应返还额度”科目。

2.其他支付方式

行政单位以国库集中支付以外的其他支付方式取得预算收入时，按照实际收到的金额，财务会计借记“银行存款”“库存现金”科目，贷记“财政拨款收入”等科目；预算会计借记“资金结存——货币资金”科目，贷记“财政拨款预算收入”等科目。

国库集中支付以外的其他支付方式下发生相关支出时，按照实际支付的金额，财务会计借记“业务活动费用”“单位管理费用”“应付职工薪酬”“库存物品”“固定资产”等科目，贷记“银行存款”“库存现金”科目；预算会计借记“行政支出”“经营支出”等科目，贷记“资金结存——货币资金”科目。

3.按照规定上缴或注销财政拨款结转结余资金

行政单位按照规定上缴财政拨款结转结余资金或注销财政拨款结转结余资金额度的，按照实际上缴资金数额或注销的资金额度，财务会计借记“累计盈余”科目，贷记“财政应返还额度”“零余额账户用款额度”“银行存款”科目；预算会计借记“财政拨款结转——归集上缴”或“财政拨款结余——归集上缴”科目，贷记“资金结存——财政应返还额度、零余额账户用款额度、货币资金”科目。

按规定向原资金拨入单位缴回非财政拨款结转资金的，按照实际缴回资金数额，财务会计借记“累计盈余”科目，贷记“银行存款”科目；预算会计借记“非财政拨款结转——缴回资金”科目，贷记“资金结存——货币资金”科目。

收到从其他单位调入的财政拨款结转资金的，按照实际调入资金数额，财务会计借记“财政应返还额度”“零余额账户用款额度”“银行存款”科目，贷记“累计盈余”科目；预算会计借记“资金结存——财政应返还额度、零余额账户用款额度、货币资金”科目，贷记“财政拨款结转——归集调入”科目。

4.购货退回

行政单位因购货退回、发生差错更正等退回国库直接支付、授权支付款项，或者收回货币资金的，属于本年度支付的，财务会计借记“财政拨款收入”“零余额账户用款额度”“银行存款”等科目，贷记“业务活动费用”“库存物品”等科目；预算会计借记“财政拨款预算收入”科目或“资金结存——财政应返还额度、零余额账户用款额度、货币资金”科目，贷记相关支出科目。属于以前年度支付的，财务会计借记“财政应返还额度”“零余额账户用款额度”“银行存款”等科目，贷记“以前年度盈余调整”科目；预算会计借记“资金结存——财政应返还额度、零余额账户用款额度、货币资金”科目，贷记“财政拨款结转”“财政拨款结余”“非财政拨款结转”“非财政拨款结余”科目。

5.年末确认财政应返还额度

年末，行政单位根据本年度财政直接支付预算指标数与当年财政直接支付实际支出数的差额和本年度财政授权支付预算指标数大于零余额账户用款额度下达数的差额，财务会计借记“财政应返还额度”，贷记“财政拨款收入”科目；预算会计借记“资金结存——财政应返还额度”科目，贷记“财政拨款预算收入”科目。依据代理银行提供的对账单作注销额度的相关账务处理，财务会计借记“财政应返还额度”科目，贷记“零余额账户用款额度”科目。相关举例参见财政拨款预算收入的核算；预算会计借记“资金结存——财政应返还额度”科目，贷记“资金结存——零余额账户用款额度”科目。

下年初，行政单位依据代理银行提供的额度恢复到账通知书以及收到的财政部门批复的上年末未下达零余额账户用款额度，财务会计借记“零余额账户用款额度”科目，贷记“财政应返还额度”科目；预算会计借记“资金结存——零余额账户用款额度”科目，贷记“资金结存——财政应返还额度”科目。

上述业务核算的相关举例参见第二章至第六章收入和预算收入、费用和预算支出、资产和负债、净资产和预算结转结余的核算。

资金结存的主要账务处理汇总归纳如表6-9所示。

表6-9 资金结存的主要账务处理

会计事项		财务会计	预算会计
			资金结存
取得预算收入	财政授权支付方式下	借：零余额账户用款额度 贷：财政拨款收入	借：资金结存——零余额账户用款额度 贷：财政拨款预算收入
	国库集中支付以外的其他支付方式下	借：银行存款 贷：财政拨款收入等	借：资金结存——货币资金 贷：财政拨款预算收入等
	从零余额账户提取现金	借：库存现金 贷：零余额账户用款额度	借：资金结存——货币资金 贷：资金结存——零余额账户用款额度
发生预算支出时	财政授权支付方式下	借：业务活动费用/库存物品/固定资产等 贷：零余额账户用款额度	借：行政支出等 贷：资金结存——零余额账户用款额度
	使用以前年度财政直接支付额度	借：业务活动费用/库存物品/固定资产等 贷：财政应返还额度	借：行政支出等 贷：资金结存——财政应返还额度
	国库集中支付以外的其他方式下	借：业务活动费用/库存物品/固定资产等 贷：银行存款/库存现金等	借：行政支出等 贷：资金结存——货币资金

续表

会计事项		财务会计	预算会计
			资金结存
预算结转结余调整	按照规定上缴财政拨款结转结余资金或注销财政拨款结转结余额度的	借：累计盈余 贷：财政应返还额度/零余额账户用款额度/银行存款	借：财政拨款结转——归集上缴/财政拨款结余——归集上缴 贷：资金结存——财政应返还额度/零余额账户用款额度/货币资金
	按照规定缴回非财政拨款结转资金的	借：累计盈余 贷：银行存款	借：非财政拨款结转——缴回资金 贷：资金结存——货币资金
	收到调入的财政拨款结转资金的	借：财政应返还额度/零余额账户用款额度/银行存款 贷：累计盈余	借：资金结存——财政应返还额度/零余额账户用款额度/货币资金 贷：财政拨款结转——归集调入
因购货退回、发生差错更正等退回国库直接支付、授权支付款项，或者收回货币资金的	属于本年度的	借：财政拨款收入/零余额账户用款额度/银行存款等 贷：业务活动费用/库存物品等	借：财政拨款预算收入/资金结存——零余额账户用款额度、货币资金 贷：行政支出等
	属于以前年度的	借：财政应返还额度/零余额账户用款额度/银行存款等 贷：以前年度盈余调整	借：资金结存——财政应返还额度/零余额账户用款额度/货币资金 贷：财政拨款结转/财政拨款结余/非财政拨款结转/非财政拨款结余（年初余额调整）
年末确认未下达的财政用款额度	财政直接支付方式	借：财政应返还额度——财政直接支付 贷：财政拨款收入	借：资金结存——财政应返还额度 贷：财政拨款预算收入
	财政授权支付方式	借：财政应返还额度——财政授权支付 贷：财政拨款收入	
年末注销零余额账户用款额度		借：财政应返还额度——财政授权支付 贷：零余额账户用款额度	借：资金结存——财政应返还额度 贷：资金结存——零余额账户用款额度
下年初，恢复零余额账户用款额度或收到上年末未下达的零余额账户用款额度的		借：零余额账户用款额度 贷：财政应返还额度——财政授权支付	借：资金结存——零余额账户用款额度 贷：资金结存——财政应返还额度

三、财政拨款结转

（一）财政拨款结转的概念

财政拨款结转，是行政单位调整、结转和滚存的同级财政拨款结转资金。

调整，包括因会计差错更正、以前年度支出收回引起的年初余额调整、按规定从其他单位调入的财政拨款结转资金、按照规定向其他单位调出的财政拨款结转资金、按照规定上缴财政拨款结转资金或注销财政拨款结转资金额度，以及经财政部门批准改变用途调整用于本单位基本支出或其他未完成项目支出的财政拨款结余资金。

结转，是指当年行政单位财政拨款预算收入与其相关支出相抵后的余额，包括基本支出结转和项目支出结转。基本支出结转，是指用于基本支出的财政拨款预算收入减去财政拨款基本支出后的差额，包括人员经费和日常公用经费。基本支出结转原则上结转下年继续使用，用于增人增编等人员支出和公用支出，但在人员支出和公用支出间不得挪用，不得用于提高人员开支标准。项目支出结转，是尚未完成项目支出的财政拨款预算收入减去财政拨款项目支出后的差额，具体包括：项目当年已执行但尚未完成而形成的结转资金；项目因故当年未执行，需要推迟到下年执行形成的结转资金；项目需要跨年度执行，但项目支出预算已一次性安排形成的结转资金。项目支出结转资金结转至下年按原用途继续使用。

（二）财政拨款结转核算的会计科目设置

预算会计系统下，行政单位应设置“财政拨款结转”科目，核算取得的同级财政拨款结转资金的调整、结转和滚存情况。本科目年末贷方余额，反映单位滚存的财政拨款结转资金数额。

“财政拨款结转”科目应当设置下列明细科目：

1.与会计差错更正、以前年度支出收回相关的明细科目

“年初余额调整”，本明细科目核算因发生会计差错更正、以前年度支出收回等原因，需要调整财政拨款结转的金额。年末结账后，本明细科目应无余额。

2.与财政拨款调拨业务相关的明细科目

（1）“归集调入”。本明细科目核算按照规定从其他单位调入财政拨款结转资金时，实际调增的额度或调入的资金数额。年末结账后，本明细科目应无余额。

（2）“归集调出”。本明细科目核算按照规定向其他单位调出财政拨款结转资金时，实际调减的额度或调出的资金数额。年末结账后，本明细科目应无余额。

（3）“归集上缴”。本明细科目核算按照规定上缴财政拨款结转资金时，实际核销的额度或上缴的资金数额。年末结账后，本明细科目应无余额。

（4）“单位内部调剂”。本明细科目核算经财政部门批准对财政拨款结余资金改变用途，调整用于本单位其他未完成项目等的调整金额。年末结账后，本明细科目应无余额。

3. 与年末财政拨款结转业务相关的明细科目

（1）“本年收支结转”。本明细科目核算单位本年度财政拨款收支相抵后的余额。年末结账后，本明细科目应无余额。

（2）“累计结转”。本明细科目核算单位滚存的财政拨款结转资金。本明细科目年末贷方余额，反映单位财政拨款滚存的结转资金数额。

“财政拨款结转”科目还应当设置“基本支出结转”“项目支出结转”两个明细科目，并在“基本支出结转”明细科目下按照“人员经费”“日常公用经费”进行明细核算，在“项目支出结转”明细科目下按照具体项目进行明细核算；同时，本科目还应按照政府收支分类科目中“支出功能分类科目”的相关科目进行明细核算。有一般公共预算财政拨款、政府性基金预算财政拨款等两种或两种以上财政拨款的，还应当在本科目下按照财政拨款的种类进行明细核算。

财政拨款结转的会计科目设置如表6-10所示。

表6-10　**财政拨款结转的会计科目设置**

总账科目	一级明细科目	二级明细科目	三级明细科目	四级明细科目	五级明细科目
财政拨款结转	年初余额调整	一般公共预算财政拨款结转	支出功能分类科目项级科目	基本支出结转	人员经费
					公用经费
				项目支出结转	项目名称
		政府性基金预算财政拨款结转		项目支出结转	项目名称
	归集调入	同上	同上	同上	同上
	归集调出	同上	同上	同上	同上
	归集上缴	同上	同上	同上	同上
	单位内部调剂	同上	同上	同上	同上
	本年收支结转	同上	同上	同上	同上
	累计结转	同上	同上	同上	同上

财务会计系统下，与“财政拨款结转”科目对应的是“以前年度盈余调整”“累计盈余”等科目。

（三）财政拨款结转的主要账务处理

1. 会计差错更正、以前年度支出收回

（1）因发生会计差错更正退回以前年度国库直接支付、授权支付款项或财政性货币资金，或者因发生会计差错更正增加以前年度国库直接支付、授权支付支出或财政性货币资金支出，属于以前年度财政拨款结转资金的，财务会计借记或贷记“财政应返还额度”“零余额账户用款额度”“银行存款”科目，贷记或借记“以前年度盈余调整”科目；预算会计借记或贷记“资金结存——财政应返还额度、零余额账户用款额度、货币资金”科目，贷记或借记“财政拨款结转——年初余额调整”科目。

（2）因购货退回、预付款项收回等发生以前年度支出又收回国库直接支付、授权支付款项或收回财政性货币资金，属于以前年度财政拨款结转资金的，财务会计借记“财政应返还额度”“零余额账户用款额度”“银行存款”科目，贷记“以前年度盈余调整”科目；预算会计借记“资金结存——财政应返还额度、零余额账户用款额度、货币资金”科目，贷记“财政拨款结转——年初余额调整”科目。

【例6-6】某行政单位上年度使用财政授权支付方式采购服务，因服务质量不合要求收回原来支付的款项100 000元。单位零余额账户收到退回的相关款项100 000元。该行政单位的账务处理如下：

财务会计		预算会计	
借：零余额账户用款额度	100 000	借：资金结存——零余额账户用款额度	100 000
贷：以前年度盈余调整	100 000	贷：财政拨款结转——年初余额调整	100 000

2.财政拨款结转资金调整

（1）按照规定从其他单位调入财政拨款结转资金的，按照实际调增的额度或调入的资金数额，财务会计借记“财政应返还额度”“零余额账户用款额度”“银行存款”科目，贷记“以前年度盈余调整”科目；预算会计借记“资金结存——财政应返还额度、零余额账户用款额度、货币资金”科目，贷记“财政拨款结转——归集调入”科目。

（2）按照规定向其他单位调出财政拨款结转资金的，按照实际调减的额度或调出的资金数额，财务会计借记“以前年度盈余调整”科目，贷记“财政应返还额度”“零余额账户用款额度”“银行存款”科目；预算会计借记“财政拨款结转——归集调出”科目，贷记“资金结存——财政应返还额度、零余额账户用款额度、货币资金”科目。

（3）按照规定上缴财政拨款结转资金或注销财政拨款结转资金额度的，按照实际上缴资金数额或注销的资金额度，财务会计借记“以前年度盈余调整”科目，贷记“财政应返还额度”“零余额账户用款额度”“银行存款”科目；预算会计借记“财政拨款结转——归集上缴”科目，贷记“资金结存——财政应返还额度、零余额账户用款额度、货币资金”科目。

（4）经财政部门批准对财政拨款结余资金改变用途，调整用于本单位基本支出或其他未完成项目支出的，按照批准调剂的金额，预算会计借记“财政拨款结余——单位内部调剂”科目，贷记“财政拨款结转——单位内部调剂”科目。

【例6-7】甲行政单位收到主管部门从其他单位调入的财政拨款结转资金100 000元，用于当年办公大楼的修缮。该笔资金已转入单位零余额账户。该行政单位的账务处理如下：

财务会计		预算会计	
借：零余额账户用款额度	100 000	借：资金结存——零余额账户用款额度	100 000
贷：以前年度盈余调整	100 000	贷：财政拨款结转——归集调入	100 000

【例6-8】甲行政单位按主管部门的规定，将100 000元的财政拨款结转资金调出给一小学用于校舍维修。已通过单位零余额账户转账。该行政单位的账务处理如下：

财务会计		预算会计	
借：以前年度盈余调整	100 000	借：财政拨款结转——归集调出	100 000
贷：零余额账户用款额度	100 000	贷：资金结存——零余额账户用款额度	100 000

【例6-9】甲行政单位将3年尚未使用的财政拨款结转资金100 000元上缴财政部门，并核销相应的零余额账户用款额度。该行政单位的账务处理如下：

财务会计		预算会计	
借：以前年度盈余调整	100 000	借：财政拨款结转——归集上缴	100 000
贷：零余额账户用款额度	100 000	贷：资金结存——零余额账户用款额度	100 000

3.年末结转财政拨款结转

（1）年末，预算会计将财政拨款预算收入本年发生额转入“财政拨款结转”科目，借记“财政拨款预算收入”科目，贷记“财政拨款结转——本年收支结转”科目；将各项支出中财政拨款支出本年发生额转入“财政拨款结转”科目，借记“财政拨款结转——本年收支结转”科目，贷记各项支出（财政拨款支出）科目。

（2）年末冲销有关明细科目余额。预算会计将“财政拨款结转——本年收支结转、年初余额调整、归集调入、归集调出、归集上缴、单位内部调剂”科目余额转入“财政拨款结转——累计结转”科目。结转后，“财政拨款结转”科目除“累计结转”明细科目外，其他明细科目应无余额。

（3）年末完成上述结转后，应当对财政拨款结转各明细项目执行情况进行分析，预算会计按照有关规定将符合财政拨款结余性质的项目余额转入财政拨款结余，借记“财政拨款结转——累计结转”，贷记“财政拨款结余——结转转入”科目。

【例6-10】甲行政单位2×19年12月31日“财政拨款预算收入” 科目贷方本年发生额2 046 900元，有关明细科目为：基本支出1 446 900元、项目支出600 000元。年末结转时，该行政单位的账务处理如下：

财务会计	预算会计	
—	借：财政拨款预算收入——基本支出	1 446 900
	——项目支出	600 000
	贷：财政拨款结转——本年收支结转——基本支出结转	1 446 900
	——项目支出结转	600 000

【例6-11】甲行政单位2×19年12月31日“行政支出”科目借方本年发生额2 071 500元，其中财政拨款支出2 038 400元（基本支出1 445 400元、项目支出593 000元）；“其他支出”科目借方本年发生额50 000元，其中财政拨款支出5 000元（项目支出）。年末结转时，该行政单位的账务处理如下：

财务会计	预算会计
—	借：财政拨款结转——本年收支结转——基本支出结转 1 445 400 ——项目支出结转 598 000 贷：行政支出——财政拨款支出 2 038 400 1 446 900 其他支出——财政拨款支出 5 000

【例6-12】沿用【例6-6】至【例6-11】资料，甲行政单位2×19年12月31日财政拨款结转有关明细科目余额如表6-11所示。

表6-11 **财政拨款结转有关明细科目余额** 单位：元

一级明细科目	年初余额调整	归集调入	归集调出	归集上缴	单位内部调剂	本年收支结转
借方余额			100 000	100 000		
贷方余额	100 000	100 000				3 500

年末冲销有关明细科目余额时，该行政单位的账务处理如下：

财务会计	预算会计
—	借：财政拨款结转——年初余额调整 100 000 ——归集调入 100 000 ——本年收支结转 3 500 贷：财政拨款结转——归集调出 100 000 ——归集上缴 100 000 ——累计结转 3 500

【例6-13】甲行政单位2×19年12月31日对项目执行情况进行分析，发现项目支出已完成，按规定将项目剩余资金2 000元转入财政拨款结余。该行政单位的账务处理如下：

财务会计	预算会计
—	借：财政拨款结转——累计结转 2 000 贷：财政拨款结余——结转转入 2 000

财政拨款结转的主要账务处理汇总归纳如表6-12所示。

表6-12　　　　财政拨款结转的主要账务处理

会计事项		财务会计	预算会计
			财政拨款结转
因会计差错更正、购货退回、预付款项收回等发生以前年度调整事项	调整增加相关资产	借：零余额账户用款额度/银行存款等 贷：以前年度盈余调整	借：资金结存——零余额账户用款额度/货币资金等 贷：财政拨款结转——年初余额调整
	因会计差错更正调整减少相关资产	借：以前年度盈余调整 贷：零余额账户用款额度/银行存款等	借：财政拨款结转——年初余额调整 贷：资金结存——零余额账户用款额度/货币资金等
从其他单位调入财政拨款结转资金	按照实际调增的额度数额或调入的资金数额	借：财政应返还额度/零余额账户用款额度/银行存款 贷：累计盈余	借：资金结存——财政应返还额度/零余额账户用款额度/货币资金 贷：财政拨款结转——归集调入
向其他单位调出财政拨款结转资金	按照实际调减的额度数额或调减的资金数额	借：累计盈余 贷：财政应返还额度/零余额账户用款额度/银行存款	借：财政拨款结转——归集调出 贷：资金结存——财政应返还额度/零余额账户用款额度/货币资金
按照规定上缴财政拨款结转资金或注销财政拨款结转额度	按照实际上缴资金数额或注销的资金额度	借：累计盈余 贷：财政应返还额度/零余额账户用款额度/银行存款	借：财政拨款结转——归集上缴 贷：资金结存——财政应返还额度/零余额账户用款额度/货币资金
单位内部调剂财政拨款结余资金	按照调整的金额	—	借：财政拨款结余——单位内部调剂 贷：财政拨款结转——单位内部调剂
年末结转	结转财政拨款预算收入	—	借：财政拨款预算收入 贷：财政拨款结转——本年收支结转
	结转财政拨款预算支出	—	借：财政拨款结转——本年收支结转 贷：行政支出等［财政拨款支出部分］
年末冲销“财政拨款结转”科目有关明细科目余额		—	借：财政拨款结转——年初余额调整/归集调入/单位内部调剂/本年收支结转［该明细科目为贷方余额］ 贷：财政拨款结转——累计结转 借：财政拨款结转——累计结转 贷：财政拨款结转——归集上缴/年初余额调整/归集调出/本年收支结转［该明细科目为借方余额］
转入财政拨款结余	按照有关规定将符合财政拨款结余性质的项目余额转入财政拨款结余	—	借：财政拨款结转——累计结转 贷：财政拨款结余——结转转入

四、财政拨款结余

（一）财政拨款结余的概念

财政拨款结余是指行政单位调整、结转和滚存的同级财政拨款项目支出结余资金。

调整主要包括因会计差错更正、以前年度支出收回引起的年初余额调整、按照规定上缴财政拨款结余资金，以及经财政部门批准改变用途调整用于本单位其他未完成项目等的财政拨款结余资金。

结余是指当年行政单位已经完成项目的财政拨款预算收入减去财政拨款项目支出后的差额，具体包括：项目完成形成的结余；由于受政策变化、计划调整等因素影响，项目终止、撤销形成的结余；对某一预算年度安排的项目支出连续两年未使用或者连续三年仍未使用完形成的剩余资金等。

（二）财政拨款结余核算的会计科目设置

预算会计系统下，行政单位应设置“财政拨款结余”科目核算取得的同级财政拨款项目支出结余资金的调整、结转和滚存情况。本科目年末贷方余额，反映单位滚存的财政拨款结余资金数额。

“财政拨款结余”科目应当设置下列明细科目：

1.与会计差错更正、以前年度支出收回相关的明细科目

“年初余额调整”，本明细科目核算因发生会计差错更正、以前年度支出收回等原因，需要调整财政拨款结余的金额。年末结账后，本明细科目应无余额。

2.与财政拨款结余资金调整业务相关的明细科目

（1）“归集上缴”。本明细科目核算按照规定上缴财政拨款结余资金时，实际核销的额度或上缴的资金数额。年末结账后，本明细科目应无余额。

（2）“单位内部调剂”。本明细科目核算经财政部门批准对财政拨款结余资金改变用途，调整用于本单位其他未完成项目等的调整金额。年末结账后，本明细科目应无余额。

3.与年末财政拨款结余业务相关的明细科目

（1）“结转转入”。本明细科目核算单位按照规定转入财政拨款结余的财政拨款结转资金。年末结账后，本明细科目应无余额。

（2）“累计结余”。本明细科目核算单位滚存的财政拨款结余资金。本明细科目年末贷方余额，反映单位财政拨款滚存的结余资金数额。

“财政拨款结余”科目还应当按照具体项目、政府收支分类科目中“支出功能分类科目”的相关科目等进行明细核算。有一般公共预算财政拨款、政府性基金预算财政拨款等两种或两种以上财政拨款的，还应当在本科目下按照财政拨款的种类进行明细核算。

财政拨款结余的会计科目设置如表6-13所示。

表6-13　　财政拨款结余的会计科目设置

总账科目	一级明细科目	二级明细科目	三级明细科目	四级明细科目
财政拨款结余	年初余额调整	一般公共预算财政拨款结余	支出功能分类科目项级科目	××项目
				××项目
				××项目
		政府性基金预算财政拨款结余		××项目
	归集调入	同上	同上	同上
	单位内部调剂	同上	同上	同上
	结转转入	同上	同上	同上
	累计结余	同上	同上	同上

财务会计系统下，与“财政拨款结余”科目对应的是“以前年度盈余调整”“累计盈余”等科目。

（三）财政拨款结余的主要账务处理

1.会计差错更正、以前年度支出收回

（1）因发生会计差错更正退回以前年度国库直接支付、授权支付款项或财政性货币资金，或者因发生会计差错更正增加以前年度国库直接支付、授权支付支出或财政性货币资金支出，属于以前年度财政拨款结余资金的，财务会计借记或贷记“财政应返还额度”“零余额账户用款额度”“银行存款”科目，贷记或借记“以前年度盈余调整”科目；预算会计借记或贷记“资金结存——财政应返还额度、零余额账户用款额度、货币资金”科目，贷记或借记“财政拨款结余——年初余额调整”科目。

（2）因购货退回、预付款项收回等发生以前年度支出又收回国库直接支付、授权支付款项或收回财政性货币资金，属于以前年度财政拨款结余资金的，财务会计借记“财政应返还额度”“零余额账户用款额度”“银行存款”科目，贷记“以前年度盈余调整”科目；预算会计借记“资金结存——财政应返还额度、零余额账户用款额度、货币资金”科目，贷记“财政拨款结余——年初余额调整”科目。

【例6-14】甲行政单位检查上年度已完成的工程项目，年初发现上年列支的一笔支出不当，有关资金使用者已经将该笔支出资金350 000元退回单位零余额账户。该行政单位的账务处理如下：

财务会计			预算会计		
借：零余额账户用款额度	350 000		借：资金结存——零余额账户用款额度	350 000	
贷：以前年度盈余调整		350 000	贷：财政拨款结余——年初余额调整		350 000

2.财政拨款结余资金调整

（1）经财政部门批准对财政拨款结余资金改变用途，调整用于本单位基本支出或其他未完成项目支出的，按照批准调剂的金额，预算会计借记“财政拨款结余——单位内部调剂”科目，贷记“财政拨款结转——单位内部调剂”科目。

（2）按照规定上缴财政拨款结余资金或注销财政拨款结余资金额度的，按照实际上缴资金数额或注销的资金额度，财务会计借记“以前年度盈余调整”科目，贷记“财政应返还额度”“零余额账户用款额度”“银行存款”科目；预算会计借记“财政拨款结余——归集上缴”科目，贷记“资金结存——财政应返还额度、零余额账户用款额度、货币资金”科目。

【例6-15】甲行政单位检查上年度已完成的工程项目，发现上年结余资金350 000元，按财政部门要求必须上缴。收到代理银行通知已扣减零余额账户用款额度。该行政单位的账务处理如下：

财务会计		预算会计	
借：以前年度盈余调整	350 000	借：财政拨款结余——归集上缴	350 000
贷：零余额账户用款额度	350 000	贷：资金结存——零余额账户用款额度	350 000

3.年末结转财政拨款结余

（1）年末，预算会计对财政拨款结转各明细项目执行情况进行分析，按照有关规定将符合财政拨款结余性质的项目余额转入财政拨款结余，借记“财政拨款结转——累计结转”科目，贷记“财政拨款结余——结转转入”科目。相关举例参见【例6-13】。

（2）年末冲销有关明细科目余额。预算会计将“财政拨款结余——年初余额调整、归集上缴、单位内部调剂、结转转入”科目余额转入“财政拨款结余——累计结余”科目。结转后，“财政拨款结余”科目除“累计结余”明细科目外，其他明细科目应无余额。

【例6-16】沿用【例6-13】至【例6-15】资料，甲行政单位2×19年12月31日财政拨款结余有关明细科目余额如表6-14所示。

表6-14　**2×19年12月31日财政拨款结余有关明细科目余额**　单位：元

一级明细科目	年初余额调整	归集上缴	单位内部调剂	结转转入
借方余额		350 000		
贷方余额	350 000			2 000

年末，冲销有关明细科目余额时，该行政单位的账务处理如下：

财务会计	预算会计	
	借：财政拨款结余——年初余额调整	350 000
—	——结转转入	2 000
	贷：财政拨款结余——累计结余	2 000
	——归集上缴	350 000

财政拨款结余的主要账务处理汇总归纳如表6-15所示。

表6-15　　财政拨款结余的主要账务处理

<table>
<tr><td colspan="2" rowspan="2">会计事项</td><td>财务会计</td><td>预算会计</td></tr>
<tr><td></td><td>财政拨款结余</td></tr>
<tr><td rowspan="2">因购货退回、会计差错更正等发生以前年度调整事项</td><td>调整增加相关资产</td><td>借：零余额账户用款额度/银行存款等
贷：以前年度盈余调整</td><td>借：资金结存——零余额账户用款额度/货币资金等
贷：财政拨款结余——年初余额调整</td></tr>
<tr><td>因会计差错更正调整减少相关资产</td><td>借：以前年度盈余调整
贷：零余额账户用款额度/银行存款等</td><td>借：财政拨款结余——年初余额调整
贷：资金结存——零余额账户用款额度/货币资金等</td></tr>
<tr><td>按照规定上缴财政拨款结余资金或注销财政拨款结余额度</td><td>按照实际上缴资金数额或注销的资金额度</td><td>借：累计盈余
贷：财政应返还额度/零余额账户用款额度/银行存款</td><td>借：财政拨款结余——归集上缴
贷：资金结存——财政应返还额度/零余额账户用款额度/货币资金</td></tr>
<tr><td>单位内部调剂财政拨款结余资金</td><td>按照调整的金额</td><td>—</td><td>借：财政拨款结余——单位内部调剂
贷：财政拨款结转——单位内部调剂</td></tr>
<tr><td>年末，转入财政拨款结余</td><td>按照有关规定将符合财政拨款结余性质的项目余额转入财政拨款结余</td><td>—</td><td>借：财政拨款结转——累计结转
贷：财政拨款结余——结转转入</td></tr>
<tr><td colspan="2">年末冲销“财政拨款结余”科目有关明细科目余额</td><td>—</td><td>借：财政拨款结余——年初余额调整［该明细科目为贷方余额时］
贷：财政拨款结余——累计结余
借：财政拨款结余——累计结余
贷：财政拨款结余——年初余额调整［该明细科目为借方余额时］
——归集上缴
——单位内部调剂
借：财政拨款结余——结转转入
贷：财政拨款结余——累计结余</td></tr>
</table>

五、其他结余

（一）其他结余的定义

其他结余，是行政单位本年度除财政拨款收支、非同级财政专项资金收支以外各项收支相抵后的余额。

（二）其他结余核算的会计科目设置

预算会计系统下，行政单位应设置“其他结余”科目核算本年度除财政拨款收支、非同级财政专项资金收支以外各项收支相抵后的余额。年末结账后，本科目应无余额。

财务会计系统下，行政单位对其他结余不进行会计核算。

（三）其他结余的主要账务处理

1.年末，预算会计将非同级财政拨款预算收入和其他预算收入本年发生额中的非专项资金收入本年发生额转入“其他结余”科目，借记“非同级财政拨款预算收入”“其他预算收入”科目下各非专项资金收入明细科目，贷记“其他结余”科目；将行政支出、其他支出本年发生额中的非同级财政、非专项资金支出本年发生额转入“其他结余”科目，借记“其他结余”科目，贷记“行政支出”“其他支出”科目下各非同级财政、非专项资金支出明细科目。

2.年末，完成上述结转后，预算会计将“其他结余”科目余额转入“非财政拨款结余——累计结余”科目。当“其他结余”科目为贷方余额时，借记“其他结余”科目，贷记“非财政拨款结余——累计结余”科目；当“其他结余”科目为借方余额时，借记“非财政拨款结余——累计结余”科目，贷记“其他结余”科目。

【例6-17】甲行政单位2×19年12月31日各项预算收入和预算支出本年发生额如表6-16所示。

表6-16　**2×19年12月31日各项预算收入和预算支出本年发生额**　单位：元

预算收入科目名称	贷方发生额	预算支出科目名称	借方发生额
财政拨款预算收入	2 046 900	行政支出	2 071 500
其中：基本支出	1 466 900	其中：财政拨款支出	2 038 400
项目支出	580 000	非财政专项资金支出	30 000
非同级财政拨款预算收入	40 400	其他资金支出	3 100
其中：专项资金收入	30 400	其他支出	50 000
其他预算收入	35 600	其中：财政拨款支出	5 000
其中：专项资金收入	10 000	非财政专项资金支出	8 400
		其他资金支出	36 600

年末结转时，该行政单位的账务处理如下：

• 结转本年度非专项资金收入，

财务会计	预算会计
—	借：非同级财政拨款预算收入——非专项资金收入 10 000 其他预算收入——非专项资金收入 25 600 贷：其他结余 35 600

• 结转本年度非专项资金支出，

财务会计	预算会计
—	借：其他结余 39 700 贷：行政支出——其他资金支出 3 100 其他支出——其他资金支出 36 600

• 结转“其他结余”科目余额，

财务会计	预算会计
—	借：非财政拨款结余——累计结余 4 100 贷：其他结余 4 100

其他结余的主要账务处理汇总归纳如表6–17所示。

表6–17　**其他结余的主要账务处理**

会计事项		财务会计	预算会计
			其他结余
年末	结转预算收入（除财政拨款收入、非同级财政专项收入以外）	—	借：非同级财政拨款预算收入/其他预算收入［非专项资金收入部分］ 贷：其他结余
	结转预算支出（除同级财政拨款支出、非同级财政专项支出以外）	—	借：其他结余 贷：行政支出/其他支出［非财政、非专项资金支出部分］
年末转入结余分配	“其他结余”科目为贷方余额	—	借：其他结余 贷：非财政拨款结余——累计结余
	“其他结余”科目为借方余额	—	借：非财政拨款结余——累计结余 贷：其他结余

六、非财政拨款结转

（一）非财政拨款结转的概念

非财政拨款结转，是指行政单位调整、结转和滚存的除财政拨款收支、经营收支以外各非同级财政拨款专项资金。其中：

调整主要包括因发生会计差错更正、以前年度支出收回等原因的年初余额调整、按照规定缴回非财政拨款结转资金、按照规定行政单位从取得的科研项目预算收入中计提的项目间接费用或管理费。

结转是指行政单位财政拨款收支、经营收支以外各非同级财政拨款专项资金收入与其相关支出相抵后的余额。

（二）非财政拨款结转核算的会计科目设置

预算会计系统下，行政单位应设置“非财政拨款结转”科目核算除财政拨款收支、经营收支以外各非同级财政拨款专项资金的调整、结转和滚存情况。本科目年末贷方余额，反映单位滚存的非同级财政拨款专项结转资金数额。

“非财政拨款结转”科目应当设置下列明细科目：

1. “年初余额调整”。本明细科目核算因发生会计差错更正、以前年度支出收回等原因，需要调整非财政拨款结转的资金。年末结账后，本明细科目应无余额。

2. “缴回资金”。本明细科目核算按照规定缴回非财政拨款结转资金时，实际缴回的资金数额。年末结账后，本明细科目应无余额。

3. “项目间接费用或管理费”。本明细科目核算单位取得的科研项目预算收入中，按照规定计提项目间接费用或管理费的数额。年末结账后，本明细科目应无余额。

4. “本年收支结转”。本明细科目核算单位本年度非同级财政拨款专项收支相抵后的余额。年末结账后，本明细科目应无余额。

5. “累计结转”。本明细科目核算单位滚存的非同级财政拨款专项结转资金。本明细科目年末贷方余额，反映单位非同级财政拨款滚存的专项结转资金数额。

“非财政拨款结转”科目还应当按照具体项目、政府收支分类科目中“支出功能分类科目”的相关科目等进行明细核算。

非财政拨款结转的会计科目设置如表6-18所示。

表6-18 非财政拨款结转的会计科目设置

总账科目	一级明细科目	二级明细科目	三级明细科目
非财政拨款结转	年初余额调整	支出功能分类科目项级科目	××项目
			××项目
			××项目
			××项目
	缴回资金	同上	同上
	项目间接费用或管理费	同上	同上
	本年收支结转	同上	同上
	累计结转	同上	同上

财务会计系统下，与“非财政拨款结转”科目对应的是“以前年度盈余调整”“累计盈余”等科目。

（三）非财政拨款结转的主要账务处理

1.因会计差错更正收到或支出非同级财政拨款货币资金，属于非财政拨款结转资金的，按照收到或支出的金额，财务会计借记或贷记“银行存款”科目，贷记或借记“以前年度盈余调整”科目；预算会计借记或贷记“资金结存——货币资金”科目，贷记或借记“非财政拨款结转——年初余额调整”科目。因收回以前年度支出等收到非同级财政拨款货币资金，属于非财政拨款结转资金的，按照收到的金额，财务会计借记“银行存款”科目，贷记“以前年度盈余调整”科目；预算会计借记“资金结存——货币资金”科目，贷记“非财政拨款结转——年初余额调整”科目。

2.按照规定缴回非财政拨款结转资金的，按照实际缴回资金数额，财务会计借记“累计盈余”科目，贷记“银行存款”科目；预算会计借记“非财政拨款结转——缴回资金”科目，贷记“资金结存——货币资金”科目。

3.年末，预算会计将非同级财政拨款预算收入、其他预算收入本年发生额中的专项资金收入转入“非财政拨款结转”科目，借记“非同级财政拨款预算收入”“其他预算收入”科目下各专项资金收入明细科目，贷记“非财政拨款结转——本年收支结转”科目；将行政支出、其他支出本年发生额中的非财政拨款专项资金支出转入“非财政拨款结转”科目，借记“非财政拨款结转——本年收支结转”科目，贷记“行政支出”“其他支出”科目下各非财政拨款专项资金支出明细科目。

4.年末冲销有关明细科目余额。预算会计将“非财政拨款结转——年初余额调整、缴回资金、本年收支结转”科目余额转入“非财政拨款结转——累计结转”科目。结转后，“非财政拨款结转”科目除“累计结转”明细科目外，其他明细科目应无余额。

5.年末完成上述结转后，应当对非财政拨款专项结转资金各项目情况进行分析，将留归本单位使用的非财政拨款专项（项目已完成）剩余资金转入非财政拨款结余，预算会计借记“非财政拨款结转——累计结转”科目，贷记“非财政拨款结余——结转转入”科目。

【例6-18】沿用【例6-17】表6-16资料。假设甲行政单位非财政拨款结转没有发生年初余额调整和缴回资金事项，非财政专项资金项目年底完成，其结余资金留归本单位。

根据上述资料，该行政单位的账务处理如下：

• 结转本年非财政专项资金收入时，

财务会计	预算会计
—	借：非同级财政拨款预算收入——专项资金收入 30 400 其他预算收入——专项资金收入 10 000 贷：非财政拨款结转——本年收支结转 40 400

• 结转本年非财政专项资金支出时，

财务会计	预算会计
—	借：非财政拨款结转——本年收支结转38 400 贷：行政支出——非财政专项资金支出 30 000 其他支出——非财政专项资金支出 8 400

- 冲销有关明细科目余额，

财务会计	预算会计
—	借：非财政拨款结转——本年收支结转 2 000 贷：非财政拨款结转——累计结转 2 000

- 结转已完工项目留归本单位结余资金，

财务会计	预算会计
—	借：非财政拨款结转——累计结转 2 000 贷：非财政拨款结余——结转转入 2 000

非财政拨款结转的主要账务处理汇总归纳如表6-19所示。

表6-19 **非财政拨款结转的主要账务处理**

会计事项		财务会计	预算会计 非财政拨款结转
因购货退回、会计差错更正等发生以前年度调整事项	调整增加相关资产	借：银行存款等 贷：以前年度盈余调整	借：资金结存——货币资金 贷：非财政拨款结转——年初余额调整
	调整减少相关资产	借：以前年度盈余调整 贷：银行存款等	借：非财政拨款结转——年初余额调整 贷：资金结存——货币资金
按规定缴回非财政拨款结转资金	按照实际缴回资金	借：累计盈余 贷：银行存款等	借：非财政拨款结转——缴回资金 贷：资金结存——货币资金
年末结转	结转非财政拨款专项收入	—	借：非同级财政拨款预算收入/其他预算收入 贷：非财政拨款结转——本年收支结转
	结转非财政拨款专项支出	—	借：非财政拨款结转——本年收支结转 贷：行政支出/其他支出
年末冲销“非财政拨款结转”科目相关明细科目金额		—	借：非财政拨款结转——年初余额调整［该明细科目为贷方余额时］ ——本年收支结转［该明细科目为贷方余额时］ 贷：非财政拨款结转——累计结转 借：非财政拨款结转——累计结转 贷：非财政拨款结转——年初余额调整［该明细科目为借方余额时］ ——缴回资金 ——本年收支结转［该明细科目为借方余额时］
将留归本单位使用的非财政拨款专项剩余资金转入非财政拨款结余		—	借：非财政拨款结转——累计结转 贷：非财政拨款结余——结转转入

七、非财政拨款结余

（一）非财政拨款结余的概念

非财政拨款结余是指行政单位历年滚存的非限定用途的非同级财政拨款结余资金，主要为非财政拨款结余扣除结余分配后滚存的金额。

（二）非财政拨款结余核算的会计科目设置

预算会计系统下，行政单位应设置"非财政拨款结余"科目核算历年滚存的非限定用途的非同级财政拨款结余资金。本科目年末贷方余额，反映单位非同级财政拨款结余资金的累计滚存数额。

"非财政拨款结余"科目应当设置下列明细科目：

1."年初余额调整"。本明细科目核算因发生会计差错更正、以前年度支出收回等原因，需要调整非财政拨款结余的资金。年末结账后，本明细科目应无余额。

2."项目间接费用或管理费"。本明细科目核算单位取得的科研项目预算收入中，按照规定计提的项目间接费用或管理费。年末结账后，本明细科目应无余额。

3."结转转入"。本明细科目核算按照规定留归单位使用，由单位统筹调配，纳入单位非财政拨款结余的非同级财政拨款专项剩余资金。年末结账后，本明细科目应无余额。

4."累计结余"。本明细科目核算单位历年滚存的非同级财政拨款、非专项结余资金。本明细科目年末贷方余额，反映单位非同级财政拨款滚存的非专项结余资金数额。

"非财政拨款结余"科目还应当按照政府收支分类科目中"支出功能分类科目"的相关科目进行明细核算。

非财政拨款结余的会计科目设置如表6-20所示。

表6-20　**非财政拨款结余的会计科目设置**

总账科目	一级明细科目	二级明细科目
非财政拨款结余	年初余额调整	支出功能分类科目项级科目
	项目间接费用或管理费	同上
	结转转入	同上
	累计结余	同上

财务会计系统下，与"非财政拨款结余"科目对应的是"以前年度盈余调整"科目。

（三）非财政拨款结余的主要账务处理

1.因会计差错更正收到或支出非同级财政拨款货币资金，属于非财政拨款结余资金的，按照收到或支出的金额，财务会计借记或贷记"银行存款"科目，贷记或借记"以前年度盈余调整"科目；预算会计借记或贷记"资金结存——货币资金"科目，贷记或借记"非财政拨款结余——年初余额调整"科目。

因收回以前年度支出等收到非同级财政拨款货币资金，属于非财政拨款结余资金的，按照收到的金额，财务会计借记“银行存款”科目，贷记“以前年度盈余调整”科目；预算会计借记“资金结存——货币资金”科目，贷记“非财政拨款结余——年初余额调整”科目。

2. 年末，预算会计将留归本单位使用的非财政拨款专项（项目已完成）剩余资金转入“非财政拨款结余”科目，预算会计借记“非财政拨款结转——累计结转”科目，贷记“非财政拨款结余——结转转入”科目。相关举例参见【例6-18】。

3. 年末冲销有关明细科目余额。预算会计将“非财政拨款结余——年初余额调整、项目间接费用或管理费、结转转入”科目余额结转入“非财政拨款结余——累计结余”科目。结转后，“非财政拨款结余”科目除“累计结余”明细科目外，其他明细科目应无余额。

【例6-19】沿用【例6-18】资料，甲行政单位2×19年年末冲销非财政拨款结余有关明细科目余额的账务处理如下：

财务会计	预算会计
—	借：非财政拨款结余——结转转入　　2 000 　贷：非财政拨款结余——累计结余　　2 000

4. 年末，预算会计将“其他结余”科目余额转入非财政拨款结余。当“其他结余”科目为贷方余额时，借记“其他结余”科目，贷记“非财政拨款结余——累计结余”科目；当“其他结余”科目为借方余额时，借记“非财政拨款结余——累计结余”科目，贷记“其他结余”科目。举例参见【例6-17】。

非财政拨款结余的主要账务处理汇总归纳如表6-21所示。

表6-21　　**非财政拨款结余的主要账务处理**

会计事项		财务会计	预算会计
			非财政拨款结余
因购货退回、会计差错更正等发生以前年度调整事项	调整增加相关资产	借：银行存款等 　贷：以前年度盈余调整	借：资金结存——货币资金 　贷：非财政拨款结余——年初余额调整
	调整减少相关资产	借：以前年度盈余调整 　贷：银行存款等	借：非财政拨款结余——年初余额调整 　贷：资金结存——货币资金
将留归本单位使用的非财政拨款专项剩余资金转入非财政拨款结余		—	借：非财政拨款结转——累计结转 　贷：非财政拨款结余——结转转入

续表

<table>
<tr><td colspan="2" rowspan="2">会计事项</td><td>财务会计</td><td>预算会计</td></tr>
<tr><td></td><td>非财政拨款结余</td></tr>
<tr><td colspan="2">年末冲销“非财政拨款结余”科目相关明细科目余额</td><td>—</td><td>借：非财政拨款结余——年初余额调整［该明细科目为贷方余额时］
——结转转入
贷：非财政拨款结余——累计结余
借：非财政拨款结余——累计结余
贷：非财政拨款结余——年初余额调整［该明细科目为借方余额时］
——缴回资金</td></tr>
<tr><td rowspan="2">年末结转</td><td>非财政拨款结余分配为贷方余额</td><td>—</td><td>借：非财政拨款结余分配
贷：非财政拨款结余——累计结余</td></tr>
<tr><td>非财政拨款结余分配为借方余额</td><td>—</td><td>借：非财政拨款结余——累计结余
贷：非财政拨款结余分配</td></tr>
</table>

第七章

行政单位财务报告和决算报告

第一节 财务报告和决算报告概述

一、财务报告和决算报告的构成

（一）财务报告构成

财务报告是反映行政单位某一特定日期的财务状况和某一会计期间的运行情况和现金流量等信息的文件。财务报告应当包括财务报表和其他应当在财务报告中披露的相关信息和资料。

财务报表是对行政单位财务状况、运行情况和现金流量等信息的结构性表述。财务报表包括会计报表和附注。

行政单位财务会计报表至少应当包括资产负债表、收入费用表和现金流量表。各类财务会计报表的概念、内容和结构以及编制方法参见本章第二节至第五节的内容。

行政单位会计报表附注是对在资产负债表、收入费用表、现金流量表等报表中列示的项目所做的进一步说明，以及对未能在这些报表中列示的项目的说明。附注的主要内容参见本章第九节。

（二）决算报告构成

决算报告是综合反映行政单位本年度预算收支执行结果的文件。决算报告应当包括预算会计报表和其他应当在决算报告中反映的相关信息和资料。

行政单位预算会计报表主要包括预算收入支出表、预算结转结余变动表和财政拨款预算收入支出表。各类预算会计报表的概念、内容和结构以及编制方法参见本章第六节至第八节的内容。

行政单位财务报表和预算会计报表构成和编制期如表7-1所示。

表7-1　　行政单位财务报表和预算会计报表的构成和编制期

编号	报表名称	编制期
财务报表		
会政财01表	资产负债表	月度、年度
会政财02表	收入费用表	月度、年度
会政财03表	净资产变动表	年度
会政财04表	现金流量表	年度
	附注	年度
预算会计报表		
会政预01表	预算收入支出表	年度
会政预02表	预算结转结余变动表	年度
会政预03表	财政拨款预算收入支出表	年度

二、财务报表和预算会计报表的编制要求

行政单位编制财务报表和预算会计报表应当遵循以下要求：

1.财务报表的编制主要以权责发生制为基础，以行政单位财务会计核算生成的数据为准；预算会计报表的编制主要以收付实现制为基础，以行政单位预算会计核算生成的数据为准。

2.财务报表由会计报表及其附注构成。会计报表一般包括资产负债表、收入费用表和净资产变动表。行政单位可根据实际情况自行选择编制现金流量表。

3.预算会计报表至少应包括预算收入支出表、预算结转结余变动表和财政拨款预算收入支出表。

4.行政单位应当至少按照年度编制财务报表和预算会计报表。

5.行政单位应当根据《政府会计制度》规定编制真实、完整的财务报表和预算会计报表，不得违反该制度规定随意改变财务报表和预算会计报表的编制基础、编制依据、编制原则和方法，不得随意改变《政府会计制度》规定的财务报表和预算会计报表有关数据的会计口径。

6.财务报表和预算会计报表应当根据登记完整、核对无误的账簿记录和其他有关资料编制，做到数字真实、计算准确、内容完整、编报及时。

7.财务报表和预算会计报表应当由单位负责人和主管会计工作的负责人、会计机构负责人（会计主管人员）签名并盖章。

第二节 资产负债表

一、资产负债表的内容和结构

（一）资产负债表的内容

资产负债表是反映行政单位在某一特定日期的财务状况的报表，属于静态报表。资产负债表，可以反映行政单位：在某一特定日期的全部资产、负债和净资产的情况；某一日期资产的总额及其结构，表明行政单位拥有或控制的资源及其分布情况；某一日期的负债总额及其结构，表明行政单位未来需要用多少资产或劳务清偿债务以及清偿时间；某一日期净资产的总额及其结构，表明行政单位拥有的盈余、专用基金等情况。

资产负债表按编制的时间不同，可分为月度报表和年度报表。

（二）资产负债表的结构

资产负债表按照“资产=负债+净资产”的平衡公式设置，分为左右两方，左方列示资产各项目，反映资产的分布及存在形态；右方列示负债和净资产各项目，反映负债和净资产的内容及构成情况。资产负债表左右两方平衡，资产总计等于负债和净资产总计。资产负债表中的资产应当分流动资产、非流动资产和受托代理资产列示，负债应当分流动负债、非流动负债和受托代理负债列示。

为了使会计信息使用者通过比较不同时点资产负债表的数据，判断行政单位财务状况变动情况及发展趋势，行政单位需要提供比较资产负债表。由此，资产负债表的各个项目分为“年初余额”和“期末余额”两栏分别填列，“资产总计”项目期末（年初）余额应当与“负债和净资产总计”项目期末（年初）余额相等。

资产负债表的基本格式参见表7–4。

二、资产负债表的填列方法

（一）年初余额的填列

资产负债表中“年初余额”栏内的各项数字，应当根据上年末资产负债表“期末余额”栏内的数字填列；如果本年度资产负债表规定的各项目的名称和内容同上年度不一致，应对上年末资产负债表各项目的名称和数字按照本年度的规定进行调整，将调整后的数字填入本表“年初余额”栏内。如果本年度单位发生了因前期差错更正、会计政策变更等调整以前年度盈余的事项，还应当对“年初余额”栏中的有关项目金额进行相应调整。

（二）期末余额的填列

资产负债表中，“短期投资”“应收票据”“应收股利”“应收利息”“长期债券投资”“长期股权投资”“短期借款”“应付票据”“预收账款”“长期借款”“专用基金”“权益法调整”属于事业单位需要填列的项目，行政单位无需填列。

资产负债表的“期末余额”栏中，涉及行政单位的各项目内容和填列方法如下：

1.资产类项目

（1）“货币资金”项目，反映行政单位期末库存现金、银行存款、零余额账户用款额度、其他货币资金的合计数。本项目应当根据“库存现金”“银行存款”“零余额账户用款额度”“其他货币资金”科目的期末余额的合计数填列；若行政单位存在通过“库存现金”“银行存款”科目核算的受托代理资产，还应当按照前述合计数扣减“库存现金”“银行存款”科目下“受托代理资产”明细科目的期末余额后的金额填列。

（2）“财政应返还额度”项目，反映行政单位期末财政应返还额度的金额。本项目应当根据“财政应返还额度”科目的期末余额填列。

（3）“应收账款净额”项目，反映行政单位期末尚未收回的应收账款金额。本项目应当根据“应收账款”科目的期末余额填列。

（4）“预付账款”项目，反映行政单位期末预付给商品或者劳务供应行政单位的款项。本项目应当根据“预付账款”科目的期末余额填列。

（5）“其他应收款净额”项目，反映行政单位期末尚未收回的其他应收款金额。本项目应当根据“其他应收款”科目的期末余额填列。

（6）“存货”项目，反映行政单位期末存储的存货的实际成本。本项目应当根据“在途物品”“库存物品”“加工物品”科目的期末余额的合计数填列。

（7）“待摊费用”项目，反映行政单位期末已经支出，但应当由本期和以后各期负担的分摊期在1年以内（含1年）的各项费用。本项目应当根据“待摊费用”科目的期末余额填列。

（8）“一年内到期的非流动资产”项目，反映行政单位期末非流动资产项目中将在1年内（含1年）到期的金额，如行政单位将在1年内（含1年）到期的长期债券投资金额。本项目应当根据“长期债券投资”等科目的明细科目的期末余额分析填列。

（9）“其他流动资产”项目，反映行政单位期末除本表中上述各项之外的其他流动资产的合计金额。本项目应当根据有关科目期末余额的合计数填列。

（10）“流动资产合计”项目，反映行政单位期末流动资产的合计数。本项目应当根据本表中“货币资金”“财政应返还额度”“应收账款净额”“预付账款”“其他应收款净额”“存货”“待摊费用”“一年内到期的非流动资产”“其他流动资产”项目金额的合计数填列。

（11）“固定资产原值”项目，反映行政单位期末固定资产的原值。本项目应当根据“固定资产”科目的期末余额填列。

“固定资产累计折旧”项目，反映行政单位期末固定资产已计提的累计折旧金额。本项目应当根据“固定资产累计折旧”科目的期末余额填列。

"固定资产净值"项目，反映行政单位期末固定资产的账面价值。本项目应当根据"固定资产"科目期末余额减去"固定资产累计折旧"科目期末余额后的金额填列。

(12)"工程物资"项目，反映行政单位期末为在建工程准备的各种物资的实际成本。本项目应当根据"工程物资"科目的期末余额填列。

(13)"在建工程"项目，反映行政单位期末所有的建设项目工程的实际成本。本项目应当根据"在建工程"科目的期末余额填列。

(14)"无形资产原值"项目，反映行政单位期末无形资产的原值。本项目应当根据"无形资产"科目的期末余额填列。

"无形资产累计摊销"项目，反映行政单位期末无形资产已计提的累计摊销金额。本项目应当根据"无形资产累计摊销"科目的期末余额填列。

"无形资产净值"项目，反映行政单位期末无形资产的账面价值。本项目应当根据"无形资产"科目期末余额减去"无形资产累计摊销"科目期末余额后的金额填列。

(15)"研发支出"项目，反映行政单位期末正在进行的无形资产开发项目开发阶段发生的累计支出数。本项目应当根据"研发支出"科目的期末余额填列。

(16)"公共基础设施原值"项目，反映行政单位期末控制的公共基础设施的原值。本项目应当根据"公共基础设施"科目的期末余额填列。

"公共基础设施累计折旧(摊销)"项目，反映行政单位期末控制的公共基础设施已计提的累计折旧和累计摊销金额。本项目应当根据"公共基础设施累计折旧(摊销)"科目的期末余额填列。

"公共基础设施净值"项目，反映行政单位期末控制的公共基础设施的账面价值。本项目应当根据"公共基础设施"科目期末余额减去"公共基础设施累计折旧(摊销)"科目期末余额后的金额填列。

(17)"政府储备物资"项目，反映行政单位期末控制的政府储备物资的实际成本。本项目应当根据"政府储备物资"科目的期末余额填列。

(18)"文物文化资产"项目，反映行政单位期末控制的文物文化资产的成本。本项目应当根据"文物文化资产"科目的期末余额填列。

(19)"保障性住房原值"项目，反映行政单位期末控制的保障性住房的原值。本项目应当根据"保障性住房"科目的期末余额填列。

"保障性住房累计折旧"项目，反映行政单位期末控制的保障性住房已计提的累计折旧金额。本项目应当根据"保障性住房累计折旧"科目的期末余额填列。

"保障性住房净值"项目，反映行政单位期末控制的保障性住房的账面价值。本项目应当根据"保障性住房"科目期末余额减去"保障性住房累计折旧"科目期末余额后的金额填列。

（20）“长期待摊费用”项目，反映行政单位期末已经支出，但应由本期和以后各期负担的分摊期限在1年以上（不含1年）的各项费用。本项目应当根据“长期待摊费用”科目的期末余额填列。

（21）“待处理财产损溢”项目，反映行政单位期末尚未处理完毕的各种资产的净损失或净溢余。本项目应当根据“待处理财产损溢”科目的期末借方余额填列；如“待处理财产损溢”科目期末为贷方余额，以“-”号填列。

（22）“其他非流动资产”项目，反映行政单位期末除本表中上述各项之外的其他非流动资产的合计数。本项目应当根据有关科目的期末余额合计数填列。

（23）“非流动资产合计”项目，反映行政单位期末非流动资产的合计数。本项目应当根据本表中“固定资产净值”“工程物资”“在建工程”“无形资产净值”“研发支出”“公共基础设施净值”“政府储备物资”“文物文化资产”“保障性住房净值”“长期待摊费用”“待处理财产损溢”“其他非流动资产”项目金额的合计数填列。

（24）“受托代理资产”项目，反映行政单位期末受托代理资产的价值。本项目应当根据“受托代理资产”科目的期末余额与“库存现金”“银行存款”科目下“受托代理资产”明细科目的期末余额的合计数填列。

（25）“资产总计”项目，反映行政单位期末资产的合计数。本项目应当根据本表中“流动资产合计”“非流动资产合计”“受托代理资产”项目金额的合计数填列。

2.负债类项目

（26）“应交增值税”项目，反映行政单位期末应缴未缴的增值税税额。本项目应当根据“应交增值税”科目的期末余额填列；如“应交增值税”科目期末为借方余额，以“-”号填列。

（27）“其他应交税费”项目，反映行政单位期末应缴未缴的除增值税以外的税费金额。本项目应当根据“其他应交税费”科目的期末余额填列；如“其他应交税费”科目期末为借方余额，以“-”号填列。

（28）“应缴财政款”项目，反映行政单位期末应当上缴财政但尚未缴纳的款项。本项目应当根据“应缴财政款”科目的期末余额填列。

（29）“应付职工薪酬”项目，反映行政单位期末按有关规定应付给职工及为职工支付的各种薪酬。本项目应当根据“应付职工薪酬”科目的期末余额填列。

（30）“应付账款”项目，反映行政单位期末应当支付但尚未支付的偿还期限在1年以内（含1年）的应付账款的金额。本项目应当根据“应付账款”科目的期末余额填列。

（31）“应付政府补贴款”项目，反映负责发放政府补贴的行政单位期末按照规定应当支付给政府补贴接受者的各种政府补贴款余额。本项目应当根据“应付政府补贴款”科目的期末余额填列。

（32）“其他应付款”项目，反映行政单位期末其他各项偿还期限在1年内（含1

年）的应付及暂收款项余额。本项目应当根据“其他应付款”科目的期末余额填列。

（33）“预提费用”项目，反映行政单位期末已预先提取的已经发生但尚未支付的各项费用。本项目应当根据“预提费用”科目的期末余额填列。

（34）“一年内到期的非流动负债”项目，反映行政单位期末将于1年内（含1年）偿还的非流动负债的余额。本项目应当根据“长期应付款”“长期借款”等科目的明细科目的期末余额分析填列。

（35）“其他流动负债”项目，反映行政单位期末除本表中上述各项之外的其他流动负债的合计数。本项目应当根据有关科目的期末余额的合计数填列。

（36）“流动负债合计”项目，反映行政单位期末流动负债合计数。本项目应当根据本表“应交增值税”“其他应交税费”“应缴财政款”“应付职工薪酬”“应付账款”“应付政府补贴款”“其他应付款”“预提费用”“一年内到期的非流动负债”“其他流动负债”项目金额的合计数填列。

（37）“长期应付款”项目，反映行政单位期末长期应付款的余额。本项目应当根据“长期应付款”科目的期末余额减去其中将于1年内（含1年）到期的长期应付款余额后的金额填列。

（38）“预计负债”项目，反映行政单位期末已确认但尚未偿付的预计负债的余额。本项目应当根据“预计负债”科目的期末余额填列。

（39）“其他非流动负债”项目，反映行政单位期末除本表中上述各项之外的其他非流动负债的合计数。本项目应当根据有关科目的期末余额合计数填列。

（40）“非流动负债合计”项目，反映行政单位期末非流动负债合计数。本项目应当根据本表中“长期应付款”“预计负债”“其他非流动负债”项目金额的合计数填列。

（41）“受托代理负债”项目，反映行政单位期末受托代理负债的金额。本项目应当根据“受托代理负债”科目的期末余额填列。

（42）“负债合计”项目，反映行政单位期末负债的合计数。本项目应当根据本表中“流动负债合计”“非流动负债合计”“受托代理负债”项目金额的合计数填列。

3.净资产类项目

（43）“累计盈余”项目，反映行政单位期末未分配盈余（或未弥补亏损）以及无偿调拨净资产变动的累计数。本项目应当根据“累计盈余”科目的期末余额填列。

（44）“无偿调拨净资产”项目，反映行政单位本年度截至报告期期末无偿调入的非现金资产价值扣减无偿调出的非现金资产价值后的净值。本项目仅在月度报表中列示，年度报表中不列示。月度报表中本项目应当根据“无偿调拨净资产”科目的期末余额填列；“无偿调拨净资产”科目期末为借方余额时，以“-”号填列。

（45）“本期盈余”项目，反映行政单位本年度截至报告期期末实现的累计盈余或亏损。本项目仅在月度报表中列示，年度报表中不列示。月度报表中本项目应当根据

“本期盈余”科目的期末余额填列；“本期盈余”科目期末为借方余额时，以“-”号填列。

（46）“净资产合计”项目，反映行政单位期末净资产合计数。本项目应当根据本表中“累计盈余”、“无偿调拨净资产”［月度报表］、“本期盈余”［月度报表］项目金额的合计数填列。

（47）“负债和净资产总计”项目，应当按照本表中“负债合计”“净资产合计”项目金额的合计数填列。

【例7-1】甲行政单位2×18年12月31日的资产负债表（年初余额略）及2×19年12月31日的科目余额表分别参见表7-2和表7-3。

表7-2　**资产负债表**　会政财01表

编制单位：甲行政单位　2×18年12月31日　单位：元

资　产	期末余额	年初余额	负债和净资产	期末余额	年初余额
流动资产：			流动负债：		
货币资金	146 100		短期借款		
短期投资			应交增值税	600	
财政应返还额度	21 500		其他应交税费	12 700	
应收票据			应缴财政款		
应收账款净额	20 600		应付职工薪酬	95 000	
预付账款	10 000		应付票据		
应收股利			应付账款	120 000	
应收利息			应付政府补贴款	50 000	
其他应收款净额	13 000		应付利息		
存货	78 000		预收账款		
待摊费用			其他应付款	5 000	
一年内到期的非流动资产			预提费用	10 900	
其他流动资产			一年内到期的非流动负债		
流动资产合计	289 200		其他流动负债		
非流动资产：			流动负债合计	294 200	

续表

资　产	期末余额	年初余额	负债和净资产	期末余额	年初余额
长期股权投资			非流动负债：		
长期债券投资			长期借款		
固定资产原值	1 100 000		长期应付款	511 800	
减：固定资产累计折旧	−275 000		预计负债		
固定资产净值	825 000		其他非流动负债		
工程物资			非流动负债合计	511 800	
在建工程	140 000		受托代理负债	25 000	
无形资产原值			负债合计	831 000	
减：无形资产累计摊销					
无形资产净值					
研发支出					
公共基础设施原值					
减：公共基础设施累计折旧（摊销）					
公共基础设施净值					
政府储备物资	121 300				
文物文化资产					
保障性住房原值					
减：保障性住房累计折旧			净资产：		
保障性住房净值			累计盈余	569 500	
长期待摊费用			专用基金		
待处理财产损溢			权益法调整		
其他非流动资产			无偿调拨净资产*		
非流动资产合计	1 086 300		本期盈余*		
受托代理资产	25 000		净资产合计	569 500	
资产总计	1 400 500		负债和净资产总计	1 400 500	

注："*"标识项目为月报项目，年报中不需列示。

表7-3 **科目余额表**

编制单位：甲行政单位　　2×19年12月31日　　单位：元

科目名称	借方余额	科目名称	贷方余额
库存现金	5 000		
其中：受托代理现金	2 000	应交增值税	900
银行存款	168 000	其他应交税费	12 900
其中：受托代理银行存款	18 000	应付职工薪酬	120 000
财政应返还额度	25 000	应付账款	50 000
应收账款	30 900	应付政府补贴款	150 000
预付账款	20 000	其他应付款	5 000
其他应收款	9 000	预提费用	
在途物品	5 000	长期应付款	511 800
库存物品	20 000	其中：一年内到期的长期应付款	30 000
固定资产	1 490 000	受托代理负债	50 000
固定资产累计折旧	−596 000	累计盈余	744 300
在建工程	230 000		
无形资产	120 000		
无形资产累计摊销	−12 000		
政府储备物资	100 000		
受托代理资产	30 000		
合计	1 644 900	合计	1 644 900

根据上述资料，编制甲行政单位2×19年12月31日的资产负债表，如表7-4所示。

表7-4 **资产负债表**　　会政财01表

编制单位：甲行政单位　　2×19年12月31日　　单位：元

资　产	期末余额	年初余额	负债和净资产	期末余额	年初余额
流动资产：			流动负债：		
货币资金	153 000	146 100	短期借款		
短期投资			应交增值税	900	600
财政应返还额度	25 000	21 500	其他应交税费	12 900	12 700

续表

资　产	期末余额	年初余额	负债和净资产	期末余额	年初余额
应收票据			应缴财政款		
应收账款净额	30 900	20 600	应付职工薪酬	120 000	95 000
预付账款	20 000	10 000	应付票据		
应收股利			应付账款	50 000	120 000
应收利息			应付政府补贴款	150 000	50 000
其他应收款净额	9 000	13 000	应付利息		
存货	25 000	78 000	预收账款		
待摊费用			其他应付款	5 000	5 000
一年内到期的非流动资产			预提费用		10 900
其他流动资产			一年内到期的非流动负债	30 000	
流动资产合计	262 900	289 200	其他流动负债		
非流动资产：			流动负债合计	368 800	294 200
长期股权投资			非流动负债：		
长期债券投资			长期借款		
固定资产原值	1 490 000	1 100 000	长期应付款	481 800	511 800
减：固定资产累计折旧	–596 000	–275 000	预计负债		
固定资产净值	894 000	825 000	其他非流动负债		
工程物资			非流动负债合计	481 800	511 800
在建工程	230 000	140 000	受托代理负债	50 000	25 000
无形资产原值	120 000		负债合计	900 600	831 000
减：无形资产累计摊销	–12 000				
无形资产净值	108 000				
研发支出					
公共基础设施原值					

续表

资　产	期末余额	年初余额	负债和净资产	期末余额	年初余额
减：公共基础设施累计折旧（摊销）					
公共基础设施净值					
政府储备物资	100 000	121 300			
文物文化资产					
保障性住房原值					
减：保障性住房累计折旧			净资产：		
保障性住房净值			累计盈余	744 300	569 500
长期待摊费用			专用基金		
待处理财产损溢			权益法调整		
其他非流动资产			无偿调拨净资产*		
非流动资产合计	1 332 000	1 086 300	本期盈余*		
受托代理资产	50 000	25 000	净资产合计	744 300	569 500
资产总计	1 644 900	1 400 500	负债和净资产总计	1 644 900	1 400 500

注：“*”标识项目为月报项目，年报中不需列示。

第三节　收入费用表

一、收入费用表的内容和结构

（一）收入费用表的内容

收入费用表是反映行政单位在一定会计期间运行情况的报表，属于动态报表。收入费用表，可提供行政单位在某一会计期间内的各项收入实现、费用耗费以及盈余实现情况。

收入费用表按编制的时间不同，分为月度报表和年度报表。

（二）收入费用表的结构

收入费用表应当按照本期收入、本期费用和本期盈余分项列示。本期收入列示财政拨款收入、非同级财政拨款收入、捐赠收入、利息收入、租金收入和其他收入；本期费用列示业务活动费用、资产处置费用和其他费用。本期盈余是本期收入减去本期费用后的差额。

月度收入费用表各项目分别“本月数”和“本年累计数”填列。年度收入费用表各项则分别“本年数”和“上年数”两栏填列，其目的在于使报表使用者通过比较不同时期的盈余的实现情况，判断行政单位运行情况的未来发展趋势。

收入费用表“本月数”栏反映各项目的本月实际发生数，编制年度收入费用表时，应当将本栏改为“本年数”，反映本年度各项目的实际发生数；“本年累计数”栏反映各项目自年初至报告期期末的累计实际发生数，编制年度收入费用表时，应当将本栏改为“上年数”，反映上年度各项目的实际发生数，“上年数”栏应当根据上年度收入费用表中“本年数”栏内所列数字填列。如果本年度收入费用表规定的项目的名称和内容同上年度不一致，应当对上年度收入费用表项目的名称和数字按照本年度的规定进行调整，将调整后的金额填入本年度收入费用表的“上年数”栏内。如果本年度单位发生了因前期差错更正、会计政策变更等调整以前年度盈余的事项，还应当对年度收入费用表中“上年数”栏中的有关项目金额进行相应调整。

收入费用表的基本格式参见表7-6。

二、收入费用表的填列方法

收入费用表中，“事业收入”“上级补助收入”“附属单位上缴收入”“经营收入”“投资收益”“单位管理费用”“经营费用”“上缴上级费用”“对附属单位补助费用”“所得税费用”项目属于事业单位应当填列的项目，行政单位不需要填列。

收入费用表“本月数”栏，涉及行政单位的各项目内容和填列方法如下：

（一）本期收入

1.“本期收入”项目，反映行政单位本期收入总额。本项目应当根据本表中“财政拨款收入”“非同级财政拨款收入”“捐赠收入”“利息收入”“租金收入”“其他收入”项目金额的合计数填列。

2.“财政拨款收入”项目，反映行政单位本期从同级政府财政部门取得的各类财政拨款。本项目应当根据“财政拨款收入”科目的本期发生额填列。

“政府性基金收入”项目，反映行政单位本期取得的财政拨款收入中属于政府性基金预算拨款的金额。本项目应当根据“财政拨款收入”相关明细科目的本期发生额填列。

3.“非同级财政拨款收入”项目，反映行政单位本期从非同级政府财政部门取得的财政拨款，不包括行政单位因开展科研及其辅助活动从非同级财政部门取得的经费拨款。本项目应当根据“非同级财政拨款收入”科目的本期发生额填列。

4.“捐赠收入”项目，反映行政单位本期接受捐赠取得的收入。本项目应当根据“捐赠收入”科目的本期发生额填列。

5.“利息收入”项目，反映行政单位本期取得的银行存款利息收入。本项目应当根据“利息收入”科目的本期发生额填列。

6.“租金收入”项目，反映行政单位本期经批准利用国有资产出租取得并按规定纳入本单位预算管理的租金收入。本项目应当根据“租金收入”科目的本期发生额填列。

7.“其他收入”项目，反映行政单位本期取得的除以上收入项目外的其他收入的总额。本项目应当根据“其他收入”科目的本期发生额填列。

（二）本期费用

8.“本期费用”项目，反映行政单位本期费用总额。本项目应当根据本表中“业务活动费用”、“资产处置费用”和“其他费用”项目金额的合计数填列。

9.“业务活动费用”项目，反映行政单位本期为实现其职能目标，依法履职或开展专业业务活动及其辅助活动所发生的各项费用。本项目应当根据“业务活动费用”科目本期发生额填列。

10.“资产处置费用”项目，反映行政单位本期经批准处置资产时转销的资产价值以及在处置过程中发生的相关费用或者处置收入小于处置费用形成的净支出。本项目应当根据“资产处置费用”科目的本期发生额填列。

11.“其他费用”项目，反映行政单位本期发生的除以上费用项目外的其他费用的总额。本项目应当根据“其他费用”科目的本期发生额填列。

（三）本期盈余

12.“本期盈余”项目，反映行政单位本期收入扣除本期费用后的净额。本项目应当根据本表中“本期收入”项目金额减去“本期费用”项目金额后的金额填列；如为负数，以“-”号填列。

【例7-2】甲行政单位2×19年度有关收入和费用科目的本年累计发生额如表7-5所示。

表7-5　**2×19年度各收入和费用科目本年累计发生额**　单位：元

收入科目名称	贷方发生额	费用科目名称	借方发生额
财政拨款收入	2 046 900	业务活动费用	2 024 000
非同级财政拨款收入	40 400	资产处置费用	5 000
捐赠收入	10 000	其他费用	44 400
利息收入	5 000		
租金收入	30 000		
其他收入	5 000		

根据上述资料，编制甲行政单位2×19年收入费用表，如表7-6所示。

表7–6　　收入费用表　　会政财02表

编制单位：甲行政单位　　2×19年　　单位：元

项　目	本年数	上年数（略）
一、本期收入	2 137 300	
（一）财政拨款收入	2 046 900	
其中：政府性基金收入		
（二）事业收入		
（三）上级补助收入		
（四）附属单位上缴收入		
（五）经营收入		
（六）非同级财政拨款收入	40 400	
（七）投资收益		
（八）捐赠收入	10 000	
（九）利息收入	5 000	
（十）租金收入	30 000	
（十一）其他收入	5 000	
二、本期费用	2 073 400	
（一）业务活动费用	2 024 000	
（二）单位管理费用		
（三）经营费用		
（四）资产处置费用	5 000	
（五）上缴上级费用		
（六）对附属单位补助费用		
（七）所得税费用		
（八）其他费用	44 400	
三、本期盈余	63 900	

第四节　净资产变动表

一、净资产变动表的内容和结构

（一）净资产变动表的内容

净资产变动表是反映单位在某一会计年度内净资产项目的变动情况的报表，属于动态报表。净资产变动表可以提供行政单位在某一会计期间内的累计盈余、专用基金、权益法调整以及净资产合计的情况。

净资产变动表只编制年度报表。

（二）净资产变动表的结构

净资产变动表分别横向和纵向按照不同项目列示，横向按照累计盈余、专用基金、权益法调整和净资产合计分项列示；纵向按照上年年末余额、以前年度盈余调整、本年年初余额、本年变动金额和本年年末余额分项列示。

此外，为了使报表使用者通过比较不同年度净资产变动表的数据，掌握行政单位净资产各项目变动情况及发展趋势，行政单位需要提供比较净资产变动表，净资产变动表还就各项目再分为“本年数”和“上年数”两栏分别填列。

净资产变动表“本年数”栏反映本年度各项目的实际变动数，“上年数”栏反映上年度各项目的实际变动数，应当根据上年度净资产变动表中“本年数”栏内所列数字填列。如果上年度净资产变动表规定的项目的名称和内容与本年度不一致，应对上年度净资产变动表项目的名称和数字按照本年度的规定进行调整，将调整后的金额填入本年度净资产变动表“上年数”栏内。

净资产变动表的基本格式如表7-7所示。

二、净资产变动表的填列方法

净资产变动表中，“专用基金”“提取或设置专用基金”“使用专用基金”“权益法调整”属于事业单位应当填列的项目，行政单位不需要填列。

净资产变动表“本年数”栏，涉及行政单位的各项目内容和填列方法如下：

1.“上年年末余额”行，反映单位净资产各项目上年年末的余额。本行各项目应当根据“累计盈余”科目上年年末余额填列。

2.“以前年度盈余调整”行，反映单位本年度调整以前年度盈余的事项对累计盈余进行调整的金额。本行“累计盈余”项目应当根据本年度“以前年度盈余调整”科目转入“累计盈余”科目的金额填列；如调整减少累计盈余，以“-”号填列。

3.“本年年初余额”行，反映经过以前年度盈余调整后，单位净资产各项目的本年年初余额。本行“累计盈余”项目应当根据其各自在“上年年末余额”和“以前年度盈余调整”行对应项目金额的合计数填列。

4.“本年变动金额”行，反映单位净资产各项目本年变动总金额。本行“累计盈余”项目应当根据其各自在“本期盈余”“无偿调拨净资产”“归集调整预算结转结余”行对应项目金额的合计数填列。

5.“本期盈余”行，反映单位本年发生的收入、费用对净资产的影响。本行“累计盈余”项目应当根据年末由“本期盈余”科目转入“本年盈余分配”科目的金额填列；如转入时借记“本年盈余分配”科目，则以“-”号填列。

6.“无偿调拨净资产”行，反映单位本年无偿调入、调出非现金资产事项对净资产的影响。本行“累计盈余”项目应当根据年末由“无偿调拨净资产”科目转入“累计盈余”科目的金额填列；如转入时借记“累计盈余”科目，则以“-”号填列。

7.“归集调整预算结转结余”行，反映单位本年财政拨款结转结余资金归集调入、归集上缴或调出，以及非财政拨款结转资金缴回对净资产的影响。本行“累计盈余”项目应当根据“累计盈余”科目明细账记录分析填列；如归集调整减少预算结转结余，则以“-”号填列。

8.“本年年末余额”行，反映单位本年各净资产项目的年末余额。本行“累计盈余”“专用基金”“权益法调整”项目应当根据其各自在“本年年初余额”“本年变动金额”行对应项目金额的合计数填列。

9.本表各行“净资产合计”项目，应当根据所在行“累计盈余”项目金额的合计数填列。

【例7-3】沿用【例7-1】和【例7-2】的资料，甲行政单位2×19年的其他相关资料为：“以前年度盈余调整”项目金额沿用【例6-4】资料，“无偿调拨净资产”项目金额200 000元沿用【例6-3】的资料，“归集调整预算结转结余”项目金额沿用【例6-4】、【例6-6】至【例6-9】、【例6-14】和【例6-15】的资料。

根据上述资料，编制甲行政单位2×19年度净资产变动表，如表7-7所示。

表7-7　　　　**净资产变动表**　　　　会政财03表

编制单位：甲行政单位　　　　2×19年　　　　单位：元

项　目	本年数				上年数（略）			
	累计盈余	专用基金	权益法调整	净资产合计	累计盈余	专用基金	权益法调整	净资产合计
一、上年年末余额	569 500			569 500				
二、以前年度盈余调整（减少以“-”号填列）	10 900			10 900		—	—	
三、本年年初余额	580 400			580 400				
四、本年变动金额（减少以“-”号填列）	163 900			163 900				
（一）本年盈余	63 900			63 900		—	—	
（二）无偿调拨净资产	100 000			100 000		—	—	
（三）归集调整预算结转结余						—	—	
（四）提取或设置专用基金							—	
其中：从预算收入中提取							—	
从预算结余中提取					—		—	
设置的专用基金					—		—	
（五）使用专用基金							—	
（六）权益法调整					—	—		
五、本年年末余额	744 300			744 300				

注：“—”标识单元格不需填列。

第五节　现金流量表

一、现金流量表的内容和结构

（一）现金流量表的内容

现金流量表是反映行政单位在一定会计期间现金及现金等价物流入和流出情况的报表，是行政单位主要会计报表之一。行政单位现金流量表只编制年度报表。

现金流量表，按照收付实现制编制，将权责发生制下的盈余信息调整为收付实现制下的现金流量信息，便于信息使用者了解行政单位盈余的质量。从内容上看，现金流量表被划分为日常活动、投资活动、筹资活动三个部分，每类活动又分为各具体项目，这些项目从不同角度反映行政单位业务活动的现金流入和流出，弥补了资产负债表和收入费用表提供信息的不足。现金流量表的使用者能够了解现金流量的影响因素，可以评价行政单位的支付能力和偿债能力，为其决策提供依据。

（二）现金流量表的结构

在现金流量表中，现金是指行政单位的库存现金以及其他可以随时用于支付的款项，包括库存现金、可以随时用于支付的银行存款、其他货币资金、零余额账户用款额度、财政应返还额度，以及通过财政直接支付方式支付的款项；现金流量是指现金的流入和流出。根据行政单位业务活动性质和现金流量来源，行政单位一定期间产生的现金流量分为三类：日常活动产生的现金流量、投资活动产生的现金流量和筹资活动产生的现金流量。

为了使报表使用者通过比较不同年度现金流量变动表的数据，掌握行政单位各类现金流量及其各项目变动情况及发展趋势，行政单位需要提供比较现金流量，现金流量还就各项目再分为“本年金额”和“上年金额”两栏分别填列。其中，“本年金额”栏反映各项目的本年实际发生数，“上年金额”栏反映各项目的上年实际发生数，应当根据上年现金流量表中“本年金额”栏内所列数字填列。

行政单位现金流量表应当采用直接法编制。按照《政府会计制度》的规定，行政单位可根据实际情况自行选择编制现金流量表。

现金流量表的基本格式参见表7–8。

二、现金流量表的填列方法

现金流量表中，投资活动产生的现金流量中的“收回投资收到的现金”“取得投资收益收到的现金”“对外投资支付的现金”项目，筹资活动产生的现金流量中的“取得借款收到的现金”“偿还借款支付的现金”“偿付利息支付的现金”项目属于事业单位应当填列的项目，行政单位不需填列。

现金流量表“本年金额”栏，涉及行政单位的各项目内容和填列方法如下：

1.日常活动产生的现金流量

（1）“财政基本支出拨款收到的现金”项目，反映行政单位本年接受财政基本支出拨款取得的现金。本项目应当根据“零余额账户用款额度”“财政拨款收入”“银行存款”等科目及其所属明细科目的记录分析填列。

（2）“财政非资本性项目拨款收到的现金”项目，反映行政单位本年接受除用于购建固定资产、无形资产、公共基础设施等资本性项目以外的财政项目拨款取得的现金。本项目应当根据“银行存款”“零余额账户用款额度”“财政拨款收入”等科目及其所属明细科目的记录分析填列。

（3）“事业活动收到的除财政拨款以外的现金”项目，反映行政单位本年开展专业业务活动及其辅助活动取得的除财政拨款以外的现金。本项目应当根据“库存现金”“银行存款”“其他货币资金”“应收账款”等科目及其所属明细科目的记录分析填列。

（4）“收到的其他与日常活动有关的现金”项目，反映行政单位本年收到的除以上项目之外的与日常活动有关的现金。本项目应当根据“库存现金”“银行存款”“其他货币资金”“非同级财政拨款收入”“捐赠收入”“利息收入”“租金收入”“其他收入”等科目及其所属明细科目的记录分析填列。

（5）“日常活动的现金流入小计”项目，反映行政单位本年日常活动产生的现金流入的合计数。本项目应当根据本表中“财政基本支出拨款收到的现金”“财政非资本性项目拨款收到的现金”“收到的其他与日常活动有关的现金”项目金额的合计数填列。

（6）“购买商品、接受劳务支付的现金”项目，反映行政单位本年在日常活动中用于购买商品、接受劳务支付的现金。本项目应当根据“库存现金”“银行存款”“财政拨款收入”“零余额账户用款额度”“预付账款”“在途物品”“库存物品”“应付账款”“业务活动费用”等科目及其所属明细科目的记录分析填列。

（7）“支付给职工以及为职工支付的现金”项目，反映行政单位本年支付给职工以及为职工支付的现金。本项目应当根据“库存现金”“银行存款”“零余额账户用款额度”“财政拨款收入”“应付职工薪酬”“业务活动费用”等科目及其所属明细科目的记录分析填列。

（8）“支付的各项税费”项目，反映行政单位本年用于缴纳日常活动相关税费而支付的现金。本项目应当根据“库存现金”“银行存款”“零余额账户用款额度”“应交增值税”“其他应交税费”“业务活动费用”等科目及其所属明细科目的记录分析填列。

（9）“支付的其他与日常活动有关的现金”项目，反映行政单位本年支付的除上述项目之外与日常活动有关的现金。本项目应当根据“库存现金”“银行存款”“零余额账户用款额度”“财政拨款收入”“其他应付款”“业务活动费用”“其他费用”等科目及其所属明细科目的记录分析填列。

（10）“日常活动的现金流出小计”项目，反映行政单位本年日常活动产生的现金流出的合计数。本项目应当根据本表中“购买商品、接受劳务支付的现金”“支付给职工以及为职工支付的现金”“支付的各项税费”“支付的其他与日常活动有关的现金”项目金额的合计数填列。

（11）“日常活动产生的现金流量净额”项目，应当按照本表中“日常活动的现金流入小计”项目金额减去“日常活动的现金流出小计”项目金额后的金额填列；如为负数，以“-”号填列。

2. 投资活动产生的现金流量

（12）“处置固定资产、无形资产、公共基础设施等收回的现金净额”项目，反映行政单位本年处置固定资产、无形资产、公共基础设施等非流动资产所取得的现金，减去为处置这些资产而支付的有关费用之后的净额。由于自然灾害所造成的固定资产等长期资产损失而收到的保险赔款收入，也在本项目反映。本项目应当根据“库存现金”“银行存款”“待处理财产损溢”等科目的记录分析填列。

（13）“收到的其他与投资活动有关的现金”项目，反映行政单位本年收到的除上述项目之外与投资活动有关的现金。对于金额较大的现金流入，应当单列项目反映。本项目应当根据“库存现金”“银行存款”等有关科目的记录分析填列。

（14）“投资活动的现金流入小计”项目，反映行政单位本年投资活动产生的现金流入的合计数。本项目应当根据本表中“处置固定资产、无形资产、公共基础设施等收回的现金净额”“收到的其他与投资活动有关的现金”项目金额的合计数填列。

（15）“购建固定资产、无形资产、公共基础设施等支付的现金”项目，反映行政单位本年购买和建造固定资产、无形资产、公共基础设施等非流动资产所支付的现金；融资租入固定资产支付的租赁费不在本项目反映，在筹资活动的现金流量中反映。本项目应当根据“库存现金”“银行存款”“固定资产”“工程物资”“在建工程”“无形资产”“研发支出”“公共基础设施”“保障性住房”等科目的记录分析填列。

（16）“上缴处置固定资产、无形资产、公共基础设施等净收入支付的现金”项目，反映本年行政单位将处置固定资产、无形资产、公共基础设施等非流动资产所收回的现金净额予以上缴财政所支付的现金。本项目应当根据“库存现金”“银行存款”“应缴财政款”等科目的记录分析填列。

（17）“支付的其他与投资活动有关的现金”项目，反映行政单位本年支付的除上述项目之外与投资活动有关的现金。对于金额较大的现金流出，应当单列项目反映。本项目应当根据“库存现金”“银行存款”等有关科目的记录分析填列。

（18）“投资活动的现金流出小计”项目，反映行政单位本年投资活动产生的现金流出的合计数。本项目应当根据本表中“购建固定资产、无形资产、公共基础设施等支付的现金”“上缴处置固定资产、无形资产、公共基础设施等净收入支付的现金”“支付的其他与投资活动有关的现金”项目金额的合计数填列。

（19）“投资活动产生的现金流量净额”项目，应当按照本表中“投资活动的现金流入小计”项目金额减去“投资活动的现金流出小计”项目金额后的金额填列；如为负数，以“–”号填列。

3. 筹资活动产生的现金流量

（20）“财政资本性项目拨款收到的现金”项目，反映行政单位本年接受用于购建固定资产、无形资产、公共基础设施等资本性项目的财政项目拨款取得的现金。本项目应当根据“银行存款”“零余额账户用款额度”“财政拨款收入”等科目及其所属明细科目的记录分析填列。

（21）“收到的其他与筹资活动有关的现金”项目，反映行政单位本年收到的除上述项目之外与筹资活动有关的现金。对于金额较大的现金流入，应当单列项目反映。本项目应当根据“库存现金”“银行存款”等有关科目的记录分析填列。

（22）“筹资活动的现金流入小计”项目，反映行政单位本年筹资活动产生的现金流入的合计数。本项目应当根据本表中“财政资本性项目拨款收到的现金”“收到的其他与筹资活动有关的现金”项目金额的合计数填列。

（23）“支付的其他与筹资活动有关的现金”项目，反映行政单位本年支付的除上述项目之外与筹资活动有关的现金，如融资租入固定资产所支付的租赁费。本项目应当根据“库存现金”“银行存款”“长期应付款”等科目的记录分析填列。

（24）“筹资活动的现金流出小计”项目，反映行政单位本年筹资活动产生的现金流出的合计数。本项目应当根据本表中“支付的其他与筹资活动有关的现金”项目金额的合计数填列。

（25）“筹资活动产生的现金流量净额”项目，应当按照本表中“筹资活动的现金流入小计”项目金额减去“筹资活动的现金流出小计”金额后的金额填列；如为负数，以“–”号填列。

4. “汇率变动对现金的影响额”项目，反映行政单位本年外币现金流量折算为人民币时所采用的现金流量发生日的汇率折算的人民币金额，与外币现金流量净额按期末汇率折算的人民币金额之间的差额。

5. “现金净增加额”项目，反映行政单位本年现金变动的净额。本项目应当根据本表中“日常活动产生的现金流量净额”“投资活动产生的现金流量净额”“筹资活动产生的现金流量净额”“汇率变动对现金的影响额”项目金额的合计数填列；如为负数，以“–”号填列。

【例7–4】沿用【例7–1】和【7–2】的资料，甲行政单位其他相关资料如下：

1.2×19年度收入费用表有关的明细资料如下：

（1）财政拨款收入的组成：基本支出拨款1 446 900元，项目支出拨款600 000元

（资本性项目拨款600 000元）。

（2）非同级财政拨款收入的组成：收到非同级财政拨款收入40 400元。

（3）捐赠收入的组成：接受现金资产捐赠10 000元。

（4）利息收入的组成：收到利息收入5 000元。

（5）租金收入的组成：确认应收账款30 000元，收到租金收入20 600元。

（6）其他收入的组成：确认无法偿付的其他应付款5 000元。

（7）业务活动费用的组成：职工薪酬1 220 000元，库存物品领用53 000元，固定资产折旧321 000元，无形资产摊销12 000元，除增值税之外的其他各项税费12 900元，计提政府补贴150 000元，应付账款50 000元、支付其他业务活动费用73 800元（其中财政授权支付40 700元）。

（8）资产处置费用的组成：盘亏图书5 000元。

（9）其他费用的组成：对外捐赠现金30 000元、支付罚款14 400元。

2. 2×19年度资产负债表有关的明细资料如下：

（1）零余额账户用款额度的组成：恢复上年末未支用额度21 500元，按照本年预算收到财政授权支付额度371 900元，本年支用额度368 400元，年末注销未支用额度25 000元。

（2）财政应返还额度的组成：恢复上年末未支用财政授权支付额度21 500元，年末未支用财政授权支付额度25 000元。其中：基本支出23 000元，项目支出2 000元。

（3）应收账款的组成：收回206 000元，确认租金收入30 900元。

（4）预付账款的组成：收到去年预付账款采购的服务10 000元，支付购买服务定金20 000元。

（5）存货的组成：领用库存物品53 000元。

（6）其他应收款的组成：收回垫付款4 000元。

（7）在建工程的组成：支付安装费90 000元（财政直接支付）。

（8）固定资产的组成：无偿调入105 000元（调出单位账面价值100 000元，财政授权支付相关税费5 000元），购置290 000元（财政直接支付），盘亏图书5 000元。

（9）无形资产的组成：购置120 000元（财政授权支付）。

（10）政府储备物资的组成：动用121 300元，购置100 000元（财政直接支付）。

（11）应交增值税的组成：支付增值税600元，本年增值税销项税额900元。

（12）其他应交税费的组成：计提其他税费12 900元，支付其他税费12 700元。

（13）应付职工薪酬的组成：计提1 220 000元，支付职工薪酬1 195 000元（财政直接支付），薪酬年初余额和年末余额中无应付在建工程人员部分。

（14）应付账款的组成：支付120 000元，购买服务应付未付50 000元。

（15）应付政府补贴款的组成：支付50 000元，计提150 000元。

（16）其他应付款的组成：获得批准处理无偿偿付的其他应付款项5 000元，收到押金5 000元。

（17）长期应付款的组成：年末一年内到期的30 000元。

根据以上资料，采用分析填列方法，编制甲行政单位2×19年度的现金流量表，如表7-8所示。

（1）财政基本支出拨款收到的现金=财政拨款收入中基本支出拨款+恢复上年财政授权支付额度

=1 446 900+21 500

=1 468 400（元）

（2）收到的其他与日常活动有关的现金=非同级财政拨款收入+利息收入+捐赠收入+租金收入+收到押金+收回垫付款

=40 400+5 000+10 000+20 600+5 000+4 000

=85 000（元）

（3）购买商品、接受劳务支付的现金=财政授权支付的业务活动费用+现金支付的业务活动费用+支付应付账款+支付的预付账款+支付政府补贴款

=40 700+33 100+120 000+20 000+50 000

= 263 800（元）

（4）支付给职工以及为职工支付的现金=财政直接支付的薪酬

=1 195 000（元）

（5）支付的各项税费=已交增值税+已交其他税费

=600+12 700

=13 300（元）

（6）支付的其他与日常活动有关的现金=支付罚款+对外现金捐赠

=14 400+30 000

=44 400（元）

（7）购建固定资产、无形资产、公共基础设施等支付的现金=财政授权支付的无偿调入固定资产相关税费和无形资产购置款项+财政直接支付固定资产购置款项、安装费用和政府储备物资款项

=（5 000+ 120 000）+（290 000+90 000+100 000）

=605 000（元）

（8）财政资本性项目拨款收到的现金=财政直接支付的固定资产购置款项、安装费用和政府储备物资款项+财政授权支付的无形资产购置款项

=（290 000+90 000+100 000）+120 000

=600 000（元）

表7-8 **现金流量表** 会政财04表

编制单位：甲行政单位 2×19年 单位：元

项 目	本年金额	上年金额
一、日常活动产生的现金流量：		
财政基本支出拨款收到的现金	1 468 400	
财政非资本性项目拨款收到的现金		
事业活动收到的除财政拨款以外的现金		
收到的其他与日常活动有关的现金	85 000	
日常活动的现金流入小计	1 553 400	
购买商品、接受劳务支付的现金	263 800	
支付给职工以及为职工支付的现金	1 195 000	
支付的各项税费	13 300	
支付的其他与日常活动有关的现金	44 400	
日常活动的现金流出小计	1 516 500	
日常活动产生的现金流量净额	36 900	
二、投资活动产生的现金流量：		
收回投资收到的现金		
取得投资收益收到的现金		
处置固定资产、无形资产、公共基础设施等收回的现金净额		
收到的其他与投资活动有关的现金		
投资活动的现金流入小计		
购建固定资产、无形资产、公共基础设施等支付的现金	605 000	
对外投资支付的现金		
上缴处置固定资产、无形资产、公共基础设施等净收入支付的现金		
支付的其他与投资活动有关的现金		
投资活动的现金流出小计	605 000	
投资活动产生的现金流量净额	-605 000	
三、筹资活动产生的现金流量：		
财政资本性项目拨款收到的现金	600 000	
取得借款收到的现金		
收到的其他与筹资活动有关的现金		
筹资活动的现金流入小计	600 000	
偿还借款支付的现金		
偿还利息支付的现金		
支付的其他与筹资活动有关的现金		
筹资活动的现金流出小计		
筹资活动产生的现金流量净额	600 000	
四、汇率变动对现金的影响额		
五、现金净增加额	31 900	

第六节 预算收入支出表

一、预算收入支出表的内容和结构

（一）预算收入支出表的内容

预算收入支出表是反映行政单位在某一会计年度内各项预算收入、预算支出和预算收支差额的情况的报表，是行政单位主要预算会计报表之一，属于动态报表。预算收入支出表可以提供行政单位在某一会计期间内的各项预算收入实现、预算支出的耗费以及预算收支差额情况。预算收入支出表只按照年度编制。

（二）预算收入支出表的结构

预算收入支出表应当按照本年预算收入、本年预算支出和本年预算收支差额分项列示。行政单位的本年预算收入反应财政拨款预算收入、非同级财政拨款预算收入和其他预算收入；本年预算支出反映行政支出和其他支出。本年预算收支差额是本年预算收入减去本年预算支出后的差额。

预算收入支出表各项则分为“本年数”和“上年数”两栏填列，其目的在于使报表使用者通过比较不同时期的预算收入、预算支出和预算收支差额情况，判断行政单位预算情况的未来发展趋势。

预算收入支出表“本年数”栏反映各项目的本年实际发生数。本表“上年数”栏反映各项目上年度的实际发生数，应当根据上年度预算收入支出表中“本年数”栏内所列数字填列。如果本年度预算收入支出表规定的项目的名称和内容同上年度不一致，应当对上年度预算收入支出表项目的名称和数字按照本年度的规定进行调整，将调整后金额填入本年度预算收入支出表的“上年数”栏。

预算收入支出表基本格式参见表7-10。

二、预算收入支出表的填列方法

预算收入支出表中“事业预算收入”“上级补助预算收入”“附属单位上缴预算收入”“经营预算收入”“债务预算收入”“投资预算收益”“事业支出”“经营支出”“上缴上级支出”“对附属单位补助支出”“投资支出”“债务还本支出”“利息支出”项目属于事业单位应当填列的项目，行政单位不需填列。

预算收入支出表“本年数”栏，涉及行政单位的各项目内容和填列方法如下：

（一）本年预算收入

1.“本年预算收入”项目，反映行政单位本年预算收入总额。本项目应当根据本表中“财政拨款预算收入”“非同级财政拨款预算收入”“其他预算收入”项目金额的合计数填列。

2.“财政拨款预算收入”项目，反映行政单位本年从同级政府财政部门取得的各类财政拨款。本项目应当根据“财政拨款预算收入”科目的本年发生额填列。

“政府性基金收入”项目，反映行政单位本年取得的财政拨款收入中属于政府性基金预算拨款的金额。本项目应当根据“财政拨款预算收入”相关明细科目的本年发生额填列。

3.“非同级财政拨款预算收入”项目，反映行政单位本年从非同级政府财政部门取得的财政拨款。本项目应当根据“非同级财政拨款预算收入”科目的本年发生额填列。

4.“其他预算收入”项目，反映行政单位本年取得的除上述收入以外的纳入行政单位预算管理的各项预算收入。本项目应当根据“其他预算收入”科目的本年发生额填列。

“利息预算收入”项目，反映行政单位本年取得的利息预算收入。本项目应当根据“其他预算收入”科目的明细记录分析填列。行政单位单设“利息预算收入”科目的，应当根据“利息预算收入”科目的本年发生额填列。

“捐赠预算收入”项目，反映行政单位本年取得的捐赠预算收入。本项目应当根据“其他预算收入”科目明细账记录分析填列。行政单位单设“捐赠预算收入”科目的，应当根据“捐赠预算收入”科目的本年发生额填列。

“租金预算收入”项目，反映行政单位本年取得的租金预算收入。本项目应当根据“其他预算收入”科目明细账记录分析填列。行政单位单设“租金预算收入”科目的，应当根据“租金预算收入”科目的本年发生额填列。

（二）本年预算支出

5.“本年预算支出”项目，反映行政单位本年预算支出总额。本项目应当根据本表中“行政支出”和“其他支出”项目金额的合计数填列。

6.“行政支出”项目，反映行政单位本年履行职责实际发生的支出。本项目应当根据“行政支出”科目的本年发生额填列。

7.“其他支出”项目，反映行政单位本年除以上支出以外的各项支出。本项目应当根据“其他支出”科目的本年发生额填列。

“捐赠支出”项目，反映行政单位本年发生的捐赠支出。本项目应当根据“其他支出”科目明细账记录分析填列。行政单位单设“捐赠支出”科目的，应当根据“捐赠支出”科目的本年发生额填列。

（三）本年预算收支差额

8.“本年预算收支差额”项目，反映行政单位本年各项预算收支相抵后的差额。本项目应当根据本表中“本期预算收入”项目金额减去“本期预算支出”项目金额后的金额填列；如相减后金额为负数，以“-”号填列。

【例7-5】甲行政单位2×19年度有关预算收入和预算支出科目的本年累计发生额如表7-9所示。

表7-9　**2×19年度预算收入科目和预算支出科目本年累计发生额**　单位：元

预算收入科目名称	本年累计发生额	预算支出科目名称	本年累计发生额
财政拨款预算收入	2 046 900	行政支出	2 071 500
其中：政府性基金收入		其他支出	50 000
非同级财政拨款预算收入	40 400	其中：利息支出	
其他预算收入	35 600	捐赠支出	30 000
其中：利息预算收入	5 000		
捐赠预算收入	10 000		
租金预算收入	20 600		

根据上述资料，编制甲行政单位2×19年度预算收入支出表，如表7-10所示。

表7-10　**预算收入支出表**　会政预01表

编制单位：甲行政单位　2×19年　单位：元

项　目	本年数	上年数（略）
一、本年预算收入	2 122 900	
（一）财政拨款预算收入	2 046 900	
其中：政府性基金收入		
（二）事业预算收入		
（三）上级补助预算收入		
（四）附属单位上缴预算收入		
（五）经营预算收入		
（六）债务预算收入		
（七）非同级财政拨款预算收入	40 400	
（八）投资预算收益		
（九）其他预算收入	35 600	
其中：利息预算收入	5 000	
捐赠预算收入	10 000	
租金预算收入	20 600	
二、本年预算支出	2 121 500	
（一）行政支出	2 071 500	
（二）事业支出		
（三）经营支出		
（四）上缴上级支出		
（五）对附属单位补助支出		
（六）投资支出		
（七）债务还本支出		
（八）其他支出	50 000	
其中：利息支出		
捐赠支出	30 000	
三、本年预算收支差额	1 400	

三、预算结余和盈余差异情况表

本年预算结余和盈余的差异情况说明是行政单位会计报表附注中的主要项目说明，是重要性原则的具体运用。

根据【例7-1】和【例7-4】资料，编制甲行政单位2×19年预算结余和盈余差异情况表，如表7-11所示。

表7-11　**预算结余和盈余差异情况表**

编制单位：甲行政单位　2×19年　单位：元

项　目	金　额
一、本年预算结余（本年预算收支差额）	1 400
二、差异调节	—
（一）重要事项的差异	87 100
加：1. 当期确认为收入但没有确认为预算收入	35 000
（1）应收款项、预收账款确认的收入	35 000
（2）接受非货币性资产捐赠确认的收入	
2. 当期确认为预算支出但没有确认为费用	795 000
（1）支付应付款项、预付账款的支出	190 000
（2）为取得存货、政府储备物资等计入物资成本的支出	100 000
（3）为购建固定资产等的资本性支出	505 000
（4）偿还借款本息支出	
减：1. 当期确认为预算收入但没有确认为收入	20 600
（1）收到应收款项、预收账款确认的预算收入	20 600
（2）取得借款确认的预算收入	
2. 当期确认为费用但没有确认为预算支出	722 300
（1）发出存货、政府储备物资等确认的费用	174 300
（2）计提的折旧费用和摊销费用	333 000
（3）确认的资产处置费用（处置资产价值）	5 000
（4）应付款项、预付账款确认的费用	210 000
（二）其他事项差异	−24 600
加：1. 当期确认为收入但没有确认为预算收入	
2. 当期确认为预算支出但没有确认为费用	1 20 8300
减：1. 当期确认为预算收入但没有确认为收入	
2. 当期确认为费用但没有确认为预算支出	1 232 900
三、本年盈余（本年收入与费用的差额）	63 900

第七节 预算结转结余变动表

一、预算结转结余变动表的内容和结构

（一）预算结转结余变动表的内容

预算结转结余变动表是反映行政单位在某一会计年度内预算结转结余的变动情况的报表，是行政单位主要会计报表之一，属于动态报表。预算结转结余变动表只编制年度报表。

（二）预算结转结余变动表的结构

预算结转结余变动表按照年初预算结转结余、年初余额调整、本年变动金额、年末预算结转结余分项列示。本表中“年末预算结转结余”项目金额等于“年初预算结转结余”、“年初余额调整”和“本年变动金额”三个项目的合计数。

此外，为了使报表使用者通过比较不同年度预算结转结余变动表的数据，掌握行政单位预算结转结余各项目变动情况及发展趋势，行政单位需要提供比较预算结转结余变动表，预算结转结余变动表还就各项目再分为“本年数”和“上年数”两栏分别填列。

预算结转结余变动表“本年数”栏反映各项目的本年实际发生数。本表“上年数”栏反映各项目的上年实际发生数，应当根据上年度预算结转结余变动表中“本年数”栏内所列数字填列。如果本年度预算结转结余变动表规定的项目的名称和内容同上年度不一致，应当对上年度预算结转结余变动表项目的名称和数字按照本年度的规定进行调整，将调整后金额填入本年度预算结转结余变动表的“上年数”栏。

预算结转结余变动表的基本格式如表7-13所示。

二、预算结转结余变动表的填列方法

预算结转结余变动表中的“专用结余”“使用专用结余”“经营结余”“支付所得税”项目属于事业单位应当填列的项目，行政单位不需填列。

预算结转结余变动表“本年数”栏，涉及行政单位的各项目的内容和填列方法如下：

1.“年初预算结转结余”项目，反映行政单位本年预算结转结余的年初余额。本项目应当根据本项目下“财政拨款结转结余”“其他资金结转结余”项目金额的合计数填列。

（1）“财政拨款结转结余”项目，反映行政单位本年财政拨款结转结余资金的年初余额。本项目应当根据“财政拨款结转”“财政拨款结余”科目本年年初余额合计数填列。

（2）“其他资金结转结余”项目，反映行政单位本年其他资金结转结余的年初余

额。本项目应当根据“非财政拨款结转”“非财政拨款结余”科目本年年初余额的合计数填列。

2.“年初余额调整”项目，反映行政单位本年预算结转结余年初余额调整的金额。本项目应当根据本项目下“财政拨款结转结余”“其他资金结转结余”项目金额的合计数填列。

（1）“财政拨款结转结余”项目，反映行政单位本年财政拨款结转结余资金的年初余额调整金额。本项目应当根据“财政拨款结转”“财政拨款结余”科目下“年初余额调整”明细科目的本年发生额的合计数填列；如调整减少年初财政拨款结转结余，以“-”号填列。

（2）“其他资金结转结余”项目，反映行政单位本年其他资金结转结余的年初余额调整金额。本项目应当根据“非财政拨款结转”“非财政拨款结余”科目下“年初余额调整”明细科目的本年发生额的合计数填列；如调整减少年初其他资金结转结余，以“-”号填列。

3.“本年变动金额”项目，反映行政单位本年预算结转结余变动的金额。本项目应当根据本项目下“财政拨款结转结余”“其他资金结转结余”项目金额的合计数填列。

（1）“财政拨款结转结余”项目，反映行政单位本年财政拨款结转结余资金的变动。本项目应当根据本项目下“本年收支差额”“归集调入”“归集上缴或调出”项目金额的合计数填列。

①“本年收支差额”项目，反映行政单位本年财政拨款资金收支相抵后的差额。本项目应当根据“财政拨款结转”科目下“本年收支结转”明细科目本年转入的预算收入与预算支出的差额填列；差额为负数的，以“-”号填列。

②“归集调入”项目，反映行政单位本年按照规定从其他行政单位归集调入的财政拨款结转资金。本项目应当根据“财政拨款结转”科目下“归集调入”明细科目的本年发生额填列。

③“归集上缴或调出”项目，反映行政单位本年按照规定上缴的财政拨款结转结余资金及按照规定向其他行政单位调出的财政拨款结转资金。本项目应当根据“财政拨款结转”“财政拨款结余”科目下“归集上缴”明细科目，以及“财政拨款结转”科目下“归集调出”明细科目本年发生额的合计数填列，以“-”号填列。

（2）“其他资金结转结余”项目，反映行政单位本年其他资金结转结余的变动。本项目应当根据本项目下“本年收支差额”“缴回资金”项目金额的合计数填列。

①“本年收支差额”项目，反映行政单位本年除财政拨款外的其他资金收支相抵后的差额。本项目应当根据“非财政拨款结转”科目下“本年收支结转”明细科目、

“其他结余”科目本年转入的预算收入与预算支出的差额的合计数填列；如为负数，以“-”号填列。

②“缴回资金”项目，反映行政单位本年按照规定缴回的非财政拨款结转资金。本项目应当根据“非财政拨款结转”科目下“缴回资金”明细科目本年发生额的合计数填列，以“-”号填列。

4.“年末预算结转结余”项目，反映行政单位本年预算结转结余的年末余额。本项目应当根据本项目下“财政拨款结转结余”“其他资金结转结余”项目金额的合计数填列。

（1）“财政拨款结转结余”项目，反映行政单位本年财政拨款结转结余的年末余额。本项目应当根据本项目下“财政拨款结转”“财政拨款结余”项目金额的合计数填列。

本项目下“财政拨款结转”“财政拨款结余”项目，应当分别根据“财政拨款结转”“财政拨款结余”科目的本年年末余额填列。

（2）“其他资金结转结余”项目，反映行政单位本年其他资金结转结余的年末余额。本项目应当根据本项目下“非财政拨款结转”“非财政拨款结余”项目金额的合计数填列。

本项目下“非财政拨款结转”“非财政拨款结余”项目，应当分别根据“非财政拨款结转”“非财政拨款结余”科目的本年年末余额填列。

【例7-6】假设甲行政单位2×19年有关预算结转结余科目年初余额如表7-12所示。

表7-12　**2×19年有关预算结转结余科目年初余额**　单位：元

项　目	财政拨款结转	财政拨款结余	非财政拨款结转	非财政拨款结余
年初余额	21 500			50 000

沿用【例6-6】至【例6-19】和【例7-5】资料，编制甲行政单位2×19年预算结转结余变动表，如表7-13所示。

表7-13　**预算结转结余变动表**　会政预02表

编制单位：甲行政单位　2×19年　单位：元

项　目	本年数	上年数（略）
一、年初预算结转结余	71 500	
（一）财政拨款结转结余	21 500	
（二）其他资金结转结余	50 000	

续表

项　目	本年数	上年数（略）
二、年初余额调整（减少以“-”号填列）	450 000	
（一）财政拨款结转结余	450 000	
（二）其他资金结转结余		
三、本年变动金额（减少以“-”号填列）	-448 600	
（一）财政拨款结转结余	-446 500	
1.本年收支差额	3 500	
2.归集调入	100 000	
3.归集上缴或调出	-550 000	
（二）其他资金结转结余	-2 100	
1.本年收支差额	-2 100	
2.缴回资金		
3.使用专用结余		
4.支付所得税		
四、年末预算结转结余	72 900	
（一）财政拨款结转结余	25 000	
1.财政拨款结转	23 000	
2.财政拨款结余	2 000	
（二）其他资金结转结余	47 900	
1.非财政拨款结转		
2.非财政拨款结余	47 900	
3.专用结余		
4.经营结余（如有余额，以“-”号填列）		

第八节 财政拨款预算收入支出表

一、财政拨款预算收入支出表的内容和结构

（一）财政拨款预算收入支出表的内容

财政拨款预算收入支出表是反映行政单位本年财政拨款预算资金收入、支出及相关变动的具体情况的报表，是行政单位主要会计报表之一，属于动态报表。财政拨款预算收入支出表只编制年度报表。

（二）财政拨款预算收入支出表的结构

财政拨款预算收入支出表“项目”栏内各项目，应当根据行政单位取得的财政拨款种类分项设置。其中“项目支出”项目下，根据每个项目设置；行政单位取得除一般公共财政预算拨款和政府性基金预算拨款以外的其他财政拨款的，应当按照财政拨款种类增加相应的资金项目及其明细项目。

财政拨款预算收入支出表“项目”栏内各项目分别填列“年初财政拨款结转结余”“调整年初财政拨款结转结余”“本年归集调入”“本年归集上缴或调出”“单位内部调剂”“本年财政拨款收入”“本年财政拨款支出”“年末财政拨款结转结余”八栏数据。

财政拨款预算收入支出表的基本格式如表7-15所示。

二、财政拨款预算收入支出表的填列方法

财政拨款预算收入支出表各栏及其对应项目的内容和填列方法如下：

1.“年初财政拨款结转结余”栏中各项目，反映行政单位年初各项财政拨款结转结余的金额。各项目应当根据“财政拨款结转” “财政拨款结余”及其明细科目的年初余额填列。本栏中各项目的数额应当与上年度财政拨款预算收入支出表中“年末财政拨款结转结余”栏中各项目的数额相等。

2.“调整年初财政拨款结转结余”栏中各项目，反映行政单位对年初财政拨款结转结余的调整金额。各项目应当根据“财政拨款结转”“财政拨款结余”科目下“年初余额调整”明细科目及其所属明细科目的本年发生额填列；如调整减少年初财政拨款结转结余，以“-”号填列。

3.“本年归集调入”栏中各项目，反映行政单位本年按规定从其他行政单位调入的财政拨款结转资金金额。各项目应当根据“财政拨款结转”科目下“归集调入”明细科目及其所属明细科目的本年发生额填列。

4.“本年归集上缴或调出”栏中各项目，反映行政单位本年按规定实际上缴的财政拨款结转结余资金，及按照规定向其他行政单位调出的财政拨款结转资金金额。各项目应当根据“财政拨款结转”“财政拨款结余”科目下“归集上缴”科目和“财政拨款结转”科目下“归集调出”明细科目，及其所属明细科目的本年发生额填列，以

“-”号填列。

5.“行政单位内部调剂”栏中各项目，反映行政单位本年财政拨款结转结余资金在行政单位内部不同项目等之间的调剂金额。各项目应当根据“财政拨款结转”和“财政拨款结余”科目下的“行政单位内部调剂”明细科目及其所属明细科目的本年发生额填列；对行政单位内部调剂减少的财政拨款结余金额，以“-”号填列。

6.“本年财政拨款收入”栏中各项目，反映行政单位本年从同级财政部门取得的各类财政预算拨款金额。各项目应当根据“财政拨款预算收入”科目及其所属明细科目的本年发生额填列。

7.“本年财政拨款支出”栏中各项目，反映行政单位本年发生的财政拨款支出金额。各项目应当根据“行政支出”“其他支出”等科目及其所属明细科目本年发生额中的财政拨款支出数的合计数填列。

8.“年末财政拨款结转结余”栏中各项目，反映行政单位年末财政拨款结转结余的金额。各项目应根据“财政拨款结转”“财政拨款结余”科目及其所属明细科目的年末余额填列。

【例7-7】沿用【例7-6】资料，甲行政单位2×19年度财政拨款预算收入和预算支出明细资料如表7-14所示。

表7-14　**2×19年度财政拨款预算收支明细情况**　单位：元

项　目	一般公共预算拨款		政府性基金预算拨款	
	本年财政拨款收入	本年财政拨款支出	本年财政拨款收入	本年财政拨款支出
基本支出	1 446 900	1 445 400		
其中：人员经费	1 195 000	1 195 000		
日常公用经费	251 900	250 400		
项目支出	600 000	598 000		
其中：××项目	290 000	290 000		
××项目	120 000	120 000		
××项目	90 000	90 000		
××项目	100 000	98 000		
合　计	2 046 900	2 043 400		

根据上述资料，编制甲行政单位2×19年度财政拨款预算收入支出表，如表7-15所示。

表7-15　　**财政拨款预算收入支出表**　　会政预03表

编制单位：甲行政单位　　2×19年　　单位：元

项　目	年初财政拨款结转结余		调整年初财政拨款结转结余	本年归集调入	本年归集上缴或调出	单位内部调剂		本年财政拨款收入	本年财政拨款支出	年末财政拨款结转结余	
	结转	结余				结转	结余			结转	结余
一、一般公共预算财政拨款	21 500										
(一) 基本支出	21 500							1 446 900	1 445 400		
1.人员经费								1 195 000	1 195 000		
2.日常公用经费	21 500		100 000	100 000	-200 000			251 900	250 400		
(二) 项目支出			350 000		-350 000			600 000	598 000		
1.××项目			350 000		-350 000			290 000	290 000		
2.××项目								120 000	120 000		
3.××项目								90 000	90 000		
4.××项目								100 000	98 000		
二、政府性基金预算财政拨款											
(一) 基本支出											
1.人员经费											
2.日常公用经费											
(二) 项目支出											
1.××项目											
2.××项目											
⋮											
总　计	21 500		450 000	100 000	-550 000			2 046 900	2 043 400	15 000	30 000

第九节　附注

一、附注的概念

附注是对在会计报表中列示的项目所做的进一步说明，以及对未能在会计报表中列示项目的说明。附注是行政单位财务报表的重要组成部分。凡对报表使用者的决策有重要影响的会计信息，不论《政府会计制度》是否有明确规定，行政单位均应当充分披露。

二、附注的主要内容

附注主要包括下列内容：

（一）单位的基本情况

行政单位应当简要披露其基本情况，包括单位主要职能、主要业务活动、所在地、预算管理关系等。

（二）会计报表编制基础

（三）遵循政府会计准则、制度的声明

（四）重要会计政策和会计估计

行政单位应当采用与其业务特点相适应的具体会计政策，并充分披露报告期内采用的重要会计政策和会计估计。主要包括以下内容：

1.会计期间。

2.记账本位币，外币折算汇率。

3.存货类别、发出存货的计价方法、存货的盘存制度，以及低值易耗品和包装物的摊销方法。

4.固定资产分类、折旧方法、折旧年限和年折旧率；融资租入固定资产的计价和折旧方法。

5.无形资产的计价方法。使用寿命有限的无形资产，其使用寿命估计情况；使用寿命不确定的无形资产，其使用寿命不确定的判断依据；单位内部研究开发项目划分研究阶段和开发阶段的具体标准。

6.公共基础设施的分类、折旧（摊销）方法、折旧（摊销）年限，以及其确定依据。

7.政府储备物资分类，以及确定其发出成本所采用的方法。

8.保障性住房的分类、折旧方法、折旧年限。

9.其他重要的会计政策和会计估计。

10.本期发生重要会计政策和会计估计变更的，变更的内容和原因、受其重要影响的报表项目名称和金额、相关审批程序，以及会计估计变更开始适用的时点。

（五）会计报表重要项目说明

行政单位应当按照资产负债表和收入费用表项目列示顺序，采用文字和数据描述相结合的方式披露重要项目的明细信息。报表重要项目的明细金额合计，应当与报表项目金额相衔接。报表重要项目说明应包括但不限于下列内容。

1.货币资金的披露

货币资金的披露格式如下：

项　目	期末余额	年初余额
库存现金		
银行存款		
其他货币资金		
合　计		

2.应收账款

应收账款按照债务人类别披露的格式如下：

债务人类别	期末余额	年初余额
政府会计主体：		
部门内部单位		
单位 1		
⋮		
部门外部单位		
单位 1		
⋮		
其他：		
单位 1		
⋮		
合　计		

注：1.“部门内部单位”是指纳入单位所属部门财务报告合并范围的单位（下同）。

2.有应收票据、预付账款、其他应收款的，可比照应收账款进行披露。

3.存货

存货的披露格式如下：

存货种类	期末余额	年初余额
1.		
⋮		
合　计		

4.其他流动资产

其他流动资产的披露格式如下：

项　目	期末余额	年初余额
1.		
⋮		
合　计		

注：有长期待摊费用、其他非流动资产的，可比照其他流动资产进行披露。

5.固定资产

（1）固定资产的披露格式如下：

项　目	年初余额	本年增加额	本年减少额	期末余额
一、原值合计				
其中：房屋及构筑物				
通用设备				
专用设备				
文物和陈列品				
图书、档案				
家具、用具、装具及动植物				
二、累计折旧合计				
其中：房屋及构筑物				
通用设备				
专用设备				
家具、用具、装具				
三、账面价值合计				
其中：房屋及构筑物				
通用设备				
专用设备				
文物和陈列品				
图书、档案				
家具、用具、装具及动植物				

（2）已提足折旧的固定资产名称、数量等情况。

（3）出租、出借固定资产以及固定资产对外投资等情况。

6.在建工程

在建工程的披露格式如下：

项　目	年初余额	本年增加额	本年减少额	期末余额
1.				
⋮				
合　计				

7.无形资产

（1）各类无形资产的披露格式如下：

项　目	年初余额	本年增加额	本年减少额	期末余额
一、原值合计				
1.				
⋮				
二、累计摊销合计				
1.				
⋮				
三、账面价值合计				
1.				
⋮				

（2）计入当期损益的研发支出金额、确认为无形资产的研发支出金额。

（3）无形资产出售、对外投资等处置情况。

8.公共基础设施

（1）公共基础设施的披露格式如下：

项　目	年初余额	本年增加额	本年减少额	期末余额
原值合计				
市政基础设施				
1.				
⋮				

续表

项　目	年初余额	本年增加额	本年减少额	期末余额
交通基础设施				
1.				
⋮				
水利基础设施				
1.				
⋮				
其他				
⋮				
累计折旧合计				
市政基础设施				
1.				
⋮				
交通基础设施				
1.				
⋮				
水利基础设施				
1.				
⋮				
其他				
⋮				
账面价值合计				
市政基础设施				
1.				
⋮				
交通基础设施				

续表

项　目	年初余额	本年增加额	本年减少额	期末余额
1.				
⋮				
水利基础设施				
1.				
⋮				
其他				
⋮				

（2）确认为公共基础设施的单独计价入账的土地使用权的账面余额、累计摊销额及变动情况。

（3）已提取折旧继续使用的公共基础设施的名称、数量等。

9.政府储备物资

政府储备物资的披露格式如下：

物资类别	年初余额	本年增加额	本年减少额	期末余额
1.				
⋮				
合　计				

注：如单位有因动用而发出需要收回或者预期可能收回、但期末尚未收回的政府储备物资，应当单独披露其期末账面余额。

10.受托代理资产

受托代理资产的披露格式如下：

资产类别	年初余额	本年增加额	本年减少额	期末余额
货币资金				
受托转赠物资				
受托存储保管物资				
罚没物资				
其他				
合　计				

11.应付账款

应付账款按照债权人类别披露的格式如下：

债权人类别	期末余额	年初余额
政府会计主体：		
部门内部单位		
单位1		
⋮		
部门外部单位		
单位1		
⋮		
其他：		
单位1		
⋮		
合　计		

注：有应付票据、预收账款、其他应付款、长期应付款的，可比照应付账款进行披露。

12.其他流动负债

其他流动负债的披露格式如下：

项　目	期末余额	年初余额
1.		
⋮		
合　计		

注：有预计负债、其他非流动负债的，可比照其他流动负债进行披露。

13.非同级财政拨款收入

非同级财政拨款收入按收入来源的披露格式如下：

收入来源	本期发生额	上期发生额
本部门以外同级行政单位		
单位1		
⋮		
本部门以外非同级行政单位		
单位1		
⋮		
合　计		

14.其他收入

其他收入按照收入来源的披露格式如下：

收入来源	本期发生额	上期发生额
本部门内部单位		
单位 1		
⋮		
本部门以外同级行政单位		
单位 1		
⋮		
本部门以外非同级行政单位		
单位 1		
⋮		
其他		
单位 1		
⋮		
合　计		

15.业务活动费用

（1）业务活动费用按经济分类的披露格式如下：

项　目	本期发生额	上期发生额
工资福利费用		
商品和服务费用		
对个人和家庭的补助费用		
对企业补助费用		
固定资产折旧费		
无形资产摊销费		
公共基础设施折旧（摊销）费		
保障性住房折旧费		
计提专用基金		
⋮		
合　计		

（2）业务活动费用按支付对象的披露格式如下：

支付对象	本期发生额	上期发生额
本部门内部单位		
单位 1		
⋮		
本部门以外同级行政单位		
单位 1		
⋮		
其他		
单位 1		
⋮		
合　计		

16. 其他费用

其他费用按照类别披露的格式如下：

费用类别	本期发生额	上期发生额
罚没支出		
⋮		
合　计		

17. 本期费用

本期费用按照经济分类的披露格式如下：

项　目	本期发生额	上期发生额
工资福利费用		
商品和服务费用		
对个人和家庭的补助费用		
对企业补助费用		
固定资产折旧费		
无形资产摊销费		
公共基础设施折旧（摊销）费		
保障性住房折旧费		
资产处置费用		
其他费用		
本期费用合计		

注：单位在按照《政府会计制度》规定编制收入费用表的基础上，可以根据需要按照此表披露的内容编制收入费用表。

（六）本年预算结余和盈余的差异情况说明

为了反映行政单位财务会计和预算会计因核算基础和核算范围不同所产生的本年盈余数与本年预算结余数之间的差异，行政单位应当按照重要性原则，对本年度发生的各类影响收入（预算收入）和费用（预算支出）的业务进行适度归并和分析，披露将年度预算收入支出表中"本年预算收支差额"调节为年度收入费用表中"本期盈余"的信息。有关披露的内容与形式如如下：

项　目	金　额
一、本年预算结余（本年预算收支差额）	
二、差异调节	—
（一）重要事项的差异	
加：1. 当期确认为收入但没有确认为预算收入	
（1）应收款项、预收账款确认的收入	
（2）接受非货币性资产捐赠确认的收入	
2. 当期确认为预算支出但没有确认为费用	
（1）支付应付款项、预付账款的支出	
（2）为取得存货、政府储备物资等计入物资成本的支出	
（3）为购建固定资产等的资本性支出	
（4）偿还借款本息支出	
减：1. 当期确认为预算收入但没有确认为收入	
（1）收到应收款项、预收账款确认的预算收入	
（2）取得借款确认的预算收入	
2. 当期确认为费用但没有确认为预算支出	
（1）发出存货、政府储备物资等确认的费用	
（2）计提的折旧费用和摊销费用	
（3）确认的资产处置费用（处置资产价值）	
（4）应付款项、预付账款确认的费用	
（二）其他事项差异	
三、本年盈余（本年收入与费用的差额）	

（七）其他重要事项说明

1.资产负债表日存在的重要或有事项说明。没有重要或有事项的，也应说明。

2.以名义金额计量的资产名称、数量等情况，以及以名义金额计量理由的说明。

3.通过债务资金形成的固定资产、公共基础设施、保障性住房等资产的账面价值、使用情况、收益情况及与此相关的债务偿还情况等的说明。

4.重要资产置换、无偿调入（出）、捐入（出）、报废、重大毁损等情况的说明。

5.行政单位将单位内部独立核算单位的会计信息纳入本单位财务报表情况的说明。

6.政府会计具体准则中要求附注披露的其他内容。

7.有助于理解和分析单位财务报表需要说明的其他事项。

第十节　会计报表的审核、汇总与分析

一、会计报表的审核

（一）会计报表审核的内容

行政单位会计报表编制以后，为了保证会计报表的质量，维护财经纪律，各行政单位会计还应对会计报表进行认真的审核。行政单位会计报表审核的主要内容包括：

1.审核编制范围是否全面，是否有漏报和重复编报现象。

2.审核编制方法是否符合国家统一的财务会计制度，是否符合行政单位会计财务报告和决算报告的编制要求。

3.审核编制内容是否真实、完整、准确，审核单位账簿与报表是否相符，金额单位是否正确，有无漏报、重报项目以及虚报和瞒报等弄虚作假现象。

4.审核报表中的相关数据是否衔接一致，包括表间数据之间、分户数据与汇总数据之间、报表数据与计算机录入数据之间是否衔接一致。

5.对报表与上年数据资料进行核对，审核数据变动是否合理。

（二）会计报表审核的方法

行政单位会计报表审核的方法应采取人工审核与计算机审核相结合。

1.人工审核。人工审核包括政策性审核和规范性审核。政策性审核主要以现行财务制度和有关政策规定为依据，对重点指标进行审核；规范性审核侧重于报告编制的正确性和真实性及勾稽关系等方面的审核。

2.计算机审核。计算机审核是利用软件提供的数据审核功能，逐户审核报表的表内表间关系、检查数据的逻辑性及数据的完整性。

（三）会计报表审核的工作方式

行政单位会计报表审核的工作方式可根据实际情况采取自行审核、集中会审、委托审核等多种形式。

1.自行审核。各级行政单位在上报会计报表前应自行将本单位报表以及有关数据资料，按统一规定的审核内容进行逐项复核。

2.集中会审。各部门、各地区组织专门力量对行政单位编制的会计报表及相关资料，按照统一的标准及要求进行集中对账或分户复核。

3.委托审核。委托中介机构对行政单位会计报表数据及相关资料进行审核。

二、会计报表的汇总

行政单位会计报表经过审核后，有所属单位的行政单位（主管会计单位和二级会计单位）应根据本单位会计报表和审核后的所属单位会计报表，逐级编制汇总会计报表（即合并会计报表）。行政单位会计报表逐级汇总后，由主管会计单位上报同级财政部门。汇总报表种类、内容、格式与基层行政单位会计编制的报表相同。

上级单位编制的汇总会计报表汇总编制时，应对所属单位之间发生的经济业务或事项进行抵销，以免重复计算。需要在上下级单位以及各级单位之间抵销的项目包括：

（一）抵销各级行政单位内部债权债务事项

抵销各级行政单位内部债权债务事项主要包括各级行政单位之间发生的“应收账款”和“应付账款”、“长期应付款”、“预付账款”和“预收账款”、“其他应收款”和“其他应付款”等。

（二）抵销行政单位内部收入费用事项

抵销行政单位内部收入费用事项主要包括各级行政单位之间发生的并经确认的“其他收入”中属于来自本级单位内部单位的部分与“业务活动费用”“其他费用”中属于支付给本部门内部单位的部分。

（三）抵销行政单位内部预算收入支出事项

抵销行政单位内部预算收入支出事项主要包括各级行政单位之间发生的并经确认的“其他预算收入”中属于来自本级单位内部单位的部分与“行政支出”和“其他支出”中属于支付给本部门内部单位的部分。

除需要抵销项目之外的其他各项目的数字应将本单位报表和所属单位报表中的相同科目数字相加后直接填列归总报表有关科目数字。

三、会计报表分析

行政单位会计报表分析，主要是以审核汇总的会计报表为资料，以国家各项财政方针政策为指导，以批准的预算为依据，分析行政单位的财务状况、运行情况和预算执行情况，以总结单位财务管理和预算管理所取得的成绩和经验，查明存在的问题及其原因，采取措施、改进工作，提高管理水平。

（一）会计报表分析的内容

行政单位会计报表分析主要包括财务分析和预算执行情况分析。

1.财务分析

行政单位财务分析包括资产负债状况分析、运行情况分析、相关指标变化情况及趋势分析，以及财务管理方面采取的主要措施和取得成效的分析等。具体内容如下：

（1）资产负债状况分析

①结合行政单位职能、工作任务、相关政策要求等，对货币资金、固定资产、政府储备物资、公共基础设施等重要资产项目的结构特点和变化情况进行分析，并评估对行政单位提供公共服务的能力的影响。

②运用资产负债率、现金比率、流动比率等指标，分析评估行政单位当期及未来中长期财务风险及可控程度，需要采取的措施等。

（2）运行情况分析

①分析行政单位的收入规模、结构及来源分布、重点收入项目的比重和变化趋势，以及经济形势、相关财政政策等对行政单位收入变动的影响等。

②分析行政单位费用规模、构成及变化情况，特别是行政单位控制行政成本的政策、投融资情况及对费用变动的影响等。

③运用行政单位的收入费用率等指标，分析行政单位收入用于支付费用的比例情况。

（3）财务管理情况

从行政单位预算管理、内控管理、资产管理、绩效管理、人才队伍建设等方面反映单位加强财务管理的主要措施和取得的成效。

2.预算执行情况分析

行政单位预算执行情况分析主要包括单位预算完成情况分析和预算支出情况分析。

（1）单位预算完成情况分析

单位预算完成情况分析主要分析行政单位预算收支实际数与预算数之间的差异，以及其差异产生的原因。预算执行情况的分析着重在于对预算支出执行情况的分析。而预算支出执行情况的分析，可以通过编制“预算支出执行情况分析表”进行，分别列示预算支出各项目的上年实际数、本年预算数、本年预算调整数、本年实际数，以及本年实际数占上年实际数的比重和占本年预算数的比重，并分析各项目本年实际数与预算数产生的差异及其原因。

（2）预算支出情况分析

预算支出状况分析主要分析行政单位各项预算支出尤其是财政预算资金是否按规定用途使用，是否符合费用开支标准，是否符合费用开支定额，有否超标准开支，有否铺张浪费，有否乱开支和乱摊销。

（二）会计报表分析的方法

行政单位会计报表分析方法主要包括比率分析法、比较分析法、结构分析法、趋势分析法等。

1.比率分析法

比率分析法是将行政单位同一时期的会计报表中的相关项目进行比较计算出一系列比率，依此分析行政单位财务状况和预算执行情况的分析方法。

行政单位财务分析的主要指标如表7-16所示。

表7-16　　行政单位财务分析主要指标

指标名称	计算公式	指标说明
资产负债率	负债总额/资产总额	反映行政单位偿付全部债务本息能力的基本指标
现金比率	（货币资金+财政应返还额度）÷流动负债	反映行政单位利用现金及现金等价物偿还短期债务的能力
流动比率	流动资产÷流动负债	反映行政单位流动资产用于偿还流动负债的能力
固定资产成新率	固定资产净值÷固定资产原值	反映行政单位固定资产的持续服务能力
公共基础设施成新率	公共基础设施净值÷公共基础设施原值	反映公共基础设施的持续服务能力
收入费用率	年度总费用÷年度总收入	反映行政单位收入用于支付费用的比例情况

行政单位预算执行情况分析的主要指标如表7-17所示。

表7-17　　行政单位预算执行情况分析主要指标

指标名称	计算公式	指标说明
支出增长率	（本期支出总额÷上期支出总额-1）×100%	衡量行政单位支出的增长水平
预算支出完成率	年终执行数÷（年初预算数±年中预算调整数）×100%	反映行政单位当年预算支出总预算及分项预算完成的程度
人均开支	本期支出数÷本期平均在职人员数×100%	衡量行政单位人均年消耗经费水平
项目支出比率	本期项目支出数÷本期支出总数×100%	衡量行政单位的支出结构
人员支出比率	本期人员支出数÷本期支出总数×100%	反映行政单位支出结构
公用支出比率	本期公用支出数÷本期支出总数×100%	反映行政单位支出结构
人均办公使用面积	本期末单位办公用房使用面积÷本期末在职人员数	衡量行政单位办公用房配备情况
人车比例	本期末在职人员数÷本期末公务用车实有数	衡量行政单位公务用车配备情况

注：当年预算支出完成率中的年终执行数不含上年结转和结余收入与支出数。

2.比较分析法

比较分析法是将行政单位不同时期的财务状况和预算执行情况或不通过行政单位之间的财务状况和预算执行情况进行比较，从而揭示行政单位财务状况和预算执行情况中所存在差异的分析方法。比较分析法可分为纵向比较分析法和横向比较分析法。

（1）纵向比较分析法，又称趋势分析法，是将同一行政单位连续若干期的财务状况和预算执行情况进行比较，从而揭示其增减变动的方向、数额和幅度，以此来揭示行政单位财务状况和预算执行情况的发展趋势的分析方法。纵向比较分析法，通常包括比较会计报表、比较会计报表结构和比较比率。

（2）横向比较分析法，是将本行政单位和其他行政单位或同行业平均水平的同期财务状况和预算执行情况进行比较，从而揭示其存在的差异及其程度，以此来揭示行政单位财务状况和预算执行情况所存在问题的分析方法。横向比较分析法，通常包括比较会计报表结构和比较比率。

比较会计报表，是将同一行政单位连续若干期的会计报表数进行比较，分析报表中各项目数据增减变化幅度及其变化原因，来判断行政单位财务状况和预算执行情况的发展趋势。

比较会计报表结构，又称结构分析法，是通过计算会计报表中某项目的各组成部分数据占其总体数据的百分比，用于比较同一行政单位连续若干期或本行政单位和其他行政单位或同行业平均水平，以此来判断行政单位财务状况和预算执行情况的发展趋势或本单位与其他行政单位或同行业平均水平存在的差异及其程度。

比较比率，是比率分析和比较分析的结合，将同一行政单位连续若干期的各项比率，或将本行政单位的各项比率和其他行政单位或同行业平均水平进行比较，以此来判断行政单位财务状况和预算执行情况的发展趋势或本单位与其他行政单位或同行业平均水平存在的差异及其程度。